Cómo

calmar

tu

mente

**REM**_life_

# Cómo calmar tu mente

*Consigue serenidad
y productividad en
tiempos de ansiedad*

## CHRIS BAILEY

**REM***life*

**How to calm your mind**
**Cómo calmar tu mente**

Copyright © 2022 Chris Bailey

Esta edición ha sido publicada por acuerdo con Viking, un sello de Penguin Publishing Group, una división de Penguin Random House LLC.

*Todos los derechos reservados, incluido el derecho de reproducción total o parcial en cualquier forma.*

© **Editorial Reverté, S. A., 2023**
Loreto 13-15, Local B. 08029 Barcelona – España
revertemanagement.com

Edición en papel
ISBN: 978-84-17963-80-4

Edición en ebook
ISBN: 978-84-291-9758-7 (ePub)
ISBN: 978-84-291-9759-4 (PDF)

Editores: Ariela Rodríguez / Ramón Reverté
Coordinación editorial y maquetación: Patricia Reverté
Traducción: Irene Muñoz Serrulla
Revisión de textos: M.ª del Carmen García Fernández

Impreso en España – *Printed in Spain*
Depósito legal: B 14125-2023
Impresión y encuadernación: Liberdúplex
Barcelona – España

# 102

*Para mi familia*

«Tú eres el cielo. Todo lo demás es solo el clima.»

PEMA CHÖDRÖN

# Contenidos

# CONTENIDOS

## Por qué necesitamos calma

No entraba en mis planes escribir este libro. Hace unos años, caí en un profundo estado de agotamiento físico y mental (lo que se conoce como síndrome de burnout) y poco después sufrí un ataque de ansiedad mientras hablaba ante un auditorio de cien personas (contaré esta historia en el primer capítulo). Por necesidad de mi propia salud mental, me sumergí de lleno en la ciencia que rodea el tema de la calma: leí con detenimiento un montón de artículos científicos, conversé con investigadores y realicé experimentos conmigo mismo para poner a prueba las distintas soluciones que encontraba e intentar calmar mi mente.

Me gano la vida escribiendo sobre la productividad, y disfruto con ello. Sin embargo, entre el agotamiento y la ansiedad, mi pensamiento oscilaba entre la inquietud y la inseguridad. Y si sufría agotamiento y ansiedad mientras aplicaba las estrategias de productividad sobre las que escribía, ¿con qué derecho podía dar esos consejos? Sentía que me faltaba algo.

Por fortuna, tras profundizar en la investigación descubrí una idea muy diferente de la que me había estado transmitiendo a mí mismo. Impulsado inicialmente por la necesidad de preservar mi bienestar, y que rápidamente se convirtió en una curiosidad irrefrenable, me di cuenta de la gran confusión que existe con el estado mental que llamamos calma, si es que alguna vez lo hemos llegado a comprender. Si bien es cierto que la ansiedad —que es lo contrario de la calma— es responsabilidad de cada cual, muchos de los factores que nos arrastran hasta ella están *ocultos a simple vista*, lo que hace que sea difícil identificarlos, y aún más controlarlos.

Puede que no sea la única persona que se siente más inquieta de lo habitual. Escribo estas palabras en 2022, dos años después de lo que todo el mundo sabe que ha sido una época particularmente estresante. Si también te ha invadido la ansiedad, debes saber que no te pasa solo a ti y que no debes castigarte por ello. Algunas causas de la ansiedad (y del estrés) son fáciles de detectar, como una pandemia mundial, las noticias sobre guerras o un trabajo demasiado exigente; pero otras muchas no son ni obvias ni aparentes, entre ellas las que trataremos en este libro. Algunos de estos estresores son: el grado en que sentimos que debemos lograr más, las numerosas fuentes *invisibles* de estrés de nuestra sociedad actual, los «superestímulos» a los que nos sometemos con frecuencia, nuestro rendimiento frente a los seis «factores del *burnout*», nuestros niveles de estimulación personal, la cantidad de tiempo que pasamos en el mundo digital en comparación con el analógico e, incluso, lo que comemos y bebemos. Estas fuentes de ansiedad son los «dragones» metafóricos con los que me encontré en mi viaje hacia la calma.

En el libro que tienes en las manos desglosaré estas y otras ideas. Por suerte, existen estrategias y tácticas —muchas de las cuales podrás poner en práctica de inmediato— que te van a ayudar a superar la ansiedad y el burnout, al tiempo que conservas la calma.

Según avanzaba en mi experimento para dominar el estrés y el burnout, y alcanzar la calma, me sentí aliviado al descubrir que los consejos sobre productividad que había estado proporcionando no eran erróneos. No obstante, faltaba una pieza fundamental en ese puzle.

Los consejos sobre productividad funcionaban. Las *buenas* recomendaciones (se vende mucho humo por ahí) nos ayudan a controlar el propio tiempo, la atención y la energía, y eso libera espacio mental y de agenda para lo que de verdad importa. Esto enriquece nuestras vidas, nos libera del estrés y nos mantiene conectados con el mundo. En el agitado y exigente entorno en el que vivimos, su valor resulta más crucial que nunca.

Sin embargo, también es fundamental que desarrollemos nuestra *capacidad* para una productividad saludable en nuestras vidas y trabajo. Cuando nos enfrentamos a la ansiedad y al burnout, nos volvemos menos productivos sin ni siquiera darnos cuenta.

Por eso invertir en la calma es la manera adecuada de conservar, e incluso aumentar, nuestra capacidad productiva.

Encontrar la calma y superar la ansiedad nos lleva a sentirnos mejor en nuestra piel, a la vez que nos ayuda a sintonizar con nosotros mismos. De este modo generamos una reserva de energía mayor y más expansiva de la que abastecernos a lo largo del día. Esto nos permite trabajar de forma productiva y vivir una buena vida. Al aportar más calma, invertimos en la pieza que nos faltaba y que alimenta nuestros esfuerzos —tanto en el trabajo como en la vida— para que sean *sostenibles*. Yo mismo, al enfrentarme a las ideas de este libro, sentí que todos los consejos sobre productividad que había estado ofreciendo encajaban ahora a la perfección.

A lo largo de este viaje hacia la calma, mis niveles de productividad aumentaron de forma espectacular según disminuían la ansiedad y el agotamiento. Con la mente en calma y despejada, podía escribir y conectar ideas con relativa facilidad; como consecuencia, en el lapso de tiempo en el que antes habría escrito unos cientos de palabras ahora era capaz de generar un par de miles. Reduje mi ansiedad. Me volví más paciente. Escuchaba mejor y me comprometía mucho más *con quien estaba a mi lado y en lo que estaba haciendo*. Mis pensamientos e ideas eran más claros y mis acciones, más reflexivas. Me volví más intencionado y menos reactivo, y dejé de agobiarme por los acontecimientos. Conecté con el propósito que había tras mis acciones, lo que dio más sentido a mi vida.

En la práctica, los beneficios que nos proporciona la calma para incrementar nuestra productividad pueden ser inmensos. Y, al margen de tus circunstancias particulares —incluso si dispones de poco tiempo, presupuesto o energía—, te aseguro que llegar a ella es posible. Este libro explora las estrategias que te ayudarán a lograrlo. (En el capítulo 8 veremos cuánto tiempo nos devuelve la calma).

Esto nos conduce a una conclusión apasionante: incluso dejando a un lado los abundantes beneficios que nos aporta la calma para cuidar de nuestra salud mental, reducir la ansiedad merece todo el tiempo que se le dedique. Y es que, como incrementa nuestra productividad, todo el tiempo que invirtamos en recuperar la calma lo recuperaremos con creces.

Según avanzaba en mi viaje personal hacia la calma, empecé a plasmar lo que aprendía sobre ella en algo que se parecía un poco a la estructura de este libro. Inicié el proceso a regañadientes, sabiendo que tendría que revelar las partes más difíciles y personales de mi historia. Pero los fenómenos de la ansiedad y el *burnout* son demasiado universales como para *no* hablar de ellos. Al compartir mi periplo y los aprendizajes que he extraído de él espero despejarte a ti también el camino.

Vivimos tiempos de ansiedad. Y, suponiendo que no vivas al margen de este mundo, parece que hay mucho de lo que preocuparse. No voy a repetir esas razones (ya oímos hablar de los problemas mundiales con bastante frecuencia), pero sí te diré que es difícil no sentir ansiedad hoy en día.

Encontrar la calma no implica ignorar la realidad, pero sí que nos aporta la resiliencia, la energía y la resistencia necesarias para desenvolvernos en este entorno cambiante. Aunque al principio yo la buscaba como medio para superar la ansiedad, ahora la veo como el ingrediente secreto que me ha permitido alcanzar una profunda presencia con cualquier cosa que esté haciendo. Y, como incrementa la productividad, no hay que sentirse culpables por invertir en ella.

A primera vista, la calma es lo contrario a un sofisticado «truco de productividad». Sin embargo, al igual que la levadura del pan o la pizca de sal de tu receta favorita, incluso *pequeñas* cantidades de calma mejoran la vida y nos ayudan a sentirnos presentes y felices. Una mayor cantidad de calma nos lleva aún más lejos, permitiendo sentirnos concentrados y cómodos en todo lo que hacemos. La calma nos procura estabilidad, incrementa el compromiso y la intencionalidad en nuestras acciones. Nos hace la vida más agradable y, *además*, nos ahorra tiempo. ¿Qué hay mejor que eso?

Al leer este libro espero que descubras lo mismo que descubrí yo: que en un mundo inquieto y agitado alcanzar la calma es el mejor «truco de vida» que existe.

# CAPÍTULO 1

## *Lo contrario de la calma*

Hasta hace unos años no pensaba en la calma como algo que mereciera la pena buscar. En general, cuando la he sentido ha sido porque me he topado con ella por accidente: relajándome en una playa de la República Dominicana para desconectar del trabajo, rodeado de mis seres queridos durante las vacaciones o al no tener planes ni obligaciones a lo largo de un fin de semana. Aparte de este tipo de «accidentes felices», la calma no ha sido algo que haya buscado, ni un tema lo suficientemente atractivo para interesarme ni para prestarle demasiada atención. Eso fue así hasta que experimenté una ausencia total de ella en mi vida.

Por desgracia para mí, puedo señalar la fecha exacta (¡y la hora!) en la que quedó claro que cualquier rastro de calma me había abandonado. El punto álgido de esa toma conciencia se produjo en un instante, como si una pesada bañera de hierro atravesara el suelo de un viejo edificio de apartamentos.

Como adelanté en el prefacio, yo estaba sobre un escenario cuando ocurrió.

La ansiedad afecta de manera diferente a cada persona: para unos es una compañera habitual; para otros no es nada frecuente. En cuanto a mí, digamos que siempre ha sido una presencia silenciosa. Y aquel día en particular, esa sigilosa ansiedad —que había ido creciendo de forma constante durante varios años, a medida que se acumulaba el estrés de los viajes de trabajo— estalló en un ataque de pánico en toda regla sobre el escenario, ante cien personas.

Momentos antes de la conferencia, mientras esperaba para subir a esa tarima, me sentí… fuera de lugar. Tenía la mente más agitada de lo habitual, era como si pudiera desplomarme en cualquier momento aturdido por una extraña sensación de vértigo.

Por suerte, recuperé la atención cuando anunciaron mi nombre.

Subí las escaleras a toda velocidad y me hice con el mando del proyector de diapositivas para empezar a hablar. Tras uno o dos minutos, empecé a encontrarme algo mejor. Ya no estaba tan mareado. Pero entonces ocurrió: una sensación de ahogo y malestar me envolvió por completo y me hundió en un profundo pozo de nerviosismo.

Sentí como si me hubieran inyectado en el cerebro un vial de terror líquido. Mientras tartamudeaba y me tropezada en cada palabra —como si tuviera un puñado de canicas en la boca—, el sudor comenzó a humedecerme la nuca. A la vez, me aumentó el ritmo cardiaco y volví a sentir que iba a desmayarme; ese vértigo de antes había regresado.

Aun así, seguí adelante, dando tumbos y con el piloto automático puesto. Me agarré al estrado para no caerme y pedí disculpas a quienes habían ido a escucharme. Achaqué los sudores y el tartamudeo a una gripe, y (por suerte) creo que coló. En mi mente esto también generó el suficiente ánimo para continuar hasta el final, aunque seguía queriendo rendirme, bajarme del escenario y salir de allí sin mirar atrás. Terminé mi exposición recibiendo un moderado aplauso.

Lo consideré una victoria.

De inmediato, después del discurso y con la cabeza gacha, subí en ascensor a mi habitación de hotel y me desplomé sobre la cama de matrimonio. Con la mente un poco más tranquila, repasé el día: todo estaba desdibujado en una sucesión de acontecimientos imprecisos y entremezclados. Imposible deshacer la madeja. Apreté los puños mientras hacía un esfuerzo por revivir mis titubeos en el escenario; me estremecí ante esos recuerdos.

También rememoré la noche anterior, la de mi llegada al hotel.

Al entrar en la habitación tras una larga jornada de viaje —un eslabón más en una cadena de muchos y largos viajes— me di un baño, una de mis formas favoritas de relajarme cuando estoy de gira (eso y, por descontado, una gran cantidad de comida a domicilio). Si me queda tiempo la noche antes de una charla, suelo darme un baño mientras escucho pódcast interesantes, aliviado por haber llegado a tiempo a mi destino.

Bien, pues la noche previa a esta charla en concreto recuerdo que me metí en la bañera, y allí permanecí, absorto, mientras el agua se iba quedando helada. Recorrí con la mirada el cuarto de baño: el secador de pelo en un estante bajo el lavabo, los frasquitos de champú y acondicionador con aroma a flores alineados y, por último, esa pequeña placa metálica de desagüe, situada en la parte delantera de la bañera, a medio camino entre el sumidero y el grifo.

Mi cara se reflejaba en ella, deformada por su curvatura. Si alguna vez has activado sin querer la cámara frontal de tu móvil, seguro que recuerdas el susto que te llevaste al ver tu cara reflejada. Eso fue justo lo que sentí al ver mi reflejo en esa placa. Me veía desolado, cansado y, sobre todo, muy muy quemado.

*En realidad, no estoy en un buen momento*, recuerdo haber pensado entonces.

Durante años, la productividad —el tema sobre el que iba a hablar al día siguiente— había sido mi obsesión. Yo había cimentado mi carrera, y en gran parte mi vida, en torno a ese tema. Incluso mientras escribo estas palabras, ya embarcado en el viaje en el que se convirtió este libro, sigue siendo mi pasión, que ha ido evolucionando a medida que he definido el lugar que merece ocupar en mi vida.

Pero en aquel momento algo se hizo evidente. Si bien para mí aquel tema siempre había sido importante y había llegado muy lejos explorándolo, en mi afán en investigar sobre la productividad no había sabido definir unos límites. Me sentía ansioso y exhausto, como tantas otras personas que asumen demasiadas tareas, quizá como tú te has sentido alguna vez.

El estrés se había acumulado en mi vida sin tener una vía de escape.

Ya era de día. Me desperté emergiendo poco a poco de aquella ensoñación, de la sucesión de imágenes y sucesos previos a la charla, y me levanté con lentitud de la cama. Hice la maleta, me cambié la camisa blanca de vestir por una sudadera con capucha, me puse los auriculares y, puede que reflexionando un poco, me fui a la estación de trenes para emprender el regreso a casa.

En el tren tuve la oportunidad de mirar aún más atrás.

## Mirando al pasado

Cuando empecé a «deconstruir» mi situación, un pensamiento me dejó perplejo. Yo siempre había tenido en mente la posibilidad de que estando sobre un escenario podía llegar a ocurrirme algún contratiempo, como por ejemplo un ataque de pánico, como consecuencia de no haber invertido en la prevención y el autocuidado.

Sin embargo, yo sí que me *había estado* cuidando. De hecho, creía que lo había estado haciendo bastante bien.

Existe una cantidad ingente de consejos para el cuidado de aquellas personas que dedican muchas horas a su trabajo. Antes de sufrir aquel ataque de pánico había puesto en práctica bastantes de ellos: meditar a diario (unos treinta minutos), asistir a retiros de meditación y silencio una o dos veces al año, hacer ejercicio varias veces a la semana, darme masajes, ir de vez en cuando a un balneario con mi mujer, leer, escuchar pódcast e incluso darme baños relajantes cuando estaba en plena gira, a menudo tras una deliciosa comida india. Invertir en mi cuidado personal había servido de contrapeso a mi pasión por la productividad, enfocada principalmente en optimizar los resultados y el rendimiento en el trabajo.

Pensé que poniendo en práctica todas esas estrategias sería suficiente para prevenir cualquier tipo de contratiempo y, más aún, me consideré afortunado por poder hacerlo. No todo el mundo puede permitirse el lujo o tiene el privilegio de tomarse una semana de vacaciones para desconectar en un retiro de meditación, o cuenta con el presupuesto para darse un par de masajes al mes. Así que, teniendo en cuenta todo el tiempo y el dinero que invertía en mi cuidado, me sorprendió que aquella leve sensación de ansiedad que acostumbraba a acompañarme pudiera desbocarse y convertirse en una crisis en toda regla.

Y entonces entendí que no era tan sencillo. Si de verdad quería encontrar la calma mental debería profundizar todavía más de lo que había hecho hasta ahora. Eso fue lo que al final me embarcó en el viaje que terminó convirtiéndose en este libro.

Hacia el final de cada año, por lo general durante las vacaciones, me gusta detenerme a reflexionar sobre el nuevo año que está a punto de empezar y pensar en lo que querré haber logrado una vez finalice (utilizo el futuro-presente de forma deliberada: me divierte y me resulta útil avanzar mentalmente e imaginar un futuro que todavía no he creado para mí). Cada año me marco tres propósitos relacionados con el trabajo: proyectos que quiero terminar, ámbitos de mi empresa que quiero hacer crecer y, por último, otros hitos que quiero alcanzar. También visualizo el futuro en relación a mi vida personal, definiendo tres cosas que pretendo haber conseguido para entonces.

Ese año en concreto, los tres propósitos laborales me resultaron fáciles, porque eran proyectos que ya tenía en marcha: escribir un audiolibro sobre meditación y productividad (que ya contaba con fecha de entrega); asegurarme de que las conferencias que diera fueran divertidas y útiles (ya estaban programadas) y poner en marcha un pódcast de éxito (porque ¿quién no tiene un pódcast hoy en día?).

Y en relación a los propósitos personales, después de experimentar el inoportuno ataque de pánico los reduje a uno: averiguar cómo cuidar de mí mismo como es debido. Para lograrlo, centré mi pensamiento en una simple pregunta: **¿qué debía hacer para encontrar la calma y garantizar su presencia en mi día a día?**

## Un repaso rápido de la situación

Al principio de este viaje, solo buscaba aquietar mi agitación mental. Pero a medida que avanzaba en el proyecto fui capaz de llegar a entender la productividad y la calma —así como muchos otros conceptos relacionados— de manera muy distinta a como las veía antes. Algunas de las lecciones que aprendí, y por las que te guiaré en los próximos capítulos, son las siguientes:

- La calma es el *extremo opuesto de la ansiedad*.
- Nuestro constante afán de logro puede (ironías de la vida) *disminuir* la productividad, ya que con el tiempo nos lleva a experimentar estrés crónico, burnout y ansiedad.
- La mayoría de nosotros no somos directamente responsables de nuestro burnout, y lo que es más importante, existen técnicas científicamente probadas que nos ayudan a superarlo. También hay otras vías que nos permiten descifrar este fenómeno y comprenderlo de manera personalizada, por ejemplo revisando los seis «factores del burnout», y teniendo en cuenta cuál es el umbral de burnout específico de cada persona.
- En el mundo moderno nos enfrentamos a un enemigo habitual de la calma: nuestro deseo de dopamina, una sustancia neuroquímica presente en nuestro cerebro que nos induce a la hiperestimulación. Reduciendo nuestra exposición a los factores liberadores de dopamina a los que estamos expuestos conseguiremos aproximarnos a la calma.
- Existen numerosas fuentes de estrés que no son fácilmente perceptibles a simple vista. En este sentido, resulta interesante explorar el concepto de «desintoxicación de la estimulación», también conocido como «desintoxicación de dopamina». Reajustando nuestra tolerancia mental a la estimulación, podemos experimentar una mayor tranquilidad, reducir la ansiedad y evitar el agotamiento emocional.
- Casi todos los hábitos que conducen a la calma los encontramos en un mismo lugar: el mundo analógico. Cuanto

más tiempo pasemos en ese plano, y menos en el digital, de más tranquilidad gozaremos. Y es que, según la estructura y el funcionamiento de nuestro cerebro primitivo, nos desenvolvemos mejor en ese mundo.

- Podemos invertir en conseguir calma y productividad *al mismo tiempo*. Somos mucho más productivos cuando trabajamos de forma consciente y con intención, no cuando nos vemos secuestrados por la ansiedad y nuestra mente avanza desenfrenada en múltiples direcciones. Incluso hay formas de calcular cuánto tiempo somos capaces de recuperar invirtiendo en la calma.

Por encima de cualquier aprendizaje individual, uno de los cambios de mentalidad más significativos que yo hice (desde el punto de vista personal) está relacionado con este último punto: la productividad. En un mundo excesivamente ansioso, acabé entendiendo que el camino hacia una mayor productividad *pasa necesariamente por la calma*.

Cuando mi viaje llegó a su fin, vi que me había ido topando con innumerables tácticas, ideas y cambios de mentalidad que todo el mundo puede adoptar para alcanzar la serenidad en su vida, incluso en los días más tempestuosos.

Comenzaré compartiendo todo esto contigo, explorando las dos fuentes principales de ansiedad en la actualidad: la «mentalidad del más» y nuestra tendencia a caer víctimas de los superestímulos, versiones altamente procesadas y exageradas de cosas que por naturaleza nos atraen. Investigaremos cómo estos factores nos influyen para que acabemos estructurando nuestras vidas en torno al neurotransmisor dopamina y aceptar niveles anormales de estrés crónico. Cuando sea útil, contaré historias de mi viaje e ideas de relevantes investigadores que conocí por el camino; y, por supuesto, te daré consejos prácticos para manejar todos estos estímulos.

Una vez que hayamos indagado en los factores que nos alejan de la calma, profundizaremos en cómo llenar de ella nuestros días, abordaremos temas como el funcionamiento del estrés, las «vías de escape» habituales frente a la ansiedad, por qué no debemos sentirnos culpables por invertir en la calma y otras estrategias específicas que podemos adoptar para superar la ansiedad. A lo largo de las siguientes páginas también expondré lo que aprendí a partir de un montón de experimentos que probé conmigo mismo, incluyendo la identificación de cuándo y dónde me preocupaba por la productividad, el ayuno de dopamina durante un mes para tratar de «desestimular» mi mente de la manera más extrema posible, y el reajuste de mi tolerancia a la cafeína.

Comencemos, pues, esta inmersión en la calma tratando un tema cercano y querido para mí, pero con el que debía desarrollar una relación más saludable para poder encontrar esa tranquilidad tan deseada. Por supuesto, como habrás adivinado, ese tema es la productividad.

Seamos conscientes de ello o no, el mundo en el que vivimos nos obliga a pensar constantemente en lo productivos que somos. Como he comprobado de primera mano, esta ansia hacia una mayor productividad y rendimiento puede llevarnos a hacernos ilusiones sobre un número increíble de historias respecto a nosotros mismos que, independientemente de que se acaben cumpliendo o no, nos genera una gran cantidad de estrés crónico.

Bueno, no nos entretengamos más y metámonos de lleno en lo que yo he dado en llamar la «mentalidad de logro».

# CAPÍTULO 2

## *Esforzarse por obtener logros*

### Forjar una identidad

Me resultaría imposible compartir lo que he aprendido sobre la calma sin hablar primero de los logros y de cómo se construye la propia identidad a partir de ellos. En gran parte, la identidad está formada por los relatos que cada persona crea sobre sí misma, así como por los que otros le cuentan sobre quién es.

Si pudieras rebobinar una cinta de vídeo sobre tu vida —pasando con rapidez por celebraciones, triunfos y retos—, llegarías a un punto en el que tu identidad aún no se habría forjado. No serías más que una tierna criatura, asimilando el mundo con asombro, mirándolo como una figurita de esas que hay en el interior de las bolas de cristal que agitamos para que nieve. También estarías reuniendo pruebas sobre ti: historias acerca del mundo que te rodea y de quién crees que eres...

Eres esa personita que, con los ojos muy abiertos, mirada curiosa y tu mejilla apoyada en el suelo húmedo y cubierto de hierba —quizá intentando tocar una rana con el dedo índice—, oyes el comentario de fondo de tu tía hablando con uno de tus padres a propósito de lo curioso o curiosa que eres. Y en tu interior empieza a forjarse un relato:

*¿Tengo curiosidad? Bueno, supongo que sí. ¿Y eso qué significa...?*

Avanzamos rápidamente hasta el primer curso de secundaria, en clase de física. Esa asignatura hasta entonces nunca te había gustado, pero, por alguna razón, tu profesor ese día consigue explicar de maravilla cómo los elementos del mundo interactúan entre sí.

*¿Quizá tengo una mente científica? Quiero decir que... siempre he actuado con bastante lógica. ¿Qué dice esto de mí?*

Vuelve a darle al avance rápido y pulsa el *play* justo cuando llegues a la semana en que has empezado en tu nuevo trabajo. Durante una reunión, de improviso, tu nuevo jefe —tu jefe favorito hasta ese día— comenta lo responsable que has sido en tu primera semana, y que pareces tener una habilidad especial para conseguir terminar todas las tareas que se te han encomendado.

*Claro que soy de fiar. Es parte de lo que soy; supongo que todo se reduce a ser una persona productiva.*

De este modo, todas esas vivencias, valores, afectos, actitudes..., las vamos asimilando y archivando en nuestra mente, de tal manera que con el paso del tiempo van programando inconscientemente nuestra identidad, construyendo el relato de quiénes creemos que somos.

Yo mismo he vivido una relato idéntico al descrito —decían de mí que era curioso, lógico y productivo—, hasta que al final me embarqué en un proyecto de productividad de un año; en él investigué y experimenté con todos los enfoques y métodos de productividad que pude. Al principio del proyecto, nada más salir de la universidad, rechacé dos trabajos bien pagados y a tiempo completo a cambio de no tener ingresos durante un año entero y así explorar la productividad lo más a fondo posible. (En Canadá podemos aplazar la devolución de nuestros préstamos estudiantiles durante un tiempo, lo que facilitó mucho mi decisión). Como puedes imaginar, una tarea como ésta reforzó todavía más el discurso que había construido sobre mi persona.

Algunas de las narrativas que el proyecto vino a reafirmar eran verdaderas, como que estaba profundamente interesado en la ciencia de la productividad. Por extraño que parezca, actualmente sigo sintiendo ese interés, y de forma más intensa si cabe.

Pero también había empezado a elaborar otras narrativas, como que mi productividad estaba por encima de lo humanamente posible. Esta identidad, no obstante, se había edificado sobre unos fundamentos poco sólidos y, por desgracia para mí, con cuantas más ideas y estrategias experimentaba, más evidencias encontraba a favor de esta particular narrativa. Esto solo sirvió para hacerme sentir todavía más identificado con ella.

Resultaba obvio que este tipo de «evidencias» no solo eran un reflejo de mis propias opiniones. Por ejemplo, después de visionar setenta horas de TED Talks en una semana (para hacer un experimento sobre la retención de información), los propios organizadores de estas charlas publicaron que yo «podría ser el hombre más productivo que jamás se hubiese conocido». En aquel momento esas palabras me hicieron sentir muy orgulloso. Aunque reconocía que era un poco exagerado, escuchar aquella cita de manera reiterada una y otra vez en entrevistas y en las presentaciones previas a mis charlas, sin duda contribuía a dar forma al relato que estaba construyendo de mí mismo (por no hablar de cómo influyó en engordar mi ego). Con el tiempo llegaron más citas elogiosas que sirvieron de combustible para avivar el fuego que serviría para acabar de forjar mi identidad.

En ese momento yo ya sabía bastante sobre productividad, y me gustaba pensar que ya había aprendido o incluso desarrollado las estrategias adecuadas para enfocar mi labor de forma inteligente. Era *de esperar* que así fuera, dado que había pasado mucho tiempo investigando, reflexionando y experimentando sobre el tema. Al fin y al cabo, los carpinteros deberían saber cómo hacer muebles, los profesores cómo enseñar y los investigadores sobre productividad deberían saber cómo realizar bien su trabajo empleando el tiempo que otros dedicarían a hacer solo un poco.

Pero al aceptar sin reparos la versión de que mi productividad era prácticamente insuperable, yo, como les ha ocurrido a muchos otros, no me di cuenta de que podía llegar a un punto en el que me exigiera demasiado. Sí, sabía mucho del tema, pero también había mucho más que ignoraba. Y, lo que es más importante, no tenía una perspectiva adecuada sobre cómo encajar la productividad en el contexto general de mi vida.

Tal vez, solo tal vez, estaba un poco más estresado de lo que era capaz de reconocer; y andar todo el tiempo viajando por trabajo, sin descanso, me estaba desgastando más de lo que me atrevía a admitir. Puede que estuviera atrapado en mi propio relato, un relato con unos objetivos imposibles de cumplir y que acabaría arrastrándome hasta la ansiedad y el agotamiento.

Para forjar nuestra identidad, lo ideal sería que lo hiciésemos utilizando aquellos atributos que forman parte esencial de nosotros mismos, inmutables con el paso del tiempo y, de este modo, cimentar esa identidad sobre lo que valoramos más profundamente. En cambio, solemos optar por hacerlo recurriendo a aspectos que no lo son, identificándonos, por ejemplo, con lo que hacemos para ganarnos la vida. De este modo, cuando nuestro trabajo —o cualquier otra cosa— se convierte en parte de nuestra identidad, perderlo es como perder una parte fundamental de nosotros mismos. Yo había cometido ese error: desde mi punto de vista, mi trabajo no era simplemente algo que yo hacía, se había convertido en parte integral de quién era. Cada correo electrónico elogioso de un lector, cada reseña de un medio de comunicación o comentario amable se convertía en una prueba más de esta narrativa, otro bloque de hormigón armado fortaleciendo aún más los cimientos de mi identidad hiperproductiva que había decidido adoptar.

Sentirme agotado, sufrir una crisis de ansiedad sobre el escenario e incluso situaciones más triviales, como el recuerdo de ver reflejado mi desencajado rostro en la placa de la ducha, abrían una brecha entre quien soy realmente y la persona que creía ser; crueles advertencias de que la evidencia en la que basaba gran parte de mi identidad… no era cierta.

Estaría exagerando si dijera que me di cuenta de todo esto durante el trayecto en tren de vuelta a casa, después del incidente ocurrido en la conferencia. Pero sí es cierto que algo se hizo evidente en ese viaje: había llevado mi firme búsqueda de la productividad hasta un punto en el que los cimientos ya no eran estables. Algo fallaba.

## El origen de una mentalidad

Para empezar con energía, vamos con una pregunta en apariencia sencilla sobre la que te propongo reflexionar: ¿cómo determinas si un día cualquiera de tu vida «ha ido bien»?

Piensa en ello con sinceridad durante uno o dos minutos, de la manera que prefieras: escribe lo que te venga a la cabeza, deja de leer y piensa un rato, háblalo con tu pareja (mi técnica favorita)… Si te pareces a mí, te divertirás dándole vueltas a esta pregunta.

(Estaré aquí esperándote cuando termines).

Si has reflexionado sobre esta cuestión, puede que te hayas dado cuenta de que existen innumerables formas de evaluar un día, dependiendo de los valores en los que te centres. Algunas de las respuestas que me ha dado la gente (con sus correspondientes valores asociados entre paréntesis) son:

- En qué medida has podido ayudar a otras personas, ya sea de manera personal o través de tu trabajo (servicio);
- cuántas tareas has tachado de tu lista de pendientes (productividad);
- cuánto has podido disfrutar el día (placer);
- cuánto dinero has ganado (éxito financiero);
- el grado de compromiso con tu trabajo o con tu vida (presencia);
- cuántos momentos profundos y auténticos has compartido con los demás (conexión) y
- si has sido feliz (felicidad).

Éstos son solo algunos ejemplos. Además de tus valores, la forma en que mides tus días también puede depender de elementos de tu vida como la cultura en la que vives y trabajas, la etapa vital en la que te encuentres, tu educación y las oportunidades que tienes a tu alcance. Es probable que una persona criada por unos padres banqueros evalúe sus días de diferente forma que alguien con unos progenitores hippies que viven en una furgoneta Volkswagen.

Lo que trato de decir es que no existe una respuesta correcta a esta pregunta. Aunque la mayoría de nosotros no nos detenemos al final de cada día para evaluar cómo han ido las cosas —no todos llevan un diario ni practican la meditación—, de alguna manera (a menudo inconsciente) sí que reflexionamos sobre si un día concreto ha sido «bueno». Y, mientras disfrutes de cómo has empleado tu tiempo y vivas de acuerdo con tus valores, te sentirás bastante bien con ello; al margen de que a los demás tus días les parezcan en extremo competitivos o una aventura hippie. Si sientes satisfacción al final de cada jornada, eso debería ser suficiente: es tu tiempo y puedes emplearlo como quieras.

Sin embargo, a pesar de las innumerables formas de medir cómo se vive el propio tiempo, o de cómo difieren los valores y entornos de uno a otro individuo, la mayoría de la gente parece evaluar lo bien que le ha ido un día por cuánto ha podido hacer o lo productivo que ha sido.

Esto suele ocurrir sobre todo en el trabajo, pero si eres como yo puede que también te lleves esta actitud a casa.

## La mentalidad de logro

Si rebobinaras la cinta de tu vida una vez más, es de esperar que te encontraras a tu yo más joven poco preocupado por lo productivo que era, o por lo mucho que era capaz de lograr en un día. Al dedicar menos tiempo a contarte historias sobre ti mismo, también te preocupabas menos por lo que los demás esperaban de ti y por cumplir tus propias expectativas.

Si te pareces a mí, entonces tu yo más joven era un espíritu libre que actuaba a favor del viento y hacía las cosas por el simple placer de hacerlas. Puede que fabricaras cápsulas del tiempo, que fueras en bicicleta a explorar lugares nuevos y cocinaras brebajes que (aunque divertidos) en realidad eran asquerosas mezclas de harina, kétchup y otros condimentos que encontrabas en tu cocina.

De vez en cuando puede que incluso te tropezaras con el aburrimiento, lo que te llevó a pensar en nuevas formas de pasar el tiempo. Tal vez levantaste un fuerte con mantas, sillas y el sofá del salón, o pegaste todas las pegatinas de las frutas en la parte baja de los armarios de la cocina. (En realidad, ¿cuándo fue la última vez que te aburriste?).

Cuando eras más joven no pensabas mucho en evaluar tus días. Por supuesto, a medida que avanzamos en la vida y acumulamos responsabilidades, esto cambia. Nos enseñan a valorar nuestro tiempo, y muchas veces también nuestra valía, en función de los logros que conseguimos. De adultos, el peso de la responsabilidad puede alejarnos de la «aventura serena».*

Incluso en la infancia, este cambio de mentalidad puede formarse con rapidez. Al empezar la escuela entras en un sistema con objetivos por los que compites con otras personas: cuanto mejores sean tus notas, más lejos llegarás en ese sistema y en la vida. Con buenas notas nos convertimos en científicas, neurocirujanos o... qué sé yo, grandes empresarios que surcan los cielos en un Gulfstream. Cuanto más te centres en el trabajo, más ingenio tendrás, y cuanta más motivación tengas, mayores serán tus logros. Entonces entras en el mercado laboral con objetivos cada vez más próximos a los que aspirar: un salario mayor, primas de rendimiento y subir escalones en la jerarquía de la organización. Al margen de lo lejos que lleguemos, las personas nos esforzamos por conseguir «más». Así es la mentalidad de logro: una vez que empiezas a aspirar a más éxitos, tiendes a no parar.

A medida que nos hacemos mayores y acumulamos responsabilidades, hay más cosas posibles que hacer con cada minuto de nuestro tiempo, y esas opciones no son todas iguales. Por eso, preguntarnos una y otra vez si existen alternativas mejores (más relevantes) para lo que estamos haciendo —lo que un economista llamaría «el coste de oportunidad» de nuestro

---

* Quizá sea un recordatorio valioso de que tu vida vale mucho más de lo que eres capaz de lograr con ella.

tiempo— nos lleva a sentirnos culpables y a dudar de si estamos empleando ese tiempo (que es limitado y valioso) en la mejor actividad posible. La responsabilidad hace que nuestro tiempo sea más trascendente, porque aumenta este coste de oportunidad. Si se nos pasara por la cabeza la idea de emprender una aventura, el siguiente razonamiento podría ser pensar en todas las cosas que consideramos mucho más importantes y que deberíamos hacer. Doblar la ropa. Pasear al perro. Responder a los correos electrónicos.

La vida «real» se interpone en nuestro camino.

Por otro lado, aunque tu preocupación por la responsabilidad y el coste de oportunidad se limiten en un principio al entorno laboral, también puede llegar un punto de inflexión en el que tu implacable enfoque centrado en la productividad se extienda a tu vida personal. En lugar de que la productividad sea solo un conjunto de prácticas a las que recurrir cuando tienes una carga superior de trabajo que de tiempo para hacerlo, conseguir lo máximo en cada momento es algo que siempre tienes en mente, incluso cuando te gustaría estar relajado.

**Yo lo llamo la «mentalidad de logro».** Esta mentalidad basada en un conjunto condicionado de actitudes y creencias nos impulsa a esforzarnos constantemente por conseguir más. Nos estimula a querer llenar siempre nuestro tiempo con algo, y a sentirnos culpables cuando lo empleamos de un modo «no óptimo». Es la voz que nos dice, cuando salimos a disfrutar de un café con un amigo, que en realidad deberíamos volver a casa para adelantar la cena; la voz que nos dice que deberíamos poner al día nuestra lista de pódcasts mientras disfrutamos de un hermoso paseo por el parque. Por encima de todo, esta mentalidad nos lleva a pensar continuamente en el coste de oportunidad de nuestro limitado tiempo y cómo podemos utilizarlo para conseguir más.

Es cierto que la mayoría de la gente no evalúa su tiempo y sus intenciones con esta mentalidad el cien por cien de las veces. Pero, según avanzamos en la vida personal y profesional, parece que evaluamos más las horas, días, semanas y años con la vara de medir de los logros. Y nos consolamos contándonos la historia de que dejaremos a un lado esa mentalidad una vez que nos jubilemos… y seguimos adelante.

La tranquilidad y la calma pueden esperar, al igual que la satisfacción de saborear los frutos de todo aquello que hemos logrado. Ser una «persona realizada» puede llegar a formar parte de nuestra identidad. Cuando nuestra lista de logros laborales se confunde con nuestra identidad personal, entendemos nuestros éxitos como parte fundamental de lo que somos.

En su libro *The Writing Life*, Annie Dillard defiende que la forma en que pasamos nuestros días es la forma en que pasamos nuestras vidas. Yo lo extendería también a cómo valoramos nuestros días: la manera en que valoramos nuestros días es la manera en que valoramos nuestras vidas. Cuando valoramos nuestros días en función de la cantidad de cosas que somos capaces de hacer y no somos lo bastante cuidadosos y conscientes, también valoramos así el resumen total de nuestra vida.

La escuela y el trabajo puede que sean los responsables de que demos tanta importancia a la productividad y los logros, pero es evidente que tienen una finalidad relevante. Han construido el mundo moderno tal como lo conocemos.

Es difícil no considerar lo bien que se vive en el mundo de hoy en día. Si trajéramos al presente a un campesino de hace 200 años y lo metiéramos en un supermercado de barrio, puede que fuera incapaz de procesar tal abundancia. Y eso que los supermercados no son, *ni de lejos*, los símbolos más lujosos de la sociedad actual. Una vez que el pobre hombre se calmara (lo que quizá le llevase un rato), podrías sacarte muy despacio el móvil del bolsillo y mostrarle cómo este dispositivo te permite conectar con cualquier persona del planeta, en cualquier momento y en menos de un segundo.

Gracias al progreso económico, en los últimos 200 años la renta media anual de la población norteamericana ha pasado de 2000 dólares por persona a 50.000, y eso teniendo en cuenta la inflación. Y, aunque hemos alcanzado *25 veces* más prosperidad, el precio de muchos bienes se ha reducido, en gran parte por los avances tecnológicos. Sin ir más lejos, los 1000 dólares que te gastabas en un televisor hace ochenta años te dan hoy para muchas más pulgadas y píxeles. ¡E incluso en color!

Además, como cabría esperar, no solo los habitantes de los países más ricos nos beneficiamos de este crecimiento. En las últimas dos décadas, el número de personas que viven bajo el umbral de pobreza en todo el mundo se ha reducido a menos de la mitad. Hace veinte años, el 29 % de la población mundial era pobre. Hoy es el 9 %. Indicadores económicos como estos son de gran importancia. Como señaló el célebre investigador Hans Rosling en *Factfulness:* «El principal factor que afecta al modo en que vive la gente no es su religión, su cultura o su país de residencia, sino sus ingresos».

Por todas estas razones, no voy a argumentar en contra del crecimiento económico, porque suponiendo que sus beneficios se repartan de forma equitativa (lo cual es mucho suponer) en realidad mejora nuestras vidas.

Pero este mundo moderno tiene un precio: la ansiedad. El sistema en el que vivimos y trabajamos —y la mentalidad que nos lleva a adoptar y el estrés que nos genera— contribuye de forma significativa a ello. La productividad y los logros se incentivan tanto en la escuela como en el trabajo. A la larga, cuanto más productiva es la gente más «éxito» llega a tener.

La sociedad actual sigue valorando los indicadores tradicionales del éxito, como el dinero, el estatus y el reconocimiento, e ignora otros menos cuantificables, como lo felices que somos, lo profundas y satisfactorias que son nuestras relaciones y si influimos de forma positiva en la vida de los demás. De este modo, la forma en que conseguimos sentirnos más realizados es siendo cada vez más productivos, acumulando suficientes jornadas de trabajo fructíferas en nuestra cuenta personal. A medida que pasamos más tiempo sometidos a sistemas que recompensan esas cualidades nos convencemos de que la productividad y los logros son lo más importante.

Y con el paso de los años, ésta ha acabado siendo nuestra forma habitual de medir hasta qué punto hemos empleado bien nuestro tiempo.

## Los «milagros» de los consejos sobre productividad

Aunque hasta ahora me he centrado principalmente en los costes que conlleva poner el foco en la productividad a expensas de nuestro propio bienestar, debemos considerar que si sabemos poner límites también podemos obtener grandes beneficios.

Si la imagen mental que te evoca la palabra «productividad» es de aspecto frío, corporativo y centrado en la eficiencia, no estás solo. Pero no debes preocuparte. Hay enfoques mucho más sensatos y los consejos sobre productividad no tienen por qué convertirte en un robot adicto a la consecución de resultados.

Yo considero que la productividad consiste sencillamente en lograr lo que nos proponemos hacer, ya sea borrar todos los correos electrónicos de nuestra bandeja de entrada, decidir entre varias candidaturas a quién contratar para nuestro equipo de trabajo o relajarnos en la playa mientras nos bebemos dos piñas coladas (una para cada mano). En mi opinión, cuando nos proponemos hacer algo y luego lo hacemos, somos perfectamente productivos. Planteada de esta forma, la productividad no consistiría tanto en esforzarse por conseguir más, sino en la intención que ponemos de nuestra parte por conseguir algo. Esta definición funciona en todos los contextos, independientemente del ámbito de nuestra vida en el que nos desenvolvamos.

Pero, incluso bajo esta definición (esperemos que más humana), productividad y logro son dos caras de la misma moneda, aunque lo que pretendas «lograr» sea un día de relax. Dejaré a un lado por un momento esta definición más benévola, porque vale la pena evaluar la búsqueda de logros utilizando otra en general más aceptada: progresar hacia la consecución de los propios objetivos (es decir, tener más éxito, según los criterios tradicionales).

Las tácticas de productividad no son ni buenas ni malas. Los métodos, hábitos y estrategias que nos llevan a un mayor rendimiento pueden desplegarse con fines increíbles. Lo he comprobado de primera mano: es uno de mis temas favoritos, y centrarme en él me ha llevado a generar una cantidad sustancial de trabajo del que me siento orgulloso, y un grado de éxito que quizá no hubiera alcanzado de otra forma. Pero, al mismo tiempo, este enfoque en el logro me ha conducido al burnout y la ansiedad.

En el ámbito de la productividad, la idea de que esforzarse por conseguir más logros puede conducir tanto al éxito como al fracaso rara vez se discute, si es que se discute. Así que… hablemos de ello.

Hay buenas razones para no resistirse a los consejos sobre productividad. Todos los días tenemos cosas que hacer, en el trabajo y en casa. Llevamos una vida muy ajetreada, repleta de responsabilidades. En una sola jornada a lo mejor tienes diez horas de trabajo pendiente (aunque tu horario laboral sea de ocho), mientras trabajas desde casa con tu hijo enfermo en la otra habitación, a la vez que encuentras tiempo para pagar las facturas atrasadas que se acumulan en tu correo electrónico. Otro día —quizá incluso el fin de semana— tendrás que ponerte al día con las tareas domésticas mientras preparas la cena para tu familia; y, con un poco de suerte, te quedará el tiempo suficiente para relajarte. Por tanto, los consejos sobre productividad funcionan muy bien en situaciones como esta.

Y los que de verdad funcionan se amortizan con creces: recuperas el tiempo invertido en ellos y *algo más*. Al hacer lo que debes hacer en menos tiempo, dispones de más para lo importante: las personas, las aficiones y el trabajo con el que puedes conectar a un nivel más profundo.

Un ejemplo sencillo de esto es priorizar las tareas que conforman tu jornada laboral. Dedicar unos minutos al principio de cada día a definir lo que quieres haber completado al finalizar la jornada, te permite averiguar cuáles son las tareas más importantes y, en el proceso, comprenderás en qué es mejor que inviertas tu tiempo y en qué no. Solo unos minutos de planificación pueden ahorrarte horas de ejecución, sobre todo si hacerlo te ayuda a centrarte en las tareas esenciales de un día determinado, o a dejar de trabajar en un proyecto que sería mejor delegar en otra persona de tu equipo.

Imagínate por un momento que has ganado un premio —en un concurso patrocinado por una empresa de limpieza— que pone a tu disposición a un mayordomo a tiempo completo para toda la vida (este individuo se llama Kingsley). El mayordomo te permite gozar de más tiempo libre cada día, porque limpia lo que ensucia toda tu familia, cocina, gestiona tu agenda (que él llama tu «diario»), hace de chófer y muchas otras cosas. Y lo mejor de todo: el generoso sueldo de Kingsley lo tienes pagado hasta que se jubile, dentro de cincuenta años. Ni siquiera tienes que darle propina (está incluida). Aunque, por desgracia, este escenario es una quimera para casi cualquiera, las mejores tácticas y estrategias de productividad pueden proveer beneficios similares. Como Kingsley, nos aportan una mayor cantidad del recurso más valioso que tenemos a nuestra disposición: el tiempo.

Esta es la promesa (y el milagro) de los consejos sobre productividad. Al mejorar tu capacidad para hacer bien las cosas, dispondrás de más tiempo, atención y energía para emplearlos en todo lo que hagas. Incluso puede que tengas más éxito.

Pero a diferencia de lo que ocurre con un mayordomo, estos consejos deben ir acompañados de una importante advertencia: solo son útiles siempre que seamos capaces de saber cuándo dejar la tarea. Sí, los consejos de productividad son poderosos, pero requieren límites.

Sin ellos, esta obsesión por el logro puede mermar nuestra productividad, porque nos aleja de la calma.

## Lo contrario de la calma

Unos meses después de mi ataque de pánico, el trabajo por fin se ralentizó un poco y pude empezar a descifrar los motivos que me habían conducido hasta la ansiedad y el burnout. En el próximo capítulo hablaré con más detalle del síndrome de burnout, pero primero vamos a aclarar qué significa estar *en calma*, el objetivo final que estamos persiguiendo.

Pronto descubrí que los investigadores no estudian la calma en sí, como concepto independiente. La mayoría de la gente sabe qué es la calma —su definición está en el diccionario, entre «callueso» y «calmante», con acepciones como «paz, tranquilidad» y «cesación o suspensión de algo»—, pero el término no cuenta con una definición clínica comúnmente aceptada. En realidad, se han sugerido pocas o ninguna. Tampoco es una rama de la psicología que se pueda estudiar, ni existe un instrumento validado y fiable para evaluar con precisión el grado de calma de una persona. (Tras muchas horas indagando en varios buscadores académicos, me alegré de haber encontrado por fin la «Escala de interacción y calma de Vancouver». Sin embargo, en ella la «calma» se refiere al grado de sedación de un paciente que recibe ventilación mecánica en la UCI, es decir, si tiene conectados cables o tubos).

Bien, pues olvídate de lo esquiva que es la calma en la vida cotidiana; incluso en la investigación.

Por fortuna, existe una forma de eludir esta indefinición clínica oficial sin dejar de ser fieles a la ciencia. Podemos hacerlo explorando la ansiedad. Y es que, aunque la investigación sobre la calma sea muy escasa, la existente apunta a una idea curiosa: es el polo opuesto de la ansiedad. Así que podemos empezar a definir la calma explorando su contrario.

Cuando tenemos ansiedad, sentimos una especie de agitación interior, no dejamos de dar vueltas a las cosas y tememos lo que está por venir. Las investigaciones sugieren que también podemos sentirnos «al límite» durante estos periodos de ansiedad, al tiempo que somos incapaces de dejar de preocuparnos. Otros signos de ansiedad son: problemas para relajarse, sensación de inquietud, molestia o irritación, y miedo recurrente, como si algo terrible estuviera a punto de suceder en cualquier momento. Pienso en mi propia ansiedad como en una especie de impaciencia arrolladora en la que los momentos ansiosos del día chocan entre sí como olas.

De acuerdo, pues la calma es lo contrario de toda esta agitación. Por suerte, la investigación nos permite comprender con exactitud en qué se diferencian ambos estados. Es importante destacar que, mientras que la ansiedad es una emoción desagradable, caracterizada por un estado de alta excitación mental, la calma es agradable y se caracteriza por un estado de baja excitación mental.

La investigación ha confirmado que la calma y la ansiedad conviven en un continuum. Un estudio reciente publicado en la prestigiosa *Journal of Personality and Social Psychology*, de la Asociación Americana de Psicología (APA), demuestra que la ansiedad del individuo no evoluciona de «nula a muy intensa», como pensamos, sino que debe considerarse como un proceso continuo que oscila «entre un alto grado de calma y un alto grado de ansiedad»:

Calma elevada                    Ansiedad elevada

Dicho de otro modo, no es solo que la calma sea el polo opuesto de la ansiedad, sino que la ansiedad es el polo opuesto de la calma. Por tanto, la superación de la ansiedad no solo nos acerca a la calma, sino que cuando fomentamos altos niveles de calma y serenidad en nuestra vida tenemos más camino por recorrer antes de volver a sentir ansiedad. En otras palabras: la calma presente nos hace resistentes frente a la ansiedad futura.

Teniendo en cuenta estos factores, es posible definir la calma como *un estado subjetivo positivo, caracterizado por un bajo nivel de excitación y con una ausencia concomitante de ansiedad*. A medida que nos alejamos del extremo de la ansiedad elevada y nos acercamos al de la calma elevada, nuestros sentimientos de satisfacción se hacen más profundos y la mente se relaja y se serena. Con nuestra mente tranquila y nuestros pensamientos aquietados, experimentamos la calma. En este estado también somos menos reactivos emocionalmente a los acontecimientos de la vida.

Es importante señalar que no siempre experimentamos la ansiedad y la calma de la misma manera. El estado subjetivo de cada persona está en continuo cambio. Por este motivo (y suponiendo que no padezcas un trastorno de ansiedad, del que hablaré en el recuadro siguiente), deberíamos pensar en la ansiedad y la calma no como rasgos personales, sino más bien como estados por los que transitamos, dependiendo de factores diversos, como lo que esté ocurriendo en determinado momento en nuestras vidas o el grado de estrés al que estemos sometidos. La ansiedad es una respuesta normal a una situación estresante, especialmente a una que interpretamos como amenazadora. No pasa nada malo si la experimentas.

Algunos días puede que estén colmados de calma, pero que contengan algún que otro momento de ansiedad, como cuando llega el autobús del aeropuerto con treinta minutos de retraso. Por otro lado, los días llenos de ansiedad pueden estar salpicados de refrescantes periodos de calma, como cuando el estrés del trabajo se esfuma en cuanto entras por la puerta de tu casa y tus hijos corren a abrazarse a tus rodillas.

Este camino hacia la calma —que implica reducir la ansiedad pero también invertir en estrategias que nos lleven al *otro* extremo del espectro— supone eliminar el estrés, superar el burnout y evitar la distracción, a la vez que nos volvemos más comprometidos, presentes y productivos.

Antes de continuar, debo ponerme mi «sombrero legal» (es como mi «sombrero normal», pero tiene un precio por hora) y señalar que los consejos que contiene este libro no deben interpretarse (ni pretenden servir) como sustitutos de los de un profesional de la medicina. Recuerda que siempre debes consultar con personal sanitario si estás experimentando niveles de ansiedad que te impiden desarrollarte con normalidad en tu vida cotidiana, o que de algún modo hacen que tu mente se convierta en ese lugar desagradable dónde tus pensamientos no dejan de molestarte. Si tienes dudas sobre si padeces un trastorno de ansiedad —también llamado *ansiedad de rasgo*, en contraposición a la *ansiedad de estado*— y prefieres *no* hablar con un profesional, te recomiendo de forma encarecida que busques la «Escala del trastorno de ansiedad generalizada» (GAD-7). Este test gratuito, disponible en internet, sirve para detectar el trastorno de ansiedad generalizada. Son solo siete preguntas breves, que se responden en uno o dos minutos, relacionadas con la frecuencia con la que experimentas síntomas de ansiedad como los que mencioné hace unos párrafos (los he adaptado directamente de esta prueba). En resumen: busca ayuda si la necesitas, ¡o incluso si crees que solo tal vez la necesites! Mi intención con este libro es ayudar con la ansiedad no patológica de baja intensidad que tanta gente experimenta, especialmente en el mundo actual, tan obsesionado con los logros.

## El espectro de la productividad

Ahora que hemos definido la calma, volvamos a la productividad y a los logros. Al igual que con la calma y la ansiedad, todo el mundo se puede situar en algún punto de una especie de espectro referido a cuánto valora y piensa sobre la productividad y los logros.

En un extremo está la persona que nunca piensa en la productividad o en lo que quiere obtener con su tiempo. Esto no es lo ideal. Cierto es que una búsqueda obsesiva de productividad puede afectar de manera negativa a nuestra salud mental, pero hay que fijarse unos objetivos y trabajar para cumplirlos. Deberíamos intentar ganar un sueldo que nos permita vivir con dignidad, ayudar a quienes nos rodean y vivir de tal modo que se minimice con ello cualquier remordimiento o arrepentimiento futuros (esto último es, en mi opinión, uno de los ingredientes más importantes de una buena vida). Alguien que nunca piensa en lo que quiere obtener con su tiempo rara vez se propone mejorar su existencia o vivir de un modo congruente con sus valores. Por tanto, es fundamental dedicar al menos parte de nuestro tiempo a trabajar para conseguir nuestros objetivos. Además, la mente humana ansía tener cosas con las que comprometerse a lo largo del día. (De hecho, el compromiso nos hace más felices que casi cualquier otro ingrediente vital; hablaremos de esto más adelante).

En el extremo opuesto del espectro se encuentra alguien impulsado por una mentalidad de logro, que valora el cumplimiento de objetivos y la productividad por encima de todo, incluidos otros grandes ingredientes para una buena vida, como la felicidad, la sociabilidad y la calma. Para alguien así la productividad es, en esencia, su religión, y la practica en el trabajo y en todos los aspectos de su vida. En mi caso, a medida que los logros se enredaban con las historias que conformaban mi identidad, me fui acercando a ese extremo del espectro. Si los relatos sobre tu éxito se entremezclan con tu identidad, o si te resulta difícil salir de la mentalidad de logro, incluso cuando quieres relajarte, quizá también te hayas ido hacia este extremo.

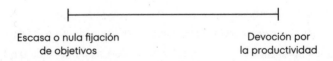

Escasa o nula fijación          Devoción por
de objetivos          la productividad

Así pues, cuando nuestra principal motivación es lograr cosas, corremos el riesgo de descuidar el tiempo que necesitamos para descansar, relajarnos y apreciar los resultados de nuestros logros. Paradójicamente, estas pausas y momentos de reflexión nos brindan mayor motivación y productividad a largo plazo. Por lo tanto, es crucial dedicar parte de nuestro tiempo a recargar energías, ya que de lo contrario corremos el riesgo de caer en el burnout y perder el impulso.

Ahora reflexiona sobre tu posición en el espectro, especialmente si valoras la productividad y los logros más que la mayoría de las personas. En relación con la calma, la mentalidad de logro puede ser una espada de doble filo cuando la llevamos al extremo: nos lleva a experimentar menos alegría, al tiempo que nos genera un mayor nivel de estrés.

Vamos a abordar cada una de estas ideas en detalle.

## Menos alegría

Uno de mis primeros descubrimientos en mi búsqueda de la calma fue darme cuenta de hasta qué punto la mentalidad de logro inhibía la cantidad de alegría que experimentaba diariamente. La razón era bastante simple: esa mentalidad convertía prácticamente todo en mi vida en una tarea pendiente. Como dice el refrán, cuando la única herramienta que tienes es un martillo, todos los problemas parecen clavos. Aquí se aplica una idea similar: cuando ves todo lo que haces a través del prisma de la mentalidad de logro, todo en tu vida parece algo que debes completar. De esta manera, esa mentalidad compromete la cantidad de alegría que experimentas a diario, ya que alterna entre períodos de productividad y sentimientos de culpa (cuando no estás siendo productivo*).

Lo digo por experiencia. En lugar de disfrutar de deliciosas comidas, las engullía mientras, distraído, escuchaba un pódcast o veía un vídeo de YouTube, en un intento doble de encajar más cosas en ese tiempo, mientras trataba de absolverme de la culpa que sentía por tomarme un descanso (trataremos este tema en el capítulo 8). En otras palabras, elegí obstinada y repetidamente el ajetreo en lugar del disfrute genuino. Si había quedado para charlar con un amigo al final del día, tampoco era capaz de librarme de las cadenas de la mentalidad, y me pasaba ese rato pensando en lo que tenía que hacer al día siguiente en el trabajo. A medida que me preocupaba más y más por mi productividad, me entristece decir que incluso las actividades más agradables de mi vida —como pasar tiempo con mi mujer, disfrutar de la comida y otras experiencias increíbles— se convirtieron en tareas pendientes. Hasta las vacaciones eran una obligación en lugar de un disfrute.

La productividad se convirtió en mi principal objetivo. Pero, como fin en sí mismo, la productividad resulta un objetivo terrible: debe, por el contrario, considerarse un medio para alcanzar otro fin más importante, como disponer de más tiempo libre, independencia económica o espacio para las relaciones humanas.†

---

* Esto no quiere decir que no debamos valorar mucho nuestro tiempo o considerar su coste de oportunidad para asegurarnos de invertirlo en cosas valiosas. El tiempo es el recurso más limitado que tenemos para gozar de una buena vida, así que deberíamos valorarlo al máximo. De hecho, deberíamos valorarlo tanto que no nos limitáramos a utilizarlo para «hacer cosas».
† Un daño colateral relacionado con la mentalidad de logro es cómo alimenta nuestro individualismo. Esta mentalidad nos lleva a pensar principalmente en nosotros mismos: se trata de cuán productivos somos, no de cuánto podemos ayudar a otras personas, cuán productivo es nuestro equipo o la vida que somos capaces de crear al lado de nuestros seres queridos. Una lección que estoy continuamente aprendiendo es que tengo un espacio casi ilimitado dentro de mí para dar la bienvenida y acoger a otras personas.

Como mucha otra gente, yo vivía la vida a tope, con poco margen o tiempo libre. Al menos, ese era el relato que me había contado. Porque resulta que sí tenía tiempo, pero no lo dedicaba a actividades con las que me sintiera comprometido o que me relajaran. Cada vez que cumplía un objetivo, la mentalidad de logro volvía a apoderarse de mí y me enfocaba en lo siguiente que tuviera que hacer, siempre sin llegar a apreciar del todo lo que acababa de conseguir.

Pero, no nos equivoquemos, es bueno tener una mentalidad de logro... en el trabajo, en horario laboral. Porque es la forma que tenemos de cambiar tiempo por dinero. Se nos paga por nuestra productividad en un periodo determinado, suponiendo que las cosas sean justas. Y la productividad conduce a micrologros, que a su vez llevan a otros más sustanciales. Pero, si no tenemos cuidado, esa misma mentalidad puede impedirnos experimentar los mejores momentos de la vida cuando no estamos intercambiando tiempo por dinero. Porque, en lugar de disfrutarlos, solo marcaremos una casilla tras otra (¡check, check!) y dedicaremos menos tiempo a gozar los frutos de nuestros logros: las vacaciones, el chalé, el tiempo de calidad con la familia; en definitiva, aquello por lo que tanto hemos trabajado.

Si pierdes esto de vista, como me pasó a mí, tal vez *todo se convierta en trabajo*, en algo que debes hacer para obtener un resultado. Y tu lista de tareas llegará a ser una de obligaciones, no de logros.

Es sorprendentemente fácil caer en la tentación para convertirte en una persona más productiva. Después de todo, es normal pretender mejorar tu vida si constantemente nos estamos comparando con los demás. Pero esta búsqueda de auto-superación puede convertirse en una trampa, especialmente cuando nos obsesionamos con lo que creemos que nos falta y llevamos la mentalidad de logro al extremo máximo.*

Confío en que tú no hayas llegado tan lejos en el espectro de la productividad como yo. Pero la cuestión a tener en cuenta sigue siendo la siguiente: sin ponerle límites, la mentalidad de logro nos lleva a experimentar menos alegría, en especial llegado el momento de relajarnos.

Y es que al esforzamos por lograr cosas todo el tiempo sucede que nunca disfrutamos de verdad del momento presente, de lo que hacemos o, más importante, de con quién lo hacemos.

## Un espejismo de productividad

Otro efecto secundario provocado por la mentalidad de logro es uno al que ya he aludido: nos lleva a estar innecesariamente ocupados, especialmente con tareas pequeñas e irrelevantes, porque nos impulsa a llenar cada momento de nuestras vidas con alguna actividad. Esta ocupación a menudo es simplemente una señal que enviamos a la parte evaluadora de nuestra mente de que estamos avanzando hacia nuestros objetivos, aunque te limites a entrar y salir de las aplicaciones, navegando por las redes sociales o leyendo de manera compulsiva las noticias. De este modo, te sientes menos culpable cuando haces todas estas cosas sin sentido —a pesar de que te consumen y te estresan— que cuando te dedicas a descansar y recargarte de energía.

Es obvio que algo de ese ajetreo forma parte de la vida como resultado de nuestras crecientes responsabilidades. Pero, al mismo tiempo, la era de los dispositivos portátiles

---

* En general, vale la pena dedicar menos tiempo a intentar mejorar y más a ser feliz con uno mismo.

con conexión a internet ha introducido un nuevo e innecesario nivel de actividad en el día a día de la gente. Hace solo un par de décadas ni siquiera existían. En cambio, hoy en día, en cuanto tienes unos minutos libres entre reunión y reunión, seguro que tiendes a centrarte en cosas que mantienen tu mente estimulada en lugar de planificar lo que deseas obtener con tu tiempo. Consultando el correo electrónico cada dos minutos, revisando las actualizaciones de Instagram o deslizándonos por la página de inicio de Twitter sentimos que estamos ocupando el tiempo en algo útil; pero es una trampa, es un «espejismo de productividad».

Este ajetreo también nos aleja de la calma y nos provoca estrés crónico.* A medida que profundicé en la investigación sobre la ansiedad y la calma, eliminar las fuentes de estrés crónico de mi vida —muchas de las cuales provenían de esa capa de actividad innecesaria provocada por la mentalidad de logro— fue lo que más me ayudó a alcanzar una mayor tranquilidad. No puedo insistir lo suficiente en este punto: el estrés crónico, en gran parte derivado de la mentalidad de logro, es quizás el mayor obstáculo que tendrás que superar para lograr una calma mental duradera.

Déjame que te lo explique.

En pocas palabras, experimentamos dos tipos de estrés en la vida. El primero es el *estrés agudo*, que es temporal y a menudo puntual (un vuelo cancelado, un bloque de Lego pisado por accidente en mitad de la noche o una discusión con la pareja que al final se resuelve). Por suerte, nuestros cuerpos están

---

\* Ironías de la vida, la mentalidad de logro puede llevarnos a perder más el tiempo: ante un periodo de inactividad inesperado, malgastamos nuestro tiempo navegando por las redes sociales y dando golpecitos en pantallas táctiles, y solo porque nos sentimos culpables por permitirnos una relajación realmente necesaria y gratificante. Siempre es más fácil elegir la actividad.

*diseñados* para lidiar con el estrés agudo: durante la mayor parte de la historia de la humanidad, ha sido el principal tipo de estrés que hemos experimentado. A lo largo de millones de años, los seres humanos no fuimos más que deliciosas presas para los leopardos, las serpientes y las hienas gigantes. La respuesta al estrés de nuestro cuerpo nos proporcionó la resistencia física y mental para enfrentarnos a tales amenazas.

El estrés agudo es, por definición, de corta duración y temporal. Es posible que incluso sepas cómo responde tu cuerpo a estos episodios: se libera cortisol, también llamado «hormona del estrés», que activa la respuesta de nuestro cuerpo ante una situación de riesgo y nos proporciona la resistencia mental y física necesaria para luchar contra lo que sea que nos estresa y que nos amenaza. El cuerpo se inunda de adrenalina, las pupilas se dilatan y, o bien huyes, o bien matas a esa hiena asesina como el tipo duro que eres.

El estrés tiene mala fama, pero de manera injusta. Esto es una verdad con matices: cierto es que el estrés no resulta nada divertido mientras lo sufrimos, pero también lo es que da sentido a la vida. Dicho de otro modo: el estrés agudo es como un túnel que hay que atravesar para llegar a un lugar mejor al otro lado. Piensa si no en tus grandes recuerdos; ¿no son, a menudo, el resultado de experiencias que parecían estresantes en su momento? Las bodas son estresantes. También preparar una gran cena familiar. Y hablar de tu trabajo ante cien personas. Pero este tipo de experiencias *dan sentido a la vida*. Como bien dice la psicóloga Kelly McGonigal en su libro *Estrés: el lado bueno*: «Si miras tu vida con una lente más amplia y eliminas de ella todos los días que has podido haber vivido como estresantes, resultará que habrás eliminado también las experiencias que te han ayudado a crecer, los retos que te han generado más orgullo y las relaciones que te definen». Es decir, el estrés agudo nos proporciona momentos para recordar, experiencias que terminan por enriquecernos y retos que nos ayudan a crecer.

Sin embargo, el estrés «crónico» es todo lo contrario; es el estrés «malo», un tipo de estrés muy perjudicial que parece que no tiene fin y al que nos enfrentamos una y otra vez, de forma continua. En lugar del vuelo cancelado es el atasco con el que te topas cada maldito día de camino al trabajo. En lugar de la discusión ocasional con tu pareja son los conflictos que surgen cada vez que te sientas a hablar con él o ella.

El estrés agudo tiene un fin a la vista, incluso cuando está en su punto álgido. El cuerpo tiene la oportunidad de recuperarse de una experiencia estresante. No se puede decir lo mismo del estrés crónico.

Por desgracia, en el mundo de hoy en día, impulsado por los logros, las fuentes de estrés crónico son infinitas. Algunas incluso están ocultas y son el resultado del ajetreo innecesario.

Es cierto que muchas de estas fuentes son fáciles de detectar: tener problemas económicos para llegar a fin de mes, lidiar con la constante negatividad de ciertos colegas del trabajo o el cuidado de familiares enfermos son experiencias reiteradas y que nos causan tensión.

Pero, como decía, hay otras fuentes que están ocultas. A veces incluso *elegimos* prestarles atención, porque estimulan nuestra mente y nos hacen sentir productivos. Algunas pueden resultar *adictivas*, porque son estimulantes o nos brindan validación, a pesar de que, en cierto modo, nuestra mente percibe esos estímulos como amenazantes. Por ejemplo, puede que Twitter te resulte estimulante y adictivo, pero piensa en cómo tu mente se altera tras leer unos cuantos tuits de lo más agresivos. O quizá Instagram te resulte atractivo, pero que sientas cierta incomodidad tras pasar un rato en la aplicación porque, como dijo Frances Haugen —denunciante de Facebook— en su testimonio ante el Congreso, allí solo se habla de dos cosas: de los cuerpos y de la comparación de estilos de vida. Las redes sociales están llenas de contenido que nos hacen sentir incompetentes y nos causan un estrés innecesario.

Así pues, puedo afirmar sin temor a equivocarme que muchas (si no la mayoría) de nuestras mayores fuentes de *distracción* lo son también de estrés crónico. Esto es especialmente cierto en momentos de ansiedad, cuando una mayor proporción del contenido que consumimos como distracción lo interpretamos como amenazante.

Tan estimulantes pueden llegar a ser el correo electrónico, las redes sociales y las noticias, que a menudo les prestamos atención *porque* precisamente nos generan estrés, además de ser novedosos y amenazantes. Muchos de estos sitios web y aplicaciones también proporcionan un refuerzo intermitente, lo que significa que a veces hay algo nuevo y estimulante que ver, y a veces no. Esto convierte a estas fuentes de estrés crónico en adictivas. Y es que el estrés también puede ser adictivo porque nos resulta familiar, como una relación tóxica a la que nos hemos acabado acostumbrando y que, si desapareciera, dejaría un extraño vacío en nuestra vida.

Las noticias son un magnífico ejemplo de factor estresante al que nos hemos acostumbrado, sobre todo en los últimos años. Aunque somos nosotros los que elegimos libremente consumir noticias para estar informados, hacerlo nos lleva a estresarnos mucho más de lo imaginable. Irónicamente esto merma nuestra capacidad mental para afrontar las noticias que sí nos afectan de manera directa (a nosotros y a nuestros seres queridos). Un estudio reveló que las personas que vieron seis o más horas de noticias sobre los atentados de la maratón de Boston experimentaron un mayor nivel de estrés que alguien que participó activamente en la maratón y se vio afectado en primera persona. En otro estudio se descubrió que la cobertura exhaustiva de los atentados terroristas ocurridos en territorio nacional provocó en los telespectadores síntomas de estrés postraumático. Peor aún, se ha demostrado que ver noticias negativas lleva a los televidentes a consumir aún más contenido amenazador en el futuro, alimentando así lo que algunos investigadores llaman «ciclo de angustia». Así que, si lees y ves muchas noticias, espero que este tipo de investigaciones te hagan reflexionar. Esto es aplicable también a otras fuentes de distracción: que algo estimule tu mente no implica que te haga feliz o que no sea estresante o amenazador; muchas veces ocurre justo lo contrario. Piénsalo: al beber una deliciosa taza de café, podemos exhalar un relajante suspiro después de dar el primer sorbo. Pero nunca hacemos lo mismo después de revisar las redes sociales.

Por desgracia, el organismo humano no distingue entre estrés agudo y crónico: se activa de la misma manera en ambos casos.

Al igual que un paracaídas, la respuesta al estrés de nuestro cuerpo está diseñada para su uso ocasional. A lo largo de millones de años, este sistema fue diseñado para ayudarnos a movilizarnos y superar ocasionalmente situaciones de estrés significativas que amenazaban nuestra vida, y luego regresar suavemente a la normalidad.

Pero nuestro deseo de actividad y ocupación permanente, impulsado por la mentalidad de logro, puede costarnos caro si no tenemos cuidado. Hay que frenar esa mentalidad, incluso si lo que buscamos y valoramos en primera instancia es el logro en sí.

¿Cómo podemos hacerlo?

Para terminar este capítulo veremos dos estrategias útiles para reducir los costes asociados con esta mentalidad y las historias que nos contamos a nosotros mismos sobre la productividad. Estas estrategias te ayudarán a alejarte de los extremos del espectro de la productividad, lo que te permitirá experimentar menos estrés y más alegría, a la vez que te conducirá hacia una mayor calma.

Estas dos estrategias son las siguientes: definir tus «horas de productividad» y elaborar un «inventario de estrés». Trataremos cada una por separado.*

## Horas de productividad

La mentalidad de logro necesita límites; sin ellos, tiende a apoderarse de tu vida. (Veremos las razones de esto en el capítulo 4).

Después de darme cuenta de que filtraba la mayoría de los momentos del día a través de la lente de la productividad, empecé a reservar tiempo deliberadamente para dejar de preocuparme tanto por la productividad como por los logros, y establecí unos límites. De este modo, podía hacer mi trabajo en el horario que eligiera y, al mismo tiempo, me permitía disponer de tiempo para la calma que tanto necesitaba. Esto iba básicamente en contra de todos mis principios sobre la productividad. Pero el caso es que, para mi sorpresa, funcionó sorprendentemente bien. Mejor dicho: me sorprendió lo bien que funcionó.

Desde entonces, cada día al despertar defino mis horas dedicadas a la productividad: el «momento de trabajar», sea en la oficina o en casa. (A mí me resulta útil asignar horas

---

* Como verás, el estrés crónico está presente en el resto del libro. No lo trataremos por entero en este capítulo —algunas de sus fuentes son adictivas, difíciles de eliminar o están muy arraigadas en nuestra rutina—, pero ahora empezaremos a marcar el camino.

para ambas cosas; así puedo fijar límites en los dos ámbitos. Pero tu sistema puede ser distinto, por supuesto). Durante esas horas, la idea es dedicarte a tareas que tienes que hacer y que conllevan cierta urgencia de tiempo. Puedes adoptar la mentalidad de logro en esos periodos: dedícate a las más importantes y termina lo que puedas. El número de horas que necesitarás dependerá de factores como la cantidad de obligaciones que tengas en un día determinado, lo perfeccionada que esté tu práctica de la productividad… y si cuentas o no con un mayordomo que te siga a todas partes. En general, cuanto más valores los indicadores tradicionales de logro, más horas de productividad deberás dedicar para alcanzar los resultados deseados.

Si lo piensas, poner esto en práctica es bastante sencillo. Al comienzo de cada día (o al final del anterior), examina todo lo que tienes que hacer —qué reuniones tienes programadas y cuándo se celebrarán, cuánto trabajo pendiente te queda y qué parte de él has de llevarte a casa— y elige las horas del día para llevarlo a cabo. Si tienes un horario laboral inflexible (por ejemplo, de 9 a 5), tus horas productivas deberían incluir toda tu jornada laboral (excepto la comida y otras pausas).

Por supuesto, tendrás momentos de tiempo productivo en el que no lograrás nada en absoluto aunque quieras, tal vez porque, por ejemplo, asistes a una tediosa reunión en la que en realidad no deberías estar. Pero ahí está la clave: tener una mentalidad centrada en el logro te llevará a utilizar tu tiempo de manera más efectiva para alcanzar tus metas en lugar de invertirlo en actividades que no contribuyen directamente a tus objetivos.

La táctica de las horas de productividad es muy útil para lidiar con el estrés laboral, porque te permiten establecer un final identificable, incluso en esos momentos en los que estás totalmente desbordado y solo tienes una o dos horas de «libertad» por las tardes para dedicar a tus asuntos personales. Como has decidido desconectar del trabajo durante este tiempo libre, es mucho menos probable que aparezca el sentimiento de culpa por la falta de productividad. Puedes aparcar las preocupaciones, el estrés y la ansiedad laboral —y, por supuesto, la mentalidad de logro— mientras te reservas unas horas de auténtico tiempo libre en el proceso. Incluso en los periodos de mayor ajetreo, cuando puede que tenga más sentido definir tus horas libres (en lugar de las de productividad), podrás crear un pequeño espacio de tiempo libre para no preocuparte por hacer cosas. Un espacio de tiempo estrictamente personal que convendrá que conviertas en hábito, y en el que no tendrán cabida ni el sentimiento de culpabilidad ni el estrés laboral.

Las horas de productividad también tienen el llamado «efecto fecha límite». Cuando te concedes una cantidad limitada de tiempo para hacer algo —es decir, marcas un plazo—, no tienes más remedio que ponerte manos a la obra y actuar como alguien que siente devoción por la productividad. A medida que aprendas a calcular cuántas horas necesitas, te sorprenderás de lo mucho que eres capaz de hacer. Esta práctica te dejará libre una asombrosa cantidad de tiempo.

A mí me divierte también aprovechar esas horas productivas para desarrollar habilidades, como aprender fotografía, nuevos lenguajes de programación y a tocar el piano (que todavía se me da fatal). Pero tampoco tienes que llegar a esos niveles de intensidad; relájate, desconecta y disfruta haciendo algo. Recuerda que la productividad no tiene por qué ser demasiado estresante, especialmente si trabajas con calma. En general, preocúpate más de la dirección que de la velocidad. La intencionalidad reflexiva supera a la prisa sin dirección, y lo que pierdas en velocidad lo compensarás con creces en intencionalidad.

Con el tiempo, asegúrate de esforzarte por emplear las horas de productividad para centrarte en las tareas más importantes tanto en el trabajo como en casa. El móvil, las redes sociales y otras distracciones siempre pueden esperar; estas horas son para dedicarlas a cosas que te hagan estar al día y progresar. Si tus tareas son de tipo intelectual, hazlas un poco más despacio de lo que crees que deberías, y dedica mucho tiempo a la reflexión —estos son dos factores de productividad cruciales para tareas intelectuales, pues te permiten trabajar de forma más estratégica y menos reactiva—. Es probable que al final descubras que hacerlo todo más despacio te ahorra tiempo.

Dicho de otro modo: cuando lograr resultados y cumplir con las tareas y objetivos es lo importante, hay que centrarse en la productividad. Cuando lo que importa es el significado o el propósito detrás de lo que estás haciendo, deja a un lado la productividad.

Es obvio que has de evaluar este consejo según el tipo de trabajo que hagas y la vida que lleves: si eres representante de ventas, quizá necesites trabajar más a menudo por la tarde que si eres novelista. Pero, siempre que las obligaciones laborales se impongan sin remedio a tu tiempo libre, agrupa esas tareas en bloques de tiempo específicos para poder concentrarte en ellas en un período de tiempo determinado. Esto puede generar un estrés agudo, más intenso pero contenido, en lugar del estrés crónico de la distracción continua.

Otra poderosa razón por la que estas «horas de productividad» funcionan es que es peor trabajar *de cualquier manera* que hacerlo en horas extra pero en las cuales te concentras y eres productivo. Los bloques de trabajo enfocado conducen al compromiso, el cual nos hace sentir que hay un propósito detrás de lo que estamos haciendo. Por el contrario, revisar una y otra vez el correo electrónico del trabajo a lo largo del día conduce sin remedio a un estrés crónico innecesario. Si no te pagan más por estar de guardia, plantéate si necesitas estarlo, sobre todo si tu trabajo es una fuente importante de estrés crónico para ti. Y hazlo sin importar lo imprescindible que te haga sentir tu labor profesional.

Por otra parte, invierte tu tiempo libre en relajarte, conectar con otras personas, desconectar y encontrar la calma; tal vez te apetezca invertir tiempo en algunas ideas que encontrarás en el capítulo 7. Durante estas horas, aléjate de todo lo que te genere ansiedad. No te preocupes por el rendimiento, la productividad o los resultados, o por dedicar más tiempo al trabajo. Es el momento de cosechar los frutos de tu productividad, no de ampliar tu lista de logros. Quizá quieras tomar algo de tu «lista de disfrute» (una idea que encontrarás en el capítulo 4).

La culpa es una forma de expresar la tensión interna, y en el trabajo suele ser el modo que tiene nuestro cerebro de decirnos que deberíamos estar rindiendo al máximo y considerar el coste de oportunidad del propio tiempo. Si no tienes la costumbre de desconectar de forma consciente, sin duda surgirá el sentimiento de culpa en esos periodos de ocio, sobre todo cuando vayas adquiriendo el hábito de tomarte este tiempo a diario. Esto es normal: limítate a detectar esa culpa y prueba una o dos estrategias de las que aparecen más adelante en el libro (en concreto, en el capítulo 8) para evitar que arruine tus momentos de ocio. Por otro lado, el sentimiento de culpa también surgirá durante tus horas de productividad; cuando lo haga, plantéate si estás trabajando con intención y de la mejor manera posible.

Si decides probar esta táctica de delimitar tus horas de productividad, espero que descubras lo mismo que yo: que gracias a ello te librarás de gran parte del estrés laboral, al tiempo que reservarás tiempo para el disfrute.

Si tu deseo es aprovechar aún más este tiempo, aquí tienes otros consejos que me han resultado útiles:

- **Recuerda que determinar cuántas horas de productividad necesitarás cada día requiere un tiempo.** Es casi seguro que no acertarás a la primera, que te asignarás demasiadas horas o muy pocas. Pero cada vez serás más consciente de tu capacidad diaria de «rendimiento». Si tienes dudas sobre cuántas horas deberías reservar para este fin, reflexiona sobre aspectos como cuántas tareas y reuniones tienes para hoy, qué nivel de cansancio sientes, cuánta energía tienes y cuánto tiempo crees que te llevará cumplir las tareas que tienes entre manos.

- **Trata de reservar un espacio de tiempo antes de entrar o salir del «modo productivo».** Esto te permitirá pasar con fluidez de un papel en tu vida (líder, mujer, gestor, solucionadora de problemas, ejecutivo o estudiante) a otro (madre, abuelo, amiga o ejemplo a seguir), o viceversa.

- **Utiliza una «lista de cosas para más tarde», para** hacer anotaciones **cuando estés en modo ocio.** O al menos anota las tareas pendientes y las ideas que te surjan relacionadas con el trabajo en alguna parte para que, una vez anotadas, puedas apartarlas de tu mente y olvidarlas y retomarlas más tarde. De todos modos, recuerda: cuantas menos veces alternes entre los dos modos, con mayor intensidad podrás trabajar o relajarte cada vez que te toque hacerlo.

- **Sé muy estricto a la hora de finalizar tus horas de productividad.** Puede ser útil poner una alarma una hora antes de que termine. Curiosamente, también puede ser útil dejar de trabajar en mitad de una tarea, porque tu mente seguirá pensando inconscientemente en ella hasta el día siguiente. Experimenta para encontrar lo que mejor te funcione.

- **Intenta minimizar los cambios entre los dos modos**. Cuantas menos veces alternes entre la productividad y el ocio, menos «latigazos» mentales experimentarás; así sentirás que controlas mejor tu tiempo. Recuerda también que no pasa nada por entrar con calma en el modo productivo. Puede que tardes varios minutos en pasar de una tarea a otra o en empezar a trabajar, y eso está bien; incluso es normal.

- **Sé flexible si al final de tus horas de productividad te sientes en racha y te apetece seguir trabajando**. Plantéate darte un capricho: si tu horario laboral es flexible, intenta trabajar menos horas el día siguiente al haber sacado mucho trabajo adelante. Otra forma de concederte un lujo (de nuevo, siempre que tengas un horario flexible) es marcarte menos horas de productividad los días que dedicas a un montón de tareas que has estado posponiendo.

- **No entres en modo productividad a primera hora de la mañana**. Por favor, te lo ruego. Levántate despacio, empieza el día con calma y reflexiona sobre lo que quieres lograr. No hay nada que te haga perder más el control que revisar tu correo electrónico nada más despertarte. Recuerda: las mañanas pausadas generan jornadas cargadas de intención.

- **En casa, haz esprints de concentración**. Prueba a programar un temporizador para, por ejemplo, fregar todos los platos posibles durante quince minutos. Y es que una breve ráfaga de un cuarto de hora de tareas domésticas puede generar tantos resultados como media hora o 45 minutos de actividad fragmentada. He descubierto que la clave de estos pequeños bloques de tiempo es no ser demasiado rígido con las interrupciones. Está bien que te interrumpan, sobre todo tus seres queridos. Y es que, al fin y al cabo, las personas son la razón de la productividad. No lo olvides cuando tu hija o tu cónyuge necesiten un abrazo.

Emplear la estrategia basada en establecer horas dedicadas a la productividad así como la estructura de actividad que genera resulta una forma estupenda de marcar los límites del trabajo diario. Y, lo que es mejor, con el tiempo te permitirán avanzar más hacia tus objetivos.

El arte de la productividad consiste en saber cuándo convertirla en prioridad.

## Inventario de estrés

Además de reservar la mentalidad de logro para tus horas de productividad, te recomiendo que hagas una lista de las tensiones a las que te enfrentas en tu vida, ya sean fuentes de estrés crónicas o agudas. Esta es la segunda estrategia que debes añadir a tu caja de herramientas, y posee la ventaja añadida de ser una lista útil a la que recurrir mientras lees este libro.

El reto es el siguiente: toma un papel y haz una lista de todo lo que te estresa en la vida. **No dejes nada fuera**. Piensa en tu día de principio a fin: desde tu rutina matinal hasta tu trabajo (al que quizá merezca la pena dedicar una página entera aparte) y tus responsabilidades personales. No te preocupes por el momento si las fuentes de estrés son crónicas o agudas, grandes o pequeñas; qué factores estresantes deberías saber soportar o de cuáles hace tiempo que deberías ocuparte. Sácatelo todo de la cabeza y pásalo al papel. Recuerda también ampliar tu definición de estrés e incluir muchas de las distracciones a las que tiendes y que suponen pequeñas, pero ocultas, fuentes de tensión.

Ver todas las formas de estrés a las que te enfrentas te permite tomar distancia de todo ello, aunque percibas algunas de esas fuentes como positivas.

Una vez que hayas «registrado» estos factores estresantes, ordénalos en dos columnas: una para los que puedes evitar y otra para los inevitables.* Pero antes de dar este paso, una llamada de atención: es probable que tus fuentes de estrés inevitables superen en número a las evitables. No te preocupes, es normal.

## Lidiar con los problemas fáciles de resolver

El estrés nos hace sentir ocupados, y la ocupación nos hace sentir productivos e importantes. Pero vivir siempre con mentalidad de logro puede estresarnos sin necesidad. Por eso el ejercicio que acabo de explicar es útil: puedes observar el estrés desde fuera para ver qué parte de él es necesario.

Al llevar a cabo esta actividad, me sorprendió la cantidad de fuentes de estrés evitables a las que me enfrentaba, en especial de carácter crónico. Por ejemplo:

- **Sitios web de noticias**, que me exponían sin remedio a información que mi mente percibía como una amenaza, pero que me sentía obligado a ver de todos modos.
- **Informativos nocturnos**, que me generaban ansiedad justo antes de irme a la cama.

---

\* La mayoría de las fuentes de estrés crónico son evitables si se es lo bastante extremista para prevenirlas. Por ejemplo, es posible anular el estrés de poseer una casa mudándose a una de alquiler, igual que es posible eliminar todo el estrés que te generan las relaciones sociales convirtiéndote en un ermitaño. Si el trabajo te estresa demasiado, también podrías renunciar a todas tus posesiones terrenales y convertirte en anacoreta. Es evidente que el hecho de que *puedas* eliminar una fuente de estrés no significa que *tengas* que renunciar a ella. A veces, hacerlo provoca más estrés del que había al principio, porque el sentido que esos factores estresantes aportan a tu vida desaparece con ellos. Así que, al ordenar tus listas, sé realista respecto a lo que es fácil o difícil de controlar, teniendo en cuenta que es posible hacerlo con la mayoría de los factores estresantes... si te esfuerzas lo suficiente.

- **Actualizaciones innecesarias del correo electrónico**, que me enfrentaban a «fuegos» que apagar estresantes y a nuevas tareas que hacer.

- **Una relación tóxica** que estaba afectando a mis niveles de estrés y en la que me implicaba de forma regular.

- **Métricas (indicadores) de rendimiento** que actualizaba cada X minutos —descargas de pódcast, visitas al sitio web y ventas de libros—, lo que me hacía sentir eufórico o deprimido, según los datos de ese día (o de esa hora).

- **Dos clientes de consultoría** que me causaron mucho más estrés que todos los demás juntos.

- **Twitter**, que me proporcionaba un flujo constante de actualizaciones negativas que me provocaban ira.

- **Instagram**, que me mostraba cosas que envidiar y retos constantes que superar, mezclados con imágenes novedosas y atractivas que me mantenían enganchado.

Dependiendo de lo arraigada que esté una fuente de estrés en tu vida, controlarla puede requerir bastante esfuerzo. No siempre es tan sencillo como borrar tu cuenta de Facebook —aunque, dicho sea de paso, todavía no he conocido a nadie que lo haya hecho—. Trazar un plan para librarse de una relación tóxica puede resultar más difícil que lidiar con el estrés que provoca tener la casa desordenada. Del mismo modo, encontrar una salida al proyecto laboral que genera la mayor parte de tu estrés en el trabajo puede ser más complicado que desvincularte del grupo de colegas que van a tomar una copa al salir de la oficina.

Es probable que te resistas a hacer esta actividad. Pero si te tomas en serio la búsqueda de la calma te animo a que no lo hagas. Esa resistencia forma parte del proceso. Y, como trataré en el próximo capítulo, el estrés crónico puede provocar muchos más perjuicios de los que crees.

En mi caso, también me ocupé de mis fuentes de estrés evitables. En primer lugar, sustituí los sitios web y las emisiones de noticias por una suscripción al periódico de la mañana, cambiando las fuentes de noticias que se actualizaban cada cinco minutos por un resumen analógico que se actualizaba una vez al día. También me aseguré de tener siempre una razón específica y significativa para consultar las redes sociales. Con el correo electrónico me limité a una comprobación al día fuera de las horas de productividad (que mezclaba con otras pequeñas tareas que iban surgiendo).

Por supuesto, estos consejos son mucho más fáciles de dar que de poner en práctica. Pero si ahora mismo sientes estrés, ansiedad o agotamiento, sin duda tienes que eliminar de tu vida las fuentes evitables de estrés crónico. Elige lo que quieras de la lista que has elaborado, pero céntrate en unas cuantas cosas. Si te resulta difícil ahora mismo, no te preocupes: en los próximos capítulos te ofreceré más estrategias. De momento, haz lo que puedas.

Incluso cuando una fuente de estrés crónico es difícil de eliminar, ya sea porque te has acostumbrado o porque te resultaría complicado prescindir de ella, casi siempre vale la pena hacerlo. Piénsalo bien: cada fuente de estrés crónico negativo que saques de tu vida será una falsa sensación de productividad menos que te entorpezca para los logros reales, y un factor menos de burnout; de esto último hablaremos en el próximo capítulo.

Como yo mismo descubrí, el burnout es algo a lo que nunca deberías tener que enfrentarte. Porque, como la mentalidad de logro, nos aleja de la calma.

# CAPÍTULO 3

# La ecuación del burnout

## Incapacidad de respuesta al estrés

Si tras leer el capítulo anterior todavía necesitas un empujoncito más para controlar el estrés crónico innecesario que hay en tu vida, te diré algo que aprendí por las malas: el resultado de esa clase de estrés es el llamado «síndrome de estar quemado», traducción del término inglés *burnout*. La Organización Mundial de la Salud en su Clasificación Internacional de Enfermedades, define el burnout como el resultado directo del «estrés laboral crónico que no se ha gestionado con éxito».*

Es imposible llegar a quemarse sin experimentar primero un estrés crónico implacable. Esto es lo que hace que sea básico enfrentarse a las fuentes de estrés crónico evitables, aunque tengas que aferrarte a las oportunidades para hacerlo como a un clavo ardiendo, o aunque tu mente se resista a ello. Porque, de lo contrario, lo que te espera es ese agotamiento extremo.

Como mencioné en el capítulo anterior, cada vez que nos enfrentamos a una situación estresante el cuerpo activa su respuesta liberando cortisol (la hormona del estrés). La intensidad de esta respuesta depende de dos factores: el tiempo que estemos expuestos al estrés y su gravedad. Así, dar una conferencia

---

* La Organización Mundial de la Salud define el burnout como estrictamente laboral. Sin embargo, a medida que se difuminan los límites entre trabajo y hogar, este fenómeno se ha trasladado también a la vida doméstica.

de tres horas ante 250 personas desconocidas que pueden juzgarte provocará una respuesta de estrés más fuerte que ver las noticias durante 30 minutos. En cualquier caso, el cortisol activa al organismo para que pueda hacer frente a una amenaza percibida. De este modo, el estrés no es solo un reto mental al que nos enfrentamos, también supone una afectación a nivel químico en el interior de nuestro organismo.

A los pocos meses de iniciar mi particular «viaje hacia la calma», mientras investigaba de una manera más profunda acerca del estrés y la ansiedad, escupí en un tubito de ensayo durante varias semanas para tratar de comprender mi situación de agotamiento. Tras someterme a un exhaustivo examen —el test de *burnout* de Maslach— descubrí que, como era de esperar, sufría este síndrome. Pero, más o menos al mismo tiempo, sentí curiosidad por averiguar cuáles eran mis niveles de cortisol y me hice la prueba para detectarlo en la saliva.

Cuando experimentamos una cantidad significativa de estrés crónico durante un período prolongado —por ejemplo, si nos han asignado demasiados proyectos en el trabajo o, en mi caso, tras constantes viajes de negocios—, el cuerpo se colapsa de pasar una y otra vez por toda esa respuesta al estrés. La investigación ha descubierto que cuando experimentamos estrés crónico durante demasiado tiempo el organismo «responde reduciendo la producción de cortisol a niveles anormalmente bajos». Los propios investigadores señalan que es como si «el *propio* sistema de respuesta al estrés se hubiera quemado» (*la cursiva es mía*).

Lo normal es que los niveles de cortisol de una persona sean más altos al despertar por la mañana. En parte, esto es lo que nos hace salir de la cama. También puede ser la razón por la que nos cuesta más levantarnos cuando atravesamos un período especialmente estresante; porque, llegados a ese punto, el cuerpo deja de producir cortisol de manera regular, ya que percibe que el estrés continuo será una constante y no necesita activar esa respuesta hormonal con la misma frecuencia. Estos estudios sugieren que las personas a las que se ha diagnosticado *burnout* tienen un nivel mucho más bajo de cortisol por la mañana, en comparación con las que no están quemadas.*

Una prueba de cortisol en saliva es sin duda una medida menos fiable que el test de *burnout* de Maslach (al que me referiré enseguida), pero sentía demasiada curiosidad como para no intentarlo. Y lo que descubrí me dejó atónito.

A continuación, puedes ver un gráfico en el que se representa cómo deberían ser los niveles normales de cortisol en un día cualquiera, con un pico por la mañana y un descenso a niveles más razonables durante el resto del día:

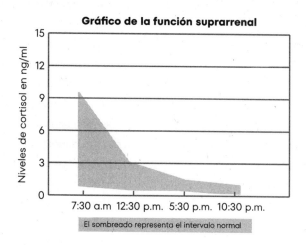

**Gráfico de la función suprarrenal**

El sombreado representa el intervalo normal

---

* Es curioso, pero esta es la razón por la que la cafeína surte más efecto al consumirla alrededor de las 10:30 de la mañana, en lugar de a primera hora. Resulta que unas horas después de despertar, nuestros niveles de cortisol son por naturaleza un poco más bajos, y también nuestra energía. De esta manera, obtenemos una descarga de energía más notable.

Bien, pues mi gráfica no podría haber sido más diferente. Cuando llegaron los resultados de mis análisis descubrí que mis niveles de cortisol se habían estancado:

**Gráfico de la función suprarrenal**

En otras palabras: mi cuerpo se había «quemado». Desde el punto de vista químico, mi sistema de respuesta al estrés había colapsado. Incluso en reacción al estrés positivo generado por actividades que me entusiasmaban —como dar una charla ante un grupo reducido o irme de vacaciones—, mi cuerpo se negaba a ponerse en marcha. Al mismo tiempo, mi mente se negaba a entusiasmarse con las oportunidades que se me presentaban. En resumen: ya no tenía nada que dar.

Si me hubiera esforzado por dejar de «alimentarme» de estrés crónico, me habría ido mucho mejor.

Al no haberlo hecho, ahora me veía obligado a superar aquella situación: tenía un diagnóstico muy claro de burnout.

## La ecuación del burnout

Al profundizar en la investigación descubrí algunas ideas curiosas sobre el burnout y cómo nos aleja de la calma.

Una de estas ideas tiene que ver con lo que realmente es el burnout. Los síntomas del burnout están tan comúnmente asociados con el agotamiento que las personas usan ambos términos indistintamente. Pero aquellos que hacen esta asociación se pierden *dos tercios* completos de la ecuación.

A diferencia de lo que se cree habitualmente, el burnout no consiste solo en estar agotados física y mentalmente. Nos hace sentir exhaustos, fatigados, débiles y desgastados. Pero también conlleva otros dos síntomas: *cinismo* e *improductividad*. El burnout implica, necesariamente, que se manifiesten estos tres elementos juntos.

El cinismo es un sentimiento de desapego en el que nos sentimos negativos, irritables, retraídos y, en algunos casos, disociados del trabajo que hacemos. Está detrás de esa actitud de «haz con este trabajo lo que te dé la gana». En esta dimensión del burnout, las apariencias engañan: que el trabajo parezca significativo no significa que lo sintamos así cuando lo hacemos. No hay más que preguntar a cualquier trabajador sanitario que haya tenido que enfrentarse a la pandemia. El burnout fue un fenómeno observado inmediatamente en este sector, un ámbito de trabajo que a primera vista se considera vocacional y significativo, pero que, cuando se examina la actividad diaria, está lleno de fuentes de estrés crónico (y por supuesto, también de fuentes significativas de estrés agudo).

Además de sentirnos cínicos, también nos sentimos improductivos, como si no fuéramos buenos en lo que hacemos o no consiguiéramos lo suficiente, como si nuestros esfuerzos no sirvieran para nada. Esta dimensión del burnout tiene el potencial de alimentar una espiral descendente: cuanto más quemados nos sentimos y experimentamos esa sensación de falta de productividad, podemos intentar compensarlo trabajando en cosas sin sentido. Esto proyecta un espejismo de productividad a nuestra mente evaluadora de que estamos siendo productivos, pero en realidad, a largo plazo, nos hace ser menos eficientes, especialmente a medida que asumimos más estrés crónico.

En definitiva, una persona con el síndrome de burnout manifiesta estos tres síntomas: agotamiento, cinismo y sensación de improductividad.

Dado que este es un libro sobre la calma, al hablar del síndrome de burnout puede parecer que nos estemos desviando del tema principal, pues los investigadores consideran que el burnout y la ansiedad son constructos independientes. Sin embargo, merece la pena reflexionar sobre ello ya que la relación entre burnout y ansiedad es muy estrecha. Un estudio descubrió que el 59 % de las personas diagnosticadas de burnout padecían también un trastorno de ansiedad, probablemente debido al estrés crónico, dado que las investigaciones demuestran que la ansiedad puede considerarse una «condición que actúa como factor protector frente a situaciones amenazadoras». Otra afección que se solapa con el burnout es la depresión, para la que pueden ayudar muchas de las ideas del libro. En otro estudio, el 58 % de las personas diagnosticadas clínicamente que padecían síndrome de burnout experimentaron depresión o episodios depresivos. Aunque la correlación exacta entre los tres fenómenos no está totalmente demostrada, es probable que compartan antecedentes comunes, como el estrés crónico y otros factores biológicos.

Por supuesto, incluso dejando a un lado el diagnóstico del síndrome de burnout, experimentar uno solo de sus tres

elementos ya resulta angustioso y puede servir como trampo-
lín hacia el resto del pack. Así que, si sientes agotamiento, revisa tu carga de trabajo. Si lo que notas es desánimo, invierte
en tus relaciones sociales y busca formas de conectar más y
con mayor intensidad con tus colegas del trabajo, si es posible.
Si experimentas cinismo, determina si dispones de los recursos necesarios para hacer tu trabajo y, de nuevo, si puedes,
intensifica tu vida social en el entorno laboral.

Mientras reflexionaba sobre los acontecimientos laborales y vitales que me llevaron a aquel ataque de pánico sobre
el escenario, una agitada sucesión de imágenes recorría mi
mente como destellos, recordándome lo agotado que me encontraba. El mero intento de abordar tareas sencillas era para
mí como mover una montaña. Esto lo entendí una y otra vez
en mi viaje hacia la calma: que las experiencias de las que más
tenía que aprender eran los momentos más sencillos en los
que algo no parecía ir del todo bien. La lucha por cumplir
hasta los objetivos más básicos; la cantidad de veces que releía
un correo electrónico antes de saber cómo responderlo; cada
vez que sentía como mi corazón se sumía en la tristeza los
domingos por la noche, temiendo el momento de ir a trabajar
a la mañana siguiente.

Otro de los recuerdos que acuden a mi memoria es
viéndome intentando trabajar un poco durante un vuelo.
Respondiendo correos con el portátil abierto delante de mí,
me veía a mí mismo mirando los mismos mensajes sin importancia durante la mayor parte de ese trayecto de apenas dos
horas. Darles respuesta no requería pensar ni escribir mucho,
pero en ese momento aquella tarea me parecía lo más complicado del mundo. Mi mente había tirado la toalla y era incapaz
de ponerme en marcha para afrontar el más mínimo reto.

Sentado en aquel avión también sentí el impulso de distraerme para escapar de semejante frustración, de ocuparme de «cosas» para sentirme productivo. Quizá tendría que haber cerrado el portátil y ponerme a leer una novela. Pero, en lugar de eso, seguí insistiendo en las mismas tareas inútiles una y otra vez. Esperaba a que llegaran los correos y luego los borraba, veloz, para volver a conectar con el espejismo de la productividad. Actualizaba de forma compulsiva mis redes sociales y me convencía de que estaba haciendo algo útil. Pero, por el contrario, estas distracciones alimentaban ese bucle de estrés crónico que me llevaba a sentirme agotado, improductivo y cínico.

Cuando tenía una fecha límite para acabar alguna tarea, aún se me daba bastante bien resistirme a la distracción: me proponía hacerlo, controlaba los despistes y me ponía a trabajar. Sin embargo, fuera de eso, caía sin remedio en la trampa del estrés crónico cuando no era necesario, en especial con fuentes de validación como el correo electrónico.

Incluso una vez hecho todo lo posible por controlar el estrés crónico sabía que aún me quedaba mucho por hacer.

Fue entonces cuando contacté con Christina Maslach.

## El canario

Christina Maslach es psicóloga social y profesora emérita de la Universidad de California en Berkeley. También diseñó, junto a Susan Jackson, el que se conoce como test de *burnout* de Maslach, el instrumento más utilizado para medir este síndrome y que ha sido citado en la literatura científica decenas de miles de veces y traducido a casi cincuenta idiomas en el momento en que escribo estas líneas. Al profundizar en el vasto corpus de investigación de Maslach, descubrí algunas ideas más sobre el burnout que me tranquilizaron.

La primera se refiere a la relación entre individualismo y estrés. Mientras conversaba con la profesora Maslach, quedó claro que una de sus mayores frustraciones respecto a la narrativa popular en torno al burnout es cómo asumimos —igual que con el estrés crónico— que se trata de un problema individual que cada persona debe enfrentar por su cuenta.

Como ella me dijo: «En gran medida, la forma en que tratamos el burnout consiste en estigmatizar a las personas que "no pueden soportarlo", mientras decimos al resto que hagan más ejercicio, mediten, coman sano y tomen pastillas para dormir. Pero la gente no se da cuenta de que el burnout no es un problema individual, sino que es un problema social que requiere una responsabilidad compartida para abordarlo adecuadamente».

Como ha señalado Maslach en algunos de sus artículos, si «nos estamos dando cuenta de que cada vez es más difícil lidiar con nuestro entorno laboral, entonces cabe preguntarse por qué se presta menos atención a solucionar los problemas inherentes al trabajo en sí, y se enfoca más en tratar de forzar al trabajador para que sea él quien se adapte a esa situación».

Por desgracia, en los entornos laborales de hoy en día, donde hay burnout también suele haber una cultura orientada a encubrirlo. Esto tiene bastante sentido: el burnout se percibe a menudo como un signo de debilidad en las empresas con grandes expectativas sobre el aprovechamiento del tiempo de su personal, donde casi todo el mundo trabaja al máximo de su capacidad. Es decir, si los demás pueden soportar la presión, tú también deberías poder hacerlo.

Por fortuna para la humanidad (y para nuestra salud mental), Maslach no pudo estar más en desacuerdo con esta idea. «El burnout se considera una enfermedad individual, un problema médico, un defecto o una debilidad. Y la verdad es que, aunque hay gente que lo luce como una medalla, suele ser una señal de que se trabaja en un entorno poco saludable, que no se adapta bien a las necesidades personales». Y si alguien está quemado es probable que el resto a su alrededor también lo esté.

Maslach llega incluso a comparar un caso de burnout en una empresa con el ejemplo del «canario en la mina de carbón».

Esta historia detrás de esta expresión es curiosa. Los canarios absorben una gran cantidad de oxígeno, y por eso pueden volar a mayor altura que otras aves. Por sus condiciones biológicas toman oxígeno tanto al inhalar como al exhalar. Esto significa que, en una mina subterránea de gases tóxicos como el monóxido de carbono, estas aves reciben una dosis doble de cualquier veneno que esté en el aire. Por tanto, introducir canarios en las minas de carbón alertaba a los mineros de posibles peligros antes de que ellos entraran: estos pajarillos se envenenaban en su lugar. (Pobres canarios).

Maslach considera que el canario en la mina de carbón es una analogía adecuada para referirse al síndrome de burnout. En los centros de trabajo donde ha hecho encuestas sobre el burnout, muchas personas se asombran al enterarse de que no son los únicos miembros del equipo que se sienten agotados, cínicos e improductivos.

En uno de esos entornos laborales que investigó, «era casi motivo de orgullo trabajar hasta altas horas de la noche y no marcharse hasta que la última tarea estuviera terminada». Cuando expuso los resultados de la encuesta de este equipo en concreto, describiendo cuántos de sus miembros admitían estar quemados, perdió casi de inmediato el control de su audiencia. La gente dejó de escuchar. «Se dieron la vuelta y empezaron a hablar entre ellos». Y es que, en cuanto les dio la oportunidad de dar un paso atrás y observarse, «se dieron cuenta de la gravedad del problema». Si el primer caso de burnout se hubiera debatido y tratado con más sinceridad, quizás aquella empresa podría haber conseguido frenar su descenso hacia niveles tóxicos de exceso de trabajo y de baja productividad.

Maslach es toda una experta en identificar entornos sociales que han quedado fuera de control, incluidos los que otras personas han considerado como normales. El del burnout es, por supuesto, uno de esos casos. Otro es el que conoció al principio de su carrera, en 1971, tres años antes de que el psicólogo Herbert Freudenberger acuñara el término *burnout*. Por aquel entonces, ella salía con Philip Zimbardo (con quien más tarde se casaría). Philip estaba llevando a cabo un experimento en la Universidad de Stanford con el objetivo de investigar cómo las personas se adaptan y se comportan en roles de poder y sumisión. En el experimento, se seleccionó a un grupo de estudiantes universitarios y se los dividió al azar en dos grupos: prisioneros y guardias, que deberían convivir en un entorno carcelario simulado durante dos semanas.

Si conoces el célebre y desafortunado experimento de la prisión de Stanford, sabrás que muy pronto se acabó descontrolando. Los guardias de la «simulada prisión» se volvieron abusivos con quienes habían asumido el papel de presos, que empezaron a autoconsiderarse presos reales y no simples participantes del estudio. Presos y guardias con rapidez interiorizaron su papel y lo convirtieron en su identidad. Aunque el experimento se había convertido en un auténtico desastre, como relataría más tarde el propio Zimbardo en su libro *El efecto Lucifer*, de las cincuenta personas que actuaban como observadores del experimento Maslach fue la única que lo cuestionó éticamente e insistió en que se suspendiera.

Por suerte para los implicados, Maslach era el canario en la mina de carbón.

Como ella misma diría más tarde, los participantes en el experimento habían «interiorizado un conjunto de valores destructivos propios de la prisión que los alejaron de sus propios valores humanitarios». Aunque de una forma mucho menos extrema, si comparamos el experimento con nuestra relación con el trabajo veremos que un enfoque excesivo en los logros nos aleja de considerar el impacto negativo que el trabajo puede tener en nuestra salud mental y física. Asumimos que es normal ser prisioneros de un trabajo que encontramos estresante y, de manera similar, adoptamos rápidamente la idea de que el burnout es algo que todos debemos experimentar en algún momento, como si fuera una parte inherente de nuestra vida laboral.

Sin embargo, Maslach me dejó claro que aunque el burnout sea habitual no debe considerarse «normal». Según ella, la «ignorancia colectiva» en torno al burnout no es excusa para que asumamos una aceptación pasiva y no dediquemos ningún tipo de acción para abordar el problema.

Si experimentas agotamiento —o sientes que vas camino de él—, en lugar de preguntarte qué te pasa, haz como Christina Maslach y examina tu entorno laboral para detectar si es peligroso. Porque trabajar en un lugar así puede dañar tu cuerpo y tu mente. Como ya he mencionado, desde el punto de vista mental el síndrome de estar quemado puede provocar ansiedad y depresión al mismo tiempo. Y sus consecuencias físicas también se acumulan con rapidez, como se desprende de un metanálisis (es decir, un estudio que filtra toda la investigación previa sobre un tema y resume los conocimientos adquiridos al respecto) en el que se analizaron unos mil estudios sobre el burnout y se descubrió que es un factor

significativamente predictivo de demasiados indicadores pato-
lógicos como para enumerarlos en una sola frase, entre ellos
«hipercolesterolemia, diabetes tipo 2, cardiopatía coronaria,
hospitalización por trastornos cardiovasculares, dolor muscu-
loesquelético, cambios en las experiencias de dolor, fatiga pro-
longada, cefaleas, problemas gastrointestinales, problemas
respiratorios, lesiones graves y mortalidad por debajo de los
45 años». En resumen, dejando de lado el impacto negativo
que pueda tener en tu salud mental, merece la pena abordar el
burnout aunque sea únicamente por las consecuencias físicas
que pueda acarrear.

## El umbral del burnout

Entonces, ¿cómo es posible superar el síndrome de estar
quemado?

En primer lugar, puedes reducir el estrés crónico al que
te enfrentas. Recuerda que, si bien el burnout se ha venido
definiendo como una enfermedad laboral, el estrés personal
también contribuye a él. Es decir, cuanto más estrés crónico
seas capaz de controlar, más avanzarás en tu lucha contra el
burnout.

La segunda forma de superarlo es elevando el llamado
«umbral de *burnout*», es decir, cuánto estrés crónico debe acumularse en tu vida para llevarte al burnout. (Trataremos las
estrategias para elevar este umbral en el capítulo 7).

Ten en cuenta que experimentas burnout cuando el estrés crónico se acumula hasta un punto en el que ya no eres
capaz de hacerle frente. De este modo, hay un cierto umbral
de burnout que puedes cruzar, a partir del cual el estrés crónico ya es demasiado.

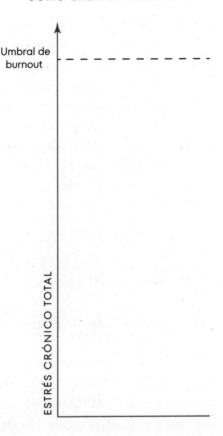

Con cada nuevo reto, responsabilidad o cualquier otra fuente recurrente de estrés que afrontes —como una cantidad significativa de viajes de trabajo— te acercas un poco más a ese umbral de burnout. (También solemos experimentar más estrés agudo, pero el crónico contribuye mucho más a este síndrome). Y, en función de la cantidad de estrés que experimentes en las distintas áreas de tu vida, las capas de estrés crónico variarán de grosor, como he ilustrado en la página anterior. Cuando no estamos quemados también existe una

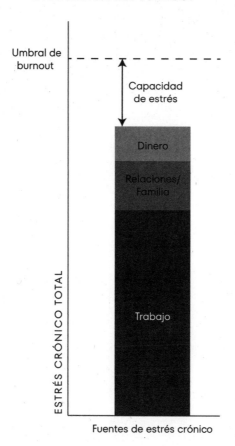

Fuentes de estrés crónico

brecha saludable entre la cantidad de estrés crónico que tenemos y nuestro umbral de burnout, lo que establece un margen
para el estrés adicional o para hacer frente a acontecimientos
imprevistos y estresantes.

Con el tiempo, sin embargo, demasiadas fuentes de estrés
pueden llevarnos más allá de nuestra capacidad. Por ejemplo,
el estrés crónico derivado de una pandemia mundial:

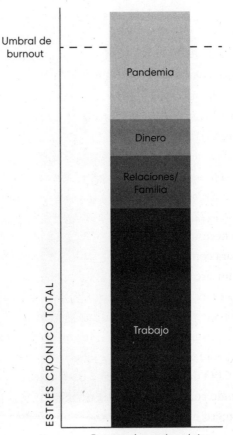

Fuentes de estrés crónico

Si partimos de una cantidad significativa de estrés crónico, una nueva fuente de este tipo de estrés será algo así como la gota que colma el vaso.

Esta es otra razón por la que vale la pena controlar el estrés crónico: hacerlo nos hace más resistentes al *estrés futuro*.

## Los seis factores del burnout

Hay una forma de entender el burnout que va aún más allá, y esto es lo segundo que aprendí de Maslach. La descomposición de los seis factores que lo provocan nos permite comprender la causa de nuestra situación y nos otorga la conciencia necesaria para superarla.

Según la investigación de Maslach, seis áreas laborales actúan como placas de Petri en las que se puede «cultivar» el estrés crónico. Se ha demostrado que el estrés que surge de estas seis áreas, a lo largo del tiempo, nos lleva al umbral del burnout: solo necesitamos que unos cuantos factores estén fuera de lugar para comenzar a caer en picado. Y más de uno puede ser en sí un área problemática para cualquiera. Conforme leas, presta especial atención a cómo se desempeña tu trabajo en las seis áreas y, si lo deseas, anota mentalmente cuáles son tus áreas problemáticas. Estos seis factores se aplicarían por igual a un padre o madre que se queda en casa a tiempo completo y al CEO de una empresa Fortune 500 que ya no tiene hijos viviendo con él o ella en el mismo hogar.

El primero de los seis factores es la **carga de trabajo**, es decir, la cantidad de tareas que asumes. Existe una estrecha relación entre dicha carga y el agotamiento (uno de los tres elementos del burnout). A menudo, las exigencias laborales son demasiadas y nos vemos dedicando horas extra por la noche, los fines de semana y durante las vacaciones. Los picos ocasionales de trabajo son normales, como cuando hay que terminar un proyecto clave. Pero si cada día te enfrentas a una carga de trabajo que te lleva más allá de los límites habituales, nunca tendrás la oportunidad de recuperarte. Lo ideal es que dicha carga sea más o menos equivalente a tu capacidad para asumirla, ya que así es más probable que llegues a un estado de «flujo normal», en el que te sumerjas en lo que haces y el tiempo pase casi sin que te des cuenta.

El segundo factor es la **falta de control**. Este tiene su origen en varias cuestiones, como tu grado de autonomía, si dispones de los recursos necesarios para cumplir con un trabajo del que sientas orgullo y si tienes libertad para dar forma a tus proyectos. La investigación al respecto ha demostrado que cuanto más control tenemos sobre nuestro trabajo mayores son la satisfacción laboral y el rendimiento, y más resistente es la salud mental. Una fuente habitual de falta de control es el conflicto de roles: cuando tenemos dos jefes, respondemos ante más de una persona o recibimos demandas contradictorias. Diversos estudios han mostrado que existe una clara y estrecha relación entre la falta de control y el burnout.

En tercer lugar, una **recompensa insuficiente** aumenta de forma drástica la probabilidad de sufrir burnout. Aunque tiendas a pensar en el dinero al plantearte cuáles son las recompensas del trabajo, esta no es ni mucho menos la única; pueden ser, por supuesto, económicas (dinero, primas y opciones sobre acciones de la empresa), pero también sociales (reconocimiento a tus contribuciones) e intrínsecas (encontrar el trabajo gratificante en sí mismo). Cuanto menos justa sea la recompensa, más ineficaz te sentirás, lo que contribuye a la dimensión de ineficacia (percepción de improductividad), componente básico del burnout.*

---

* Si eres jefe, una de las mejores cosas que puedes hacer por la salud de tu equipo es elogiar con sinceridad a quienes trabajen bien. Es un simple consejo, pero vale la pena mencionarlo por una razón: casi nunca elogiamos lo suficiente a los demás. Según un estudio sobre este tema, el personal directivo puede incrementar la tasa de retención de nuevos trabajadores hasta el

El cuarto factor del burnout es la **comunidad**; esto se refiere a la calidad de las relaciones e interacciones en el trabajo. En general, obtenemos una inmensa cantidad de compromiso y motivación de nuestras relaciones laborales, y experimentamos mucho estrés ante un conflicto no resuelto o ante la falta de apoyo de los colegas, o cuando nuestro entorno laboral no fomenta la confianza. En consecuencia, una comunidad laboral que no nos apoya puede ser desastrosa no solo para la productividad, sino que nos llevará a sufrir agotamiento. Es fundamental, pues, que sientas que perteneces a algo.

La **equidad** es el quinto factor. Maslach la define como «el grado en que las decisiones en el trabajo se perciben como justas y las personas son tratadas con respeto». Un entorno laboral justo es el de una empresa que promociona a su personal de forma equitativa y comprensible, lo apoya y lo trata con respeto. Es decir, fomenta el compromiso en lugar del burnout. Y es que la falta de imparcialidad contribuye en gran medida al cinismo.

El sexto y último factor es el conflicto con los propios **valores**. En esencia, los valores son lo que nos permite conectar con el trabajo a un nivel más profundo. Cuando tu empleo conecta con aquello que valoras, sientes que puedes manifestar esos valores mediante la acción, lo que hace que el trabajo tenga más sentido. Así pues, el entorno laboral debería proporcionarnos (en un mundo ideal) un sentido vital, un propósito. Si al principio tu puesto de trabajo o tu carrera te atrajeron por algo más que por el dinero, es probable que estuvieras percibiendo

---

96 % con solo cuatro elogios en un trimestre, frente a una media del 80 %. Teniendo en cuenta el coste promedio de sustituir a alguien en una empresa, cada uno de estos cuatro elogios sinceros podría ahorrar a la empresa hasta 10.000 dólares. Como imaginarás, el elogio tiene que ser auténtico para que funcione; de lo contrario, puede ser contraproducente.

que se alineaba con tus valores. Por el contrario, cuanto menos se ajusten tus valores a los de tu equipo y tu empresa, menos probable será que halles sentido a tu trabajo y más propensión tendrás a quemarte. La investigación al respecto sugiere que los valores son la «conexión motivadora» clave entre la persona y su entorno laboral. Es mucho más que creer en la complaciente declaración de intenciones de tu empresa: se trata de que sientas que tu trabajo importa de verdad.

Estos seis factores están tan arraigados en el trabajo —y en algunos casos en la vida— que si estás experimentando burnout a lo mejor necesitas cambiar de trabajo (o de equipo) para mejorar. Si tu entorno te estresa en la mayoría de estos factores, la solución al burnout podría ser drástica: vete y encuentra un trabajo que de verdad te respete, a ti y a tu talento.*

La mayoría de estos factores son universales: si tú los experimentas, es probable que tus colegas también lo hagan. Si estás hasta el cuello de cosas que hacer (carga de trabajo), con poco poder de decisión sobre lo que te corresponde (control) y sientes cierta desconexión de las personas con las que trabajas (comunidad), lo más seguro es que tus compañeros se sientan igual.

Dicho esto, algunos factores, como los valores, son más personales: lo que tú valoras es probable que difiera de lo que

---

* Si ocupas un cargo directivo y has tenido a uno o más miembros de tu equipo «quemados», quizá tengas que enfrentarte a una verdad incómoda: que el entorno de trabajo que has generado es tóxico, y que tu equipo se enfrenta a un nivel poco saludable de estrés crónico. Piensa con detenimiento qué aspectos del trabajo son insuficientes para ellos repasando los seis factores del burnout: estas son las palancas que puedes presionar para aumentar el grado de felicidad y salud de tus subordinados. Al mismo tiempo, hará que tu equipo sea más productivo, pero huelga decir que la salud mental de las personas es mucho más importante. (Presta especial atención a la carga de trabajo, el control y los valores: la investigación sugiere que son las mejores «palancas» para empezar).

valoran tus colegas del trabajo. Por ejemplo, si aprecias la comunidad y la amabilidad, y te hallas en un entorno competitivo y extenuante, es probable que te agotes y te desvincules del trabajo que haces. De este modo, el agotamiento puede significar que tu entorno laboral es peligroso para tu salud mental y tu bienestar, o que tu trabajo no encaja con tu personalidad y tus valores. (Si quieres profundizar en esta cuestión, es decir, en si tu entorno profesional es tóxico o tan solo una mala combinación, intenta encontrar un mentor o colega en quien puedas confiar para determinarlo. Si no cuentas con esa figura, considera cuántas de tus fuentes de estrés tendría que afrontar alguien que encajara mejor que tú en tu trabajo). De todos modos, a cierto nivel ya no importa por qué tu entorno laboral no encaja bien contigo: si te das cuenta de que te has quemado o de que vas camino de quemarte, tienes que encontrar la manera de cambiar las cosas para que tu trabajo no te agote. Puedes hacerlo determinando cuáles de los seis factores están desajustados. Esto te permitirá ver en qué áreas tienes dificultades y trazar un plan para mejorar la situación o para resistir mientras encuentras una oportunidad mejor en otro lugar.

Para empezar:

- Sitúa en una escala de diez puntos el nivel de estrés que te produce cada dimensión: carga de trabajo, control, recompensa, comunidad, equidad y valores.

- Identifica cuáles de los problemas estructurales a los que te enfrentas en las seis áreas se pueden arreglar y cuáles, en cambio, son indicadores de un entorno tóxico del que debes salir.

- Si sigues sufriendo estrés crónico en general, reflexiona sobre hasta qué punto tu trabajo es adecuado para ti.

A veces no tenemos más remedio que quedarnos donde estamos: hay facturas que pagar, y al fin y al cabo otras empresas del sector tal vez traten a sus empleados igual de mal. Pero también hay ocasiones en las que lo mejor es escapar de una situación terrible, asumiendo que otras empresas no serán igual de malas.

Otras veces merece la pena trabajar dentro de la propia empresa en mejorar las cosas, no solo para ti, sino también para el resto del equipo. Aunque de todos modos estés planteándote irte, quizá valga la pena intentarlo; piensa en la investigación de Maslach: puede que a otras personas les pase lo mismo que a ti.

En definitiva, si el camino hacia la productividad pasa necesariamente por la calma, un trabajo que te quema supone un callejón sin salida.

## Arreglar los seis factores

En mi viaje, pronto me di cuenta de que el trabajo que hacía era un batiburrillo de cosas propicias para el agotamiento: resultaba saludable en algunas dimensiones, pero muy poco en otras. Tal vez tú te halles en la misma situación.

Eso sí, un problema era obvio: tenía demasiado trabajo, sobre todo en consultoría. Si crees que vas camino del burnout y que la carga de trabajo te supone un problema, debes hacer lo posible para reducirla. Esta es una de las intervenciones clínicas más comunes que recomiendan los profesionales de la medicina para superar el síndrome de estar quemado. Recuerda: la mejor forma de aliviar el estrés laboral crónico es, en primer lugar, no experimentarlo.

Una táctica útil para ello es hacer una lista de todas tus actividades laborales durante un mes y elegir las tres con las que aportas más a tu equipo. (Recuerda, solo puedes elegir tres). Estas, con suerte, serán las tareas por las que te pagan más o, como mínimo, el núcleo de tus funciones. Las restantes quizá sean un mero apoyo y, por tanto, muchas podrán eliminarse, delegarse o reducirse para que les dediques menos tiempo, si es que tienes margen para hacerlo. Si estás ya en una situación de agotamiento, plantéate repasar tus actividades con tu jefe para aclarar qué es lo más importante. Intenta clasificar tus tareas pendientes en función del estrés que te causan. Si es posible, reduce, delega o elimina las que más te estresan.

Como medida provisional, si puedes, resérvate huecos a lo largo del día para recordarte que tienes tiempo libre; por ejemplo, es muy útil ponerte «tiempo libre» dentro de tus horas de productividad. Esto te dará un respiro, con independencia de la carga de trabajo que tengas. Pon una respuesta automática en el correo electrónico si es necesario: si la gente te necesita, puede llamarte. Como explicamos en el último capítulo, reservar un tiempo diario para no pensar en la productividad la incrementa a largo plazo.

Además de los problemas generados por la carga de trabajo, al hacer mi labor sobre todo en solitario yo no contaba con una comunidad en la que apoyarme; además, en mi faceta de consultor sentía que casi no tenía control sobre los proyectos que aceptaba. (La idea clave es que la percepción que tenemos de nuestra situación es crucial cuando se trata de los seis factores del burnout. Aunque la realidad objetiva puede mostrar que tenemos cierto grado de control sobre nuestro trabajo, lo que realmente importa es cómo nos sentimos al respecto. En mi caso, debo reconocer que tenía más control sobre mi trabajo de lo que estaba dispuesto a admitir, pero mi percepción era que no tenía control alguno. Con el fenómeno del burnout, la percepción importa más que la realidad de nuestra situación).

Por suerte, como dirijo mi propio negocio, pude trazar un plan para mejorar las cosas. Tras analizar cómo contribuía mi trabajo al burnout que experimentaba, dejé de contemplar todas las oportunidades excepto las más emocionantes, las que me parecían más interesantes. Me permití decir que no a ciertas cosas sin sentirme culpable. Esto me llevó a ganar menos dinero, pero, sobre todo, a la larga me ha permitido reducir el estrés crónico de los viajes. Mientras hacía estos cambios también «abandoné» a todos mis clientes de coaching ejecutivo, excepto unos pocos a quienes podía ayudar más y con los que crecer yo también. Así pude dedicarme más a escribir, a investigar y a dar formación, actividades que me resultan más gratificantes, porque ayudan a más personas (o al menos ese es su objetivo). Todo ello ha aligerado mi carga de trabajo y ha contribuido a que mi labor profesional tenga más sentido.

Por otra parte, para lograr una mayor sensación de comunidad me asocié con un grupo de autónomos como yo: empezamos a estar en contacto semanal y nos responsabilizábamos mutuamente de nuestros objetivos. Como cada vez más gente trabaja desde casa, desarrollar un sentido de comunidad con los colegas es aún más relevante.

Como consecuencia, además de reducir mi carga de trabajo estos cambios aumentaron mi nivel de control percibido e hicieron que la labor fuera más gratificante, al tiempo que me permitieron conectar con una comunidad. Me di cuenta de que tenía más capacidad y energía para asumir retos. Es cierto que aún debía controlar el estrés crónico residual, pero al menos pude dar nuevos pasos hacia la calma, al tiempo que creaba un espacio entre el umbral del burnout y yo.

La mayoría de la gente se comporta de una manera mixta en las seis áreas. Sea como sea, si sientes cansancio y notas que te comportas de forma cínica e improductiva, tal vez no estés luchando contra todos los factores del agotamiento. Un padre soltero, ejecutivo en una ONG, puede estar luchando contra la carga de trabajo y el control, pero sus días están llenos de valor, comunidad, equidad y recompensa. Por otra parte, una agente de bolsa soltera y demasiado ocupada, que trabaja solo por dinero, puede obtener muchas recompensas y control, pero también hallarse enterrada bajo una inmensa carga de trabajo, desprovista de cosas que valora y con dificultades para generar comunidad.

Recuerda: igual que ocurre con el estrés crónico y la ansiedad, el burnout no distingue en función de cuánto dinero ganes o de si tu trabajo es más o menos relevante. Lo único que importa son los seis factores.

En cualquier caso, la perfección no existe. El estrés crónico es perjudicial, pero también es normal experimentarlo hasta cierto punto en el trabajo; con suerte, será en un grado que es posible combatir con las estrategias que veremos en el capítulo 7. También es habitual vivir periodos en los que el estrés crónico se dispara: durante un proceso de transición en tu empresa, al concentrarte en un nuevo proyecto o si te enfrentas a una interminable serie de videollamadas durante una pandemia mundial.

No pasa nada. Todo el mundo vive periodos de mucho estrés. Pero ten en cuenta lo siguiente: cuando la mayor parte de tu estrés laboral crónico no se pueda evitar y no haya un final a la vista para él, necesitas salir de esa situación, o cambiarla como sea, dentro de tus posibilidades. Lo que has de evitar a toda costa es que tu respuesta al estrés se bloqueé por completo.

Podrías, por ejemplo, marcar en tu agenda momentos periódicos para comprobar cómo te va en cada factor del burnout. En mi caso, tras superarlo, me he convocado a una reunión conmigo mismo cada seis meses. Utiliza cualquier sensación de negatividad, cansancio o improductividad como una señal para revisar esta cuestión lo antes posible.

Tal vez desees hacer un seguimiento de estas variables para asegurarte de que tus tendencias son correctas.

Dado que cada área puede ser caldo de cultivo para el estrés crónico, la actividad que te acabo de recomendar resulta esencial para encontrar la calma.

# CAPÍTULO 4

## La mentalidad del más

Cuando termina la partida de ajedrez, el rey y
el peón vuelven a su casilla original.

Anónimo

En las páginas previas he hecho lo posible por ilustrar hasta qué punto la mentalidad de logro es una trampa si no se le ponen límites: nos conduce a experimentar menos alegría, más ajetreo, más estrés crónico y una mayor probabilidad de burnout, todo lo cual nos aleja aún más de la calma. No es la única causante de todo eso, por supuesto, pero digamos que echa leña al fuego.

Al observar hasta qué punto son comunes el estrés crónico, el burnout y la ansiedad, empecé a ahondar en el tema: si la mentalidad de logro tiende a potenciar gran parte de lo que nos ocurre, ¿qué nos lleva a desarrollar *ese tipo de mentalidad*?

La raíz fundamental por la cual adoptamos la mentalidad de logro se encuentra en nuestra búsqueda incesante por obtener *más* en nuestras vidas. La mentalidad del más puede definirse como *un conjunto de actitudes que nos impulsan a esforzarnos por obtener más a toda costa, sin importar ni las consecuencias ni el contexto.* La mentalidad de logro es solo una de las formas en que esta mentalidad del más se manifiesta en nuestras vidas.

Cuando la llevamos demasiado lejos, el «más» se convierte por defecto en la vara de medir nuestros días. ¿He ganado más dinero? ¿He obtenido más seguidores? ¿Soy más productivo? Aunque esa lucha constante por conseguir más ha hecho del mundo lo que es, la gente nunca se para a pensar: ¿es *más* la variable correcta para optimizar nuestras vidas?

Como prueba de la omnipresencia de esta mentalidad, piensa en la frecuencia con la que te esfuerzas por lograr más cosas que entran en *conflicto* entre sí, en una extraña especie de judo mental:

- Quieres estar en forma y lucir unos abdominales de infarto, pero también te encanta la comida china para llevar.
- Deseas tener más posesiones y una casa más grande, pero también ahorrar para garantizarte una cómoda jubilación.
- Quieres tener más tiempo libre, pero también lograr más productividad y éxito en el trabajo.
- Deseas más felicidad y una vida con más sentido, pero también aprovechar al máximo cada momento.

El problema se hace evidente nada más verlo: ese «más» suele ser una ilusión. Con la búsqueda constante de más imaginamos que siempre es posible obtener más riqueza o más fama, o estar en mejor forma física (alguien debería decírselo a Dwayne «The Rock» Johnson). Siempre podemos comprar una casa más grande, poseer artilugios un poco más modernos o vender un artículo más en nuestro vanguardista comercio electrónico. Pero en realidad los objetivos útiles de verdad tienen un punto final: uno en el que se produce una diferencia significativa en nuestras vidas. Los objetivos sin punto final no son más que fantasías. Una vez más, no te estoy recomendando que renuncies a tus posesiones mundanas, o que abandones tu búsqueda de logros, si es algo que de verdad valoras. Es cierto que a menudo merece la pena esforzarse más y no conformarse.

Sin embargo, también conviene reflexionar sobre si las prioridades del mundo actual son las adecuadas para ti. Si decides que lo son, al menos habrás tomado tú esa decisión. Quizá decidas que solo vale la pena esforzarse por unas pocas cosas, como el amor, la independencia económica y el tiempo libre. (En realidad, esto es lo que me impulsa a mí a la productividad por encima de todo: soy vago y quiero tener más tiempo para lo que me gusta).

Tenemos que cuestionar estos objetivos por defecto, eligiendo aquellos que encajen con nuestros valores y dejar el resto. Si decides que tiene sentido esforzarse más por algunos aspectos de tu vida, traza un plan y asegúrate de que incluya un punto final.

En cualquier caso, es conveniente reflexionar sobre lo que impulsa nuestro comportamiento. Esto es así sobre todo cuando las fuerzas que nos motivan están ocultas, tan enterradas dentro del mundo que nos rodea que no pueden ser vistas.

## Costes del más

Tomar precauciones para evitar la mentalidad del «más» puede parecer una distracción en nuestra búsqueda de la calma, pero en realidad es esencial para alcanzar un estado menos ansioso. Esto es así por dos razones: pretender siempre más nos conduce a un estrés crónico, al mismo tiempo que estructuramos nuestras vidas en torno a un neurotransmisor, la dopamina, que, como veremos en breve, desactiva la «red de calma» en nuestro cerebro.

La mayoría reconocemos que el afán desmedido por conseguir más es una empresa sin sentido. Pero lo que resulta menos obvio es que ese «más» **siempre tiene un coste asociado**. Con frecuencia, el precio a pagar es la letra pequeña al final del contrato de nuestras decisiones vitales. Asumir un papel más destacado en el trabajo puede llevarnos al burnout; comer en exceso puede hacernos sentir pesados y empeorar nuestra salud; la compra de una casa más grande puede acarrear más deudas, menos independencia económica y más tareas que asumir; o construirse una casa en el campo quizá conlleve una hora de trayecto al trabajo, lo que se convertirá en una larga y tediosa fuente diaria de estrés, a la vez que la casa requerirá más tiempo de mantenimiento del que tienes disponible. También lograr una forma física extraordinaria implica mucho tiempo y energía que podrías dedicar a otras cosas, como pasar ratos con la familia o escribir un libro. (Además, es probable que no puedas comer tanto de lo que te gusta).

La mayoría de estos factores varían de una persona a otra, en función de sus objetivos y valores específicos. Pero hay algunas coincidencias. Por ejemplo, la investigación en este ámbito ha revelado que la felicidad empieza a estabilizarse a partir de unos ingresos familiares de unos 75.000 dólares al año. Esto no quiere decir que tú y tu pareja debáis dejar de esforzaros cuando alcancéis este umbral. Pero ten en cuenta el coste de obtener más a partir de ese punto, y adapta este cálculo si resides en una ciudad con un nivel de vida superior o inferior a la media.

Reconoce que habrá un punto en el que acumular más de una determinada cosa ya no te sirva.

Ahora bien, cuando ese *más* esté alineado con lo que valoramos, y los costes sean asumibles, esforzarse valdrá la pena.

No obstante, con mayor frecuencia de lo que nos gustaría admitir, ocurre todo lo contrario.

Otra razón por la que la mentalidad del más provoca estrés crónico es que nos lleva a creernos la historia de que *nunca tenemos suficiente*. Esta es la parte persistente de la mentalidad: por mucho que logremos o acumulemos, siempre sentimos que nos *falta algo*. Y este esfuerzo constante produce una insatisfacción perpetua. Por mucho que tengamos, siempre queremos más.

Lo ilustra bien un estudio en el que se preguntó a los participantes cuánto dinero más necesitarían para ser felices. Por término medio, las personas encuestadas dijeron que les gustaría tener un 50 % más del que ya tenían. Pero la cuestión es que esto sucedía *al margen de cuánto dinero ganara cada cual*.

Es decir, incluso los multimillonarios querían un 50 % más. Te contaré una anécdota: conozco a mucha más gente infeliz siendo rica que teniendo ingresos bajos. Esto coincide con las investigaciones en el ámbito del disfrute, un tema que trataremos en breve. Disfrutar es la capacidad de la mente para atender y apreciar las experiencias positivas. Y, en general, las personas ricas afirman tener menos capacidad para gozar las experiencias positivas de su vida. En un estudio al respecto se descubrió que el mero hecho de exponernos a recordatorios de nuestra riqueza material nos lleva a disfrutar mucho menos de la vida. Y es que, en lugar de estar presentes, nos centramos en lo que no tenemos, al tiempo que ansiamos tener más.

He aquí un curioso escenario para ilustrar cómo la idea de poseer más dinero puede «secuestrar» la felicidad. Si yo te ofreciera un trabajo con un sueldo de la friolera de 750.000 dólares al año (¡netos!), pero te *garantizara* que ese trabajo te haría permanente y significativamente menos feliz, ¿lo aceptarías?

Ni siquiera debería ser una opción. Sin embargo, la mentalidad del más puede hacer que te plantees la pregunta de todos modos.

En realidad, a esa mentalidad no le importa cuánto dinero tienes o cuánto has logrado; solo que te esfuerces por conseguirlo todo, aunque hacerlo te provoque ansiedad y ponga en peligro tu salud mental.

Aquí te dejo otra pregunta sobre la que reflexionar: ¿cuánto dinero menos gastarías si, de la noche a la mañana, dejaras de intentar impresionar a los demás?

Y es que el estatus potencia el consumo: esto lo descubrí de primera mano cuando reflexioné sobre cómo me esforzaba por conseguir más. Aunque era difícil admitirlo, ante mí mismo y ante los demás, llegó un momento en que empecé a comprar cosas para presumir en lugar de porque las necesitara o porque mejoraran mi vida de un modo significativo. *Más* siempre me hacía sentir superior, lo cual generaba unos costes económicos y me llevaba a un estrés financiero crónico. En otras palabras: persiguiendo el estatus nunca seremos capaces de disfrutar de lo que tenemos.

Mi teléfono móvil es un buen ejemplo de ello. Siempre he sido un gran aficionado a la tecnología y he seguido las novedades del sector para ver cómo estas empresas superaban los límites de lo posible. Pero, en cierto momento, empecé a equiparar el estatus con la posesión de la tecnología más vanguardista, y a juzgar a la gente bajo ese mismo criterio. Cada año consideraba que mis dispositivos eran menos valiosos en cuanto salían los nuevos, aunque respecto al que llevaba en el bolsillo no cambiaran lo más mínimo. De pronto, darme cuenta de hasta qué punto estaba juzgando a la gente por algo tan ridículo me avergonzó. Pero, nos guste o no, este ejemplo forma parte de una idea más amplia: todo el mundo se juzga entre sí en función de criterios sin importancia, como cuánto estatus se proyecta a través de las posesiones materiales. Basta pensar en lo rápido que nos fijamos en cómo visten otras personas o, cuando conocemos a alguien nuevo, hasta qué punto queremos comparar su estatus con el nuestro. (Al hacerle la típica pregunta: «¿A qué te dedicas?»).

Este sentimiento de superioridad proporciona al cerebro un subidón de serotonina, un neuroquímico que nos proporciona una descarga de felicidad. Pero compararnos una y otra vez con el resto también provoca más estrés crónico: porque sentimos que no estamos a la altura.

Por otra parte, *más* con frecuencia no supone una diferencia tangible. A lo mejor no importa que tu móvil tenga tres cámaras en lugar de dos, o tu casa dos chimeneas en lugar de una, o que poseas, qué sé yo, un sofá con frigorífico incorporado. En mi caso, me decía a mí mismo que apreciaba los artículos de calidad, pero en realidad solo quería obtener más comprando cosas más elegantes. (Aunque me gustaría afirmar, de la forma más rotunda posible, que nunca he tenido ni tendré un sofá con nevera incorporada).

Una parte de esta tendencia a compararnos es innata. Como afirmó el psicólogo social Leon Festinger, autor de la teoría de la comparación social, sentimos un deseo innato de evaluar y comparar nuestras propias habilidades con las de otras personas. Y la mentalidad del más acelera este proceso. Al activar nuestra mente comparadora, nos lleva a valorar más lo extrínseco (lo externo a ti) que lo intrínseco (tu interior). La sociedad de hoy en día tiende a valorar más cosas como el dinero, el estatus y el reconocimiento que otras como la amabilidad, la ayuda y la conexión, aunque estas cualidades también conduzcan al éxito.

Así, mientras que podemos *parecer* personas de éxito cuando nos centramos en lo extrínseco —posesiones, logros y una vida más relevante—, nos *sentimos* personas de éxito y realizadas cuando desarrollamos lo intrínseco —incluyendo la tranquilidad y la capacidad para disfrutar de la vida—. Al fin y al cabo, a nadie le importa que tengas una casa grande o que poseas acciones de una empresa. Y está claro que centrarse en lo intrínseco conduce a mucho menos estrés crónico, lo que nos hace menos susceptibles al burnout. Como ha afirmado Seth Godin: «Si empleas resultados que están fuera de tu control como combustible para tu trabajo, es inevitable que te quemes. Porque no es un combustible que puedas reponer ni tampoco se quema sin dejar residuos».

Parafraseando a Maya Angelou, a la gente no le importará lo mucho que logres o si tienes más que ella, solo le importará cómo la has hecho sentir.

## La química de la insatisfacción

Los costes de la mentalidad del más son considerables, al igual que los de la mentalidad de logro que genera. Pero esforzarse sin descanso también es indicativo de una faceta de la biología humana mucho más profunda que cualquiera de estos estados mentales. Se trata del hecho que nuestros días giran en torno a un neurotransmisor: la dopamina. Esta sobreabundancia de dopamina pone en peligro la calma que sentimos, aumenta la ansiedad y, cosas de la vida, puede disminuir nuestra productividad a largo plazo.

La dopamina es un neuroquímico con mala fama, es verdad, pero también hay bastantes conceptos erróneos vinculados a ella. Con frecuencia se la denomina «sustancia química del placer», pero esto no es del todo cierto. La dopamina se asocia con las cosas placenteras porque el cerebro se «baña» con esta sustancia química —que induce una sensación de euforia— cada vez que hacemos algo que nos resulta gratificante. Esto incluye encontrar pareja, comer dulces y acumular posesiones. Pero la investigación en este campo sugiere que es mucho más una sustancia química de *anticipación* que de placer. En otras palabras, es lo que nos impulsa a comportarnos de formas que «creemos» que nos harán felices. La dopamina no conduce por sí misma a la felicidad.

Diversos estudios han demostrado que el cerebro nos recompensa con dopamina *justo antes* de que nos involucremos en algo placentero, cuando está seguro de que el placer está en camino. De este modo, aprende a asociar los comportamientos estimulantes con un subidón de dopamina. Es como si una voz, en lo más profundo de tu ser, te gritara: «¡Claro que sí!», cuando haces algo estimulante. Este subidón refuerza los hábitos dopaminérgicos.

A veces la voz de la dopamina es débil, como cuando revisas el correo electrónico o actualizas las noticias una vez más. Otras es más intensa, como cuando Taylor Swift comenta una publicación tuya en Instagram. Pero suele estar ahí, de fondo, rogándonos que hagamos lo que nos ha ayudado a sobrevivir a lo largo de la historia.

La dopamina proporciona los fundamentos neurológicos de la mentalidad del más. En palabras de Daniel Lieberman, coautor de *Dopamina*,\* con quien hablé mientras escribía este capítulo, «la dopamina tiene una función muy específica: maximizar los recursos de los que dispondremos en el

---

\* El título completo de la edición traducida es *Dopamina: cómo una molécula condiciona de quién nos enamoramos, con quién nos acostamos, a quién votamos y qué nos depara el futuro*. (Nota de la Traductora).

futuro». Además, esta sustancia química «cultiva la insatisfacción perpetua». Recordemos al millonario que siempre quiere llegar a ser un 50 % más rico. Cuando estamos impulsados por la dopamina, cuanto más logramos, más nos esforzamos por obtener más.

De esta manera, la dopamina que impulsa la mentalidad de «más» crea otro ciclo: un ciclo de insatisfacción

Las investigaciones en este campo sugieren que la dopamina nos lleva a desear dos cosas que comprometen calma: más logros y más estímulos.

He dedicado la mayor parte de los últimos capítulos a hablar de la satisfacción. Cuanto más a menudo nos esforzamos por obtener mayores logros, más se ve impulsado nuestro comportamiento por la dopamina. Esto es cierto sobre todo cuando no clasificamos las acciones impulsadas por la dopamina mediante una táctica como la de las horas de productividad o el ayuno de estímulos (que veremos en el capítulo 6). Aunque todos los logros conllevan costes, debo insistir en que, en efecto, no hay nada malo en tener aspiraciones. Marcarse objetivos es bueno, y cuando canalizamos ese impulso sin distracciones hacia las metas que más nos importan, podemos vivir una vida mejor, más fiel a lo que somos y a lo que valoramos. Pero llega un punto en el que la ambición se generaliza, en el que nos esforzamos por conseguir más sin importar el contexto, y sentimos la obligación de obtener una y otra vez más éxito extrínseco. Esa ambición incesante pone en peligro la calma.

La ambición es otro fenómeno fascinante y curiosamente incomprendido. Los investigadores Timothy Judge y John Kammeyer-Mueller la definen como «la búsqueda persistente y generalizada del éxito, la consecución y el logro». No es en sí algo malo: el éxito es fantástico cuando lo empleamos para servir a quienes nos rodean, incluidas la familia y la comunidad. Y el hecho de que nos esforcemos por tener más éxito no significa que lo hagamos en todos los ámbitos de la vida: es posible fijar objetivos y esforzarse por alcanzarlos sin que se hagan los amos de tu vida. (Es curioso que cuanto más conscientes, extravertidos y estables somos desde el punto de vista emocional, más ambición solemos tener. La ambición también está influenciada por otra variable de fondo: el prestigio ocupacional de nuestros padres).

Sin embargo, como puedes imaginar, el *origen* de tu ambición es muy importante. Otro constructo relacionado con la mentalidad del más es la *codicia*, un rasgo de personalidad que también representa esta mentalidad. Tal y como la define otro equipo de investigación, la codicia es la «tendencia a querer siempre más y a no sentir nunca satisfacción con lo que se tiene en la actualidad». Esto afecta de forma negativa al bienestar, porque nunca somos capaces, en realidad, de apreciar lo que tenemos o lo que hemos obtenido. En lugar de encontrar un estado tranquilo de satisfacción, pasamos a la siguiente cosa que queremos lograr.

Si eres una persona ambiciosa, recuerda que el esfuerzo constante te alejará de la calma. La ambición incesante suele ser resultado de una dependencia excesiva de la dopamina. Con nuestro cerebro saturado de ella, ni siquiera nos preguntamos por qué nos esforzamos tanto por conseguir más, o por qué rara vez disfrutamos los frutos de nuestros logros. Cegados por el atractivo de «más», también es posible que olvidemos tener en cuenta nuestros propios valores al tomar decisiones o en cómo empleamos nuestro tiempo. El caso es que recibimos otro «estímulo» neuroquímico cada vez que progresamos, logramos u adquirimos algo nuevo. En ese momento, nos sentimos de maravilla. Así que seguimos aspirando a más, retrasando la oportunidad de disfrutar de un instante de calma mental y saborear los frutos del éxito.

Además de hacernos anhelar logros cada vez mayores, la dopamina nos hace buscar más *estímulos*. Nuestro cerebro nos proporciona una satisfactoria dosis de esta sustancia química cada vez que prestamos atención a algo novedoso, incluyendo las redes sociales, el correo electrónico y las noticias. Por eso es tan importante (y también tan difícil) controlar las fuentes de estrés crónico que identificamos en el capítulo 2. Hay una razón por la cual no podemos simplemente elegir no distraernos o no caer en una larga búsqueda en internet que nos consume horas y horas. Nos acostumbramos a algunas fuentes de estrés crónico, pero cuando el estrés es dopaminérgico, se vuelve adictivo.

Queremos que el trabajo de nuestra vida sea útil para el mundo, pero en este instante solo nos apetece consultar las redes sociales. Al principio de cada año nos fijamos propósitos que queremos cumplir, pero en el día a día pedimos comida para llevar más de lo que deberíamos, y nos bebemos unas cuantas copas de vino de más. Cada semana, nos fijamos unos objetivos laborales que queremos alcanzar, pero en un momento dado, en mitad de una tarde de martes, nos distraemos mirando el correo electrónico para mantener la mente estimulada.

Dicho de otro modo: la dopamina toma el control.

Resulta curioso lo mucho que intentamos abarcar en cada momento para mantener la estimulación constante. Ya no basta con limpiar la casa: hay que escuchar un pódcast al mismo tiempo para ir trabajando en nuestra lista de reproducción. No es suficiente con escuchar tu música favorita; también tienes que ocuparte a la vez de las notificaciones del móvil. No basta con dar un paseo hasta el supermercado: te sientes en la obligación de escuchar un audiolibro o llamar

a un amigo de camino. Y que quede claro que estas combi-
naciones no son, en sí, negativas. Pero cuando mezclamos
actividades sin intención, solo por necesidad de «más», nos hacemos más mal que bien. Es cierto que estar ocupados puede
incrementar la sensación de productividad: cuando la mente
está ocupada, también está inundada de dopamina, lo que le
dice a nuestro cerebro que somos productivos. Pero esta sucesión de estímulos sin duda compromete la calma.

Nos autoconvencemos de estar aprovechando el tiempo,
cuando en realidad solo estamos cediendo al neurotransmisor. Naturalmente, queremos encontrar lo que nos hace sentir bien y proveer para nosotros mismos y para los demás,
como nos ha programado nuestra evolución.

Y al igual que con el estrés crónico y el burnout, aunque
este estado ansioso de búsqueda constante de estimulación no
es del todo culpa nuestra —es la dirección en la que el mundo
nos empuja y la forma en que, hasta cierto punto, nos dirige la
biología—, sí que es nuestra responsabilidad remediarlo.

## Un mejor equilibrio

Aquí tienes otra pregunta para la reflexión. A mí, al principio,
me resultó difícil responderla: si tuvieras que eliminar de tu
vida todos los hábitos, rituales y acciones motivados por la
dopamina, es decir, todas las páginas web y aplicaciones que
consultas de forma compulsiva y todo aquello por lo constantemente anhelas más, ¿cuánto tiempo de tu día liberarías?

Trabajando en este pequeño experimento mental, yo no
me quedé con mucho. Gran parte de mi esfuerzo estaba en
consonancia con lo que valoraba, sin duda. Pero, en la misma
medida, gran parte de ello implicaba una estimulación mental

sin sentido o la búsqueda de más de otras cosas que no valoraba, incluido el estatus y las posesiones materiales que no
acabaría utilizando.

Para mí, este alejamiento de la calma comenzó cuando di
la bienvenida por primera vez a un Smartphone en mi vida.
Me encantaba. Con una parte delantera que era todo pantalla
y una parte trasera negra y brillante que se rayaba con demasiada facilidad, el iPhone 3GS me pareció una maravilla.
Era rapidísimo, venía con la friolera de 6 gigabytes de datos
mensuales (que, para los estándares norteamericanos, sigue
siendo una cantidad razonable) y me permitía conectar con
cualquiera, en cualquier lugar y en cualquier momento.

Por aquel entonces, usarlo me parecía mágico. Pero con
el tiempo el dispositivo —y no digamos la sucesión de telé-
fonos que lo siguieron— solo sirvió para empeorar mi salud
mental y cargarse mi sensación de calma. Pasó de ser una herramienta para conectarme con el mundo a un medio para
exprimir dosis de dopamina de una mente ya agotada. Cuanto
más tiempo pasaba usándolo, con mayor frecuencia cambiaba
mi valiosa atención por un estímulo que me entorpecía la
mente, mientras me contaba a mí mismo que estaba siendo
productivo. Así fue como me enganché a la dopamina.

Al reflexionar sobre esta cuestión (tal vez como tú estés haciendo ahora), también descubrí muchas otras historias que me
contaba a mí mismo mientras adoptaba comportamientos dopaminérgicos. Nada más levantarme, todavía medio dormido,
agarraba el móvil y comprobaba si tenía nuevos correos electrónicos, diciéndome a mí mismo que tenía cosas importantes
que hacer, sin reconocer que lo que estaba buscando obtener
era otra ración del neuroquímico. Al revisar las redes sociales
mientras desayunaba, me decía que me estaba tomando un
descanso antes de un día ajetreado, no que estuviera buscando

una mayor estimulación. En una pausa en el trabajo, o aburrido durante una llamada de Zoom, abría otra ventana para ver las noticias, autoconvenciéndome de que necesitaba estar informado de todo lo que pasaba en el mundo. De todos modos, *no estoy haciendo nada malo*, me repetía en mi monólogo interno.

Por desgracia para quienes vivimos en el mundo actual, los hábitos promovidos por la dopamina llenan los pequeños huecos intermedios de nuestros días como si fueran agua, ahogando cualquier oportunidad de reflexión real, descanso o calma.

Pero, una vez más, ¡no te castigues por ello! Muchos de tus hábitos pueden estar impulsados por este neuroquímico y, en muchos casos, está bien que así sea. Por fortuna, es posible recuperar el equilibrio eliminando los hábitos *innecesarios* provocados por la dopamina.

Pero ¿cómo es este equilibrio en la práctica? O, dicho de otro modo, ¿qué se siente?

Si crees que tu capacidad de atención era antes mayor que ahora, no te equivocas, y no te pasa solo a ti. Antes de que la sociedad nos empujara a centrar nuestras vidas en la estimulación y los logros, podíamos sentirnos presentes y experimentar tranquilidad con relativa facilidad. Podíamos, por ejemplo, salir de la oficina y, al llegar a casa, sumergirnos en un buen libro en el sofá durante una o dos horas. En aquel entonces no dividíamos la atención en un par de pantallas a la vez. Empezábamos el día despacio, quizá tras haberle dado unos cuantos golpetazos al despertador, y pensábamos con calma en la jornada que teníamos por delante o en qué desayunar. Yo me encerraba en mí mismo para planificar el día, no salía de inmediato en busca de estímulos. ¿Alguna vez te ha pasado que, viendo una película antigua, te ha dado mucha tranquilidad comprobar la ausencia de dispositivos? No te preocupes:

es posible recuperar ese equilibrio sin dejar de obtener lo que quieres de la tecnología.

Por suerte para la humanidad, igual que existen redes cerebrales alimentadas por la dopamina y asociadas a la estimulación y el logro, también las hay que se pueden activar para encontrar la calma. Es curioso que ambas estén incluso anticorrelacionadas: cuando la red de dopamina está activada, la de la calma no lo está, y viceversa.

Los neurocientíficos como Lieberman se refieren a la red de calma dentro de nuestro cerebro como la red del «aquí y ahora»: es lo que nos permite disfrutar de nosotros mismos y sentir una presencia satisfactoria con lo que estamos haciendo. Es el estado en el que te sumerges mientras saboreas tu taza de café por la mañana en la cabaña, el estado que se activa cuando te quedas hipnotizado mirando fijamente una hoguera por la noche. Si la red de la dopamina se enfoca en buscar y maximizar recompensas futuras, motivándonos a esforzarnos por lograr más, la del aquí y ahora nos recuerda que el trabajo está hecho, que es hora de ir más despacio, descansar y saborear lo que el presente tiene para ofrecer. La red del aquí y ahora nos permite vivir plenamente el presente, disfrutando y experimentando cada momento con plena conciencia y, sobre todo, nos brinda la capacidad de involucrarnos y relacionarnos de manera significativa con quienes nos rodean.

Al reducir nuestra dependencia de la dopamina, encontramos un mejor equilibrio. Alternamos entre las redes de dopamina y calma de manera más natural, tal como lo hacíamos antes de que la dopamina se apoderara de nuestras vidas, cuando éramos espíritus libres que hacían las cosas por el simple hecho de hacerlas.

• • •

Y tengamos en cuenta otra cosa: aunque los subidones de dopamina son excitantes, la red del aquí y ahora tiene asociados neuroquímicos igual de poderosos, por no decir maravillosos. Las principales sustancias de esta red de calma son la **serotonina** (que nos hace sentir felices), la **oxitocina** (que nos hace conectarnos) y las **endorfinas** (que nos producen una sensación de euforia).* Por otro lado, la dopamina también está vinculada a la red de calma, aunque en cantidades menos concentradas, y suele compensarse con estas otras sustancias químicas. Si has descubierto que la mayor parte de tu día gira en torno a la dopamina, puede que necesites las demás sustancias.

Más adelante profundizaré en el papel de estos neurotransmisores. Por ahora solo diré que si sientes menos satisfacción y conexión con otras personas que hace años —quizá antes de tener tu primer Smartphone, o antes de que tu entorno laboral se volviera hiperconectado— has de saber que no te ocurre solo a ti. Porque participar de cualquier hábito dopaminérgico suprime la actividad en la red de calma del cerebro. Y, a su vez, esto suprime las señales que indican que hay que dejar de trabajar y disfrutar de lo logrado.

Al igual que en el espectro de la productividad, el equilibrio aquí es fundamental: no se trata de invertir demasiado en ninguna de las dos redes. Del mismo modo que una vida centrada en la dopamina puede llevarnos, como dice Lieberman, a la «miseria productiva», invertir en exceso en la red del aquí y ahora puede conducirnos a un exceso de pereza.

Por tanto, es fundamental hallar un equilibrio entre el esfuerzo y el disfrute.

---

* Vale la pena señalar que estas descripciones son generalizaciones: los efectos de tales neurotransmisores resultan complejos y difíciles de reducir a una frase. Sin embargo, en general, son los efectos que producen.

Por suerte, hay formas de lograrlo, y ahora te hablaré de la primera de ellas. Resulta que hay un ingrediente crucial en el que podemos invertir para combatir nuestra dependencia excesiva de la dopamina, uno que curiosamente nos energiza y nos ayuda a superar el burnout al mismo tiempo.

## Movidos por un propósito

Por si no lo sabes, me encantan las preguntas que llevan a la reflexión. Aquí tienes otra de ellas: *¿Qué es justo lo contrario del burnout?*

¿Tienes una respuesta en mente?

Además de hacernos estar menos presentes, una vida centrada en la dopamina también puede llevarnos, irónicamente, a una menor productividad.

Y es que bajo su impulso perdemos más tiempo en distracciones y reducimos nuestra capacidad de atención, debido a la estimulación constante. También perdemos el control de nuestro comportamiento con más frecuencia, sobre todo en internet: actuamos con el piloto automático en respuesta a cualquier estímulo que tengamos delante, en lugar de marcarnos un rumbo intencionadamente. Estos factores contribuyen a una menor productividad. Pero hay otro factor que la reduce aún más: una vida centrada en la dopamina puede hacer que *nos comprometamos menos con nuestro trabajo*.

Otro descubrimiento fascinante que Christina Maslach ha hecho a través de su investigación es desvelar que **el polo opuesto del burnout es el *compromiso*.** De hecho, invirtiendo las tres características del burnout (mediante la puesta en práctica de las ideas del capítulo anterior) podemos transformar este en compromiso. Cuando nos quemamos notamos un exceso de cansancio, poca productividad y ciertas dosis de cinismo. En cambio, cuando estamos comprometidos, nos sentimos llenos de energía, productivos y motivados por un propósito.

Incluso si no sufres este síndrome, invertir los factores que conducen a él te permitirá comprometerte más en el trabajo y en todas las facetas de tu vida.

Si has dedicado tiempo a las tácticas que te he descrito hasta ahora, ese esfuerzo está a punto de dar sus frutos. Por un lado, ya hemos sentado gran parte de las bases para el compromiso. Por otro, sabemos que el estrés crónico conduce al burnout, así que controlar sus fuentes implicará, *al mismo tiempo*, menos agotamiento y más compromiso. Esto también se aplica al estrés crónico al que prestamos atención por iniciativa propia. Al controlar todas estas distracciones, estamos reduciendo la activación de los circuitos cerebrales de dopamina, al tiempo que aumentamos la actividad de la red del «aquí y ahora». De este modo, al reducir el estrés crónico conseguimos alcanzar la calma a la vez que nos volvemos más comprometidos, enfocados y presentes. Además, nos volvemos más productivos. No está nada mal, ¿verdad?, incluso considerando lo difícil que puede ser controlar algunas fuentes de estrés.

En mi caso, a medida que controlaba mis fuentes de estrés crónico y abordaba los seis factores del burnout me percaté de que me iba centrando más en lo que tenía ante mí, sin ninguna intervención adicional por mi parte. En mis libros anteriores me he referido al poder de dominar la distracción, que permite sortear los obstáculos y concentrarse de forma natural. Al controlar el estrés crónico —en especial sus fuentes ocultas— pude elevar mi concentración a un nuevo nivel. Por fin podía ponerme a trabajar con facilidad en lo que tuviera entre manos. Seguía encontrando resistencia, claro, pero esta se redujo a una mínima parte de lo que había sido antes. (Aún ansiaba ciertas distracciones dopaminérgicas, por sus propiedades estimulantes, pero abordaremos esta idea en los capítulos siguientes).

Por el momento, recuerda una cosa: una vez que dominas el estrés crónico, el compromiso surge de forma natural. Y con el compromiso llega la calma.

Desde luego, es más fácil decirlo que hacerlo. Pero dado que el compromiso nos lleva a una mayor productividad y a la calma, a la vez que a preocuparnos menos por si tenemos suficiente, reconectarnos con él es un esfuerzo que vale la pena.

## Seguimiento del compromiso

Con el tiempo, descubrí que el compromiso puede ser un superpoder. Es el proceso a través del cual incrementamos la productividad en el trabajo y la intención en nuestra vida, en especial cuando nos comprometemos con tareas importantes que marcan la diferencia. En última instancia, es el compromiso lo que nos hace productivos a largo plazo: cuando estamos comprometidos, realmente trabajamos para cumplir nuestras metas, evitando las distracciones cargadas de dopamina ya que no contribuyen a lo que estamos haciendo. Al permanecer presentes en lugar de estimulados, avanzamos en nuestro trabajo y en nuestra vida.

También *sentimos* que logramos más cuando nos involucramos por completo con lo que tenemos frente a nosotros. Dicho de otro modo, en lugar de fijarnos una y otra vez metas que están más allá de nuestro alcance, al comprometernos nos centramos, sentimos que tenemos un propósito y nos entusiasmamos con lo que hacemos. Disfrutamos mucho más del proceso de lo que estamos haciendo, al mismo tiempo que trabajamos para encontrar un equilibrio más razonable entre el esfuerzo y el disfrute, y reequilibrar nuestra mente en busca de la calma duradera.

Pero ¿cómo podemos ponerlo en práctica?

El primer paso es sentar las bases que he tratado hasta ahora en el libro. No hay mejor manera de volverse más comprometido que eliminando el estrés crónico innecesario, en especial el contenido en los seis factores del burnout. Como espero que descubras, el rendimiento de tu tiempo y esfuerzo al controlar las fuentes de estrés crónico será notable, y podría ser el combustible que necesitas para dominarlas para siempre.

Una vez sentadas estas bases, te ofrezco algunas recomendaciones más para volver a conectar con el compromiso; todas me funcionaron en mi viaje hacia la calma:

- **Al final de cada jornada laboral, reflexiona sobre tu grado de compromiso**. No hay una única forma correcta o incorrecta de evaluar tus días o tu vida: tus valores y circunstancias han de ser tu punto de referencia. Para mí, más que ningún otro factor, el compromiso es la variable sobre la que más he empezado a reflexionar tras analizar la investigación sobre la calma. Con el tiempo, se ha convertido en mi forma de evaluar mis jornadas desde el punto de vista personal, junto con mi rendimiento durante las horas de productividad. He llegado a pensar que el compromiso es la métrica de referencia para optimizar nuestras jornadas laborales. En línea con esto, pregúntate al final de cada día: ¿hasta qué punto me he sumergido en el trabajo? ¿Con qué frecuencia he cedido a la dopamina para estimular mi mente con las distracciones, y con qué frecuencia he sido capaz de estar presente en lo que estaba haciendo? Además de esto, es útil reflexionar sobre si aquello a lo que te comprometiste fue esencial y significativo.

- **Trabaja más despacio**. Lo mejor de hacer el esfuerzo de comprometerse en lugar de estimularse es que no necesitas trabajar de forma tan frenética. A medida que tu mente se adapte a menos estímulos de dopamina, se calmará y, de forma natural, te sumergirás más profundamente en lo que estás haciendo. Redescubrirás el compromiso en lugar de buscar más por el simple hecho de tener más. Trabajar con una intencionalidad reflexiva sobre lo que es importante supone una gran alegría. Y, si valoras la productividad como yo, no te preocupes: lo que pierdas en velocidad lo recuperarás con facilidad avanzando en lo importante. Yo mismo vuelvo a aprender esto una y otra vez cuando se trata de trabajar en algo intelectual: cuanto más despacio lo hago, más impacto suele tener mi trabajo. Y con el tiempo produzco más de lo que sentirme orgulloso.

- **Observa qué factores estresantes, alimentados por la dopamina, vuelven a aparecer en tu vida**. Controlar las fuentes ocultas de estrés crónico (sin olvidar las distracciones) no es una tarea que se haga una sola vez: deberás estar alerta y enfrentar de manera constante los factores estresantes y las distracciones para proteger tu salud mental. No obstante, todo se vuelve más fácil a medida que te alejas de los hábitos dopaminérgicos y te conectas más con el aquí y el ahora. Verás que pasa lo contrario que en un videojuego: empieza a un nivel más difícil y acaba siendo fácil. Fíjate en las distracciones que vuelven a aparecer y en las historias que te cuentas a ti mismo sobre por qué tienes que involucrarte en ellas.

- **Lleva una lista de logros**. A medida que te vuelves menos ocupado, es posible que sientas que eres menos productivo, aunque es probable que logres igual o incluso más. Un excelente contrapeso a este sesgo mental es elaborar una lista de logros. Como su propio nombre indica, a medida que avance la semana anota los hitos que alcanzas con tu trabajo, los proyectos que completas y los progresos que haces. Es increíble cuánto más podemos conseguir cuando nos comprometemos más y nos ocupamos menos.

- **Presta atención a tu nivel de compromiso conforme te enfrentes a distintos niveles de estrés crónico.** A medida que afrontes el estrés crónico que proviene de tus seis factores de burnout y otras áreas de tu vida, observa si te comprometes más en el trabajo y si te queda energía para seguir haciéndolo en casa. Cuando se trata de cambiar hábitos, la conciencia es vital: notar mejoras refuerza aquellos hábitos en los que estás invirtiendo tiempo, atención y energía.

- **Fija objetivos con una mentalidad de logro, pero trabaja para alcanzarlos con la vista puesta en el compromiso.** Inicia tus horas de productividad pensando en lo que quieres obtener con ellas, pero después céntrate en tu grado de compromiso mediante las tácticas anteriores. Creo que descubrirás lo mismo que yo: al enfocarte en el compromiso, el proceso a través del cual te vuelves productivo, lograrás más durante esas horas.

El estrés crónico deteriora el escudo que nos protege de un mundo muy ocupado y ansioso. Esto suele ser consecuencia de dejarnos llevar por la corriente de la dopamina.

Cuando luchamos de forma activa contra esta fuerza, descubrimos, al final del camino, mayores niveles de calma.

## La ciencia de disfrutar

Además de darte cuenta del nivel de compromiso que tienes mientras controlas el estrés crónico, otra estrategia para superar la mentalidad de «más» es encontrar cosas de las que disfrutar. Al igual que el compromiso, esta táctica también desplaza la activación de las redes de dopamina de tu cerebro hacia la red calmante del aquí y ahora. Con el tiempo, esto te llevará a estar más presente, en especial al enfrentarte a los superestímulos dopaminérgicos más problemáticos, que es el tema que trataré en el próximo capítulo.

Una de mis preguntas favoritas cuando conozco a alguien es la siguiente: *¿Qué es aquello de lo que más disfrutas?* Al preguntar esto a docenas de personas, me ha sorprendido la cantidad de gente que no tiene una respuesta. Les pasa sobre todo a los hombres: diversos estudios demuestran que las mujeres afirman tener «mayor capacidad para disfrutar», y que esta diferencia de género «se observa desde la infancia media hasta la edad adulta, y en todas las culturas». Esto funciona igual en el caso de las personas exitosas que conozco: la pregunta les deja boquiabiertas y sin habla, a veces durante varios segundos, mientras la procesan y ordenan sus pensamientos. (Recordemos el estudio según el cual las personas más ricas tienen menos capacidad para disfrutar las experiencias de la vida). Como resumieron los investigadores responsables de este estudio, «la riqueza puede no proporcionar la felicidad que cabría esperar, debido a sus consecuencias perjudiciales para el disfrute»).

Todo el mundo necesita tener una respuesta a la pregunta de qué es con lo que más disfrutamos. Mejor aún, necesitamos tener *varias* respuestas.

Antes de que empezáramos a estructurar nuestros días en torno a la dopamina, esta pregunta no nos dejaba perplejos como lo hace ahora. Al contrario, sabíamos disfrutar del tiempo de inactividad que pasábamos en una casa de campo alquilada en pleno verano; de las conversaciones fortuitas con nuestro compañero de asiento en un avión; de las deliciosas y bulliciosas cenas compartidas con nuestra familia. Disfrutábamos jugando a juegos de mesa en la cocina, o a juegos de palabras en los largos viajes familiares en coche. Y, sin duda alguna, éramos capaces de bajar el ritmo lo suficiente como para disfrutar del delicioso sabor de una taza de café cada mañana.

En cambio, bajo el dominio de la dopamina, rara vez —como canta Billy Joel en «Vienna»— «descolgamos el teléfono y desaparecemos un rato». Al revés: pasamos a toda prisa por los momentos más bellos de la vida —si es que llegamos a percibirlos— y nos resulta difícil disfrutarlos en profundidad. Impulsados por la mentalidad de obtener más y los fundamentos dopaminérgicos propios de esta mentalidad, necesitamos contrarrestar de manera activa esta tendencia.

Disfrutar nos brinda una oportunidad única para abandonar de forma deliberada la mentalidad de logro, dejar a un lado las ambiciones y gozar de verdad por un instante. Una vez más: ¿qué sentido tiene acumular logros si no disfrutamos de sus frutos? Al practicar el arte de disfrutar —de hecho es tanto una práctica como una ciencia— nos desconectamos de nuestros objetivos y nos sumergimos en los deliciosos acontecimientos del presente.

Visto de otro modo, practicamos la «ineficacia intencionada», que es aquella en la que dejamos a un lado los objetivos de logro y pasamos a una mentalidad de disfrute deliberado. (No te preocupes, tus objetivos siempre te esperarán en la otra orilla del goce).

**Este es mi reto para ti: haz una lista de todo aquello con lo que disfrutas.** Si necesitas ideas, intenta recordar aquellos momentos de serenidad en tu vida que solías disfrutar con intensidad y que te brindaban una sensación de plenitud, quizás antes de tener un Smartphone o de que llegara la maldita pandemia. Si aun así te resulta difícil, piensa en los momentos satisfactorios del día, esos por los que pasas deprisa para poder terminar tus tareas, y anótalos donde puedas consultarlos con regularidad.

Al principio de mi viaje a la calma, si soy sincero, disfrutar me parecía una tarea más. Pero elaboré una lista de las cosas que podía hacer para probar de todos modos. Algunas de ellas eran (no necesariamente en este orden):

- Cualquier libro de Elizabeth Gilbert, Stephen King, Beverly Cleary o Neal Stephenson.
- Un paseo por el bosque cerca de donde vivo.
- Un delicioso y caro café con leche de nueces de macadamia de la cafetería que hay calle abajo.
- Mi ritual matutino con té matcha.
- Caminar por el centro de la ciudad con el móvil en modo avión, escuchando música instrumental de piano (también es una banda sonora estupenda para trabajar).
- La sensación en mis dedos de un nuevo tipo de teclado mecánico (recomiendo encarecidamente los de teclas «Cherry brown», si alguna vez buscas uno).
- Sudar entrenando subido a una bicicleta de spinning.
- Leer el periódico de la mañana con la mencionada taza de matcha.
- Noches de juegos de cartas y vino con mi mujer.

La lista continúa, pero creo que ya te haces una idea.

**Bien, pues cada día elige una cosa de tu lista y disfrútala con intensidad.** Dedica a esta lista todo el tiempo que quieras, pero dedícale tiempo todos los días. Y, cuando te des cuenta de que tu mente se ha puesto a pensar en el trabajo o en cualquier otra cosa, vuelve a centrarte en la agradable experiencia que estás viviendo.

Piensa también en las historias que te cuentas a ti mismo sobre esa actividad. Al leer estas palabras, es posible que tu diálogo interno se dispare, que tus circuitos de dopamina se vuelvan locos y no quieras asumir este reto. No te preocupes: tienes tiempo para hacerlo. Es posible que tengas que robar algo de tiempo a tu ajetreo habitual. No pasa nada: pero recuerda que, a medio plazo, esto te ayudará a reconfigurar tu cerebro para la calma y el compromiso. Recuperarás este tiempo.

Una de las mayores recompensas que obtuve al embarcarme en el viaje hacia la calma fue la de poder profundizar en los fundamentos científicos de las tácticas que estaba explorando (y ahora compartiendo). En este proceso, uno de los campos de investigación más agradables que encontré fue el referido al ámbito del disfrute. De hecho, la investigación ha descubierto beneficios notables al disfrutar deliberadamente las experiencias positivas de la vida.

Por término medio, experimentamos alrededor de tres cosas buenas por cada cosa mala, una proporción que se ha repetido una y otra vez en la investigación. A pesar de que esto es así, nuestra mente programada para detectar amenazas procesa la información negativa de manera más exhaustiva que la información positiva. Esta reflexión negativa conduce directamente a la ansiedad y a subestimar lo grandiosa que es nuestra vida en realidad.

Esto es un retroceso. Las situaciones de la vida pueden ser difíciles, y todo el mundo tiene una proporción diferente de cosas buenas y malas. Pero, en general, la de tres a uno es la que la mayoría de nosotros experimenta. Si nuestro estado mental general coincidiera con nuestra realidad, sentiríamos tranquilidad —no estrés ni ansiedad— unas tres cuartas partes del tiempo. Por suerte, es posible «hacer circular más experiencias por la mente», como me lo expresó Fred Bryant, el psicólogo pionero en el campo de la investigación sobre el «disfrute». Podemos aplicar los conocimientos de la investigación sobre el disfrute para reconocer las experiencias positivas, prolongar su duración y otorgarles mayor significado. De esta forma, el propósito o significado de nuestras acciones no es algo que descubrimos por azar, sino que lo integramos en nuestra propia vida y en el entorno que nos rodea. Aquí es donde adquiere relevancia el disfrute.

Y cuando gozamos de forma consciente de las experiencias positivas sentimos más felicidad, tranquilidad y compromiso a la vez.

En su investigación, Bryant sostiene que las personas más felices tienen algo en común: saborean más en profundidad las experiencias positivas. Como era de esperar, un alto nivel de disfrute conduce a un mayor compromiso y a una menor ansiedad. El mero hecho de gozar las experiencias positivas las prolonga, y tener una mayor capacidad para disfrutar los acontecimientos positivos conduce a una menor depresión y ansiedad social. Además, cuanto mejor saboreemos las experiencias positivas, menos conflictos familiares experimentaremos, mejor se sentirá cada cual consigo mismo y más resilientes seremos. Una mayor capacidad para disfrutar correlaciona con niveles más altos de mindfulness, optimismo e incluso sabiduría. Un estudio reveló que el acto de disfrutar conduce a una reducción significativa de los síntomas depresivos, mientras que en otro se descubrió que el disfrute hizo que los adultos mayores «mantuvieran una mayor satisfacción vital, al margen de su estado de salud». Estas correlaciones deberían hacernos reflexionar, sobre todo si tenemos en cuenta que disfrutar, como dice Bryant, «es una habilidad que progresa con la práctica». A lo mejor hemos de dar prioridad a la diversión para gozar a diario de los frutos de nuestra productividad, ya que los beneficios son intensos cuando lo hacemos.

Disfrutar es el arte de gozar de las cosas buenas de la vida, y puede considerarse la práctica mediante la cual convertimos los momentos gratos en emociones positivas, como alegría, asombro, orgullo y placer. Al disfrutar, prestamos atención y gozamos de la totalidad de una experiencia positiva.* Según Bryant, saborearlas no solo nos permite disfrutar más de las experiencias, también nos ayuda a hallar un equilibrio entre el esfuerzo y el deleite. Según su investigación, hay cuatro formas principales de ejercer control sobre nuestras experiencias vitales: las negativas podemos evitarlas o afrontarlas; con las positivas, podemos centrarnos en obtener más (lo que Bryant llama «mentalidad de adquisición») o limitarnos a disfrutarlas.

El propio disfrute nos permite dejar a un lado la mentalidad del más y ser capaces de gozar. Como señala Bryant: «El hecho de que hayas obtenido algo no significa que vayas a disfrutarlo. De hecho, muchas veces eso solo te lleva a la siguiente cosa que quieres adquirir». En otras palabras, no experimentamos agradecimiento de forma automática; y, si no tenemos cuidado, nos centraremos demasiado en *conseguir* y no lo suficiente en saborear lo conseguido. «Ese es el problema de la mentalidad de logro: ¿de qué sirve conseguir algo si no lo disfrutas? Nunca miras lo que tienes; miras lo que no tienes y lo que necesitas».

Las opciones para gozar de algo son infinitas. Las investigaciones de Bryant indican que hay muchas maneras de deleitarse con una experiencia, como *disfrutar del placer* (regocijarse en la sensación que algo nos produce), *maravillarse* (sentir asombro y admiración por algo) y *agradecer* (apreciar las cosas buenas de la vida). Cada noche, antes de dormir, mi mujer y yo compartimos tres cosas que agradecemos. Estos sencillos

---

* Existe cierto solapamiento conceptual entre disfrutar, fluir y el mindfulness; son temas distintos, pero relacionados. Según Bryant, fluir «implica mucha menos atención consciente a la experiencia», y también supone trabajar en una tarea relativamente difícil que se ajuste, más o menos, al propio nivel de habilidad. Saborear algo también difiere del concepto de mindfulness, porque es más restrictivo: solo nos centramos en lo positivo, en lugar de observar las experiencias sin juzgarlas.

hábitos de gratitud no solo te hacen sentir bien: en el fondo te llevan a disfrutar más de la vida y a detectar más acontecimientos positivos a tu alrededor. Dicho de otro modo, expresar gratitud es otra forma de disfrutar lo que tienes.

Incluso podemos disfrutar de una *experiencia pasada* o *futura*. (Esto sigue contando como disfrute, porque implica disfrutar de esas sensaciones en el momento presente). Por ejemplo, cuando saboreamos el pasado practicamos la *reminiscencia*, que nos hace sentir agradecimiento por las experiencias ocurridas. (Podemos hacerlo reproduciendo en nuestra mente un momento agradable). Disfrutar del futuro quizá resulte un poco más difícil en la práctica, pero para ello practicamos la *anticipación*, aumentando el entusiasmo por algo que aún no ha ocurrido (por ejemplo, contando los días que faltan para las vacaciones). Resulta curioso, pero se ha demostrado que el mero hecho de anticiparse a una experiencia lleva a disfrutar aún más de ella cuando al final tiene lugar y, después, a *recordarla* con más cariño. Una teoría al respecto sugiere que la anticipación «genera huellas de memoria afectiva que se activan e integran en la experiencia real del momento y en la experiencia en el futuro al recordarla».

En resumen, tanto si prefieres saborear el presente como el pasado o el futuro, ya sea deleitándote, maravillándote o dando las gracias, las ventajas de hacerlo son importantes.

Y recuerda que disfrutar no es solo un atajo para comprometerse; también lo es para divertirse.

$\cdots$

La primera vez que pruebes a, simplemente, disfrutar, tal vez te resulte difícil y tu cerebro en cierto modo se resista —es probable que se te dispare cierto diálogo interno negativo—. En un mundo que valora solo conseguir más, saborear el momento parece algo así como un acto de rebeldía. Puede que incluso cedas a esa resistencia en un par de ocasiones, ya sea consultando Instagram o el correo electrónico, o pensando en todo lo que tienes que hacer después.

Aunque esto es normal, te reto a que resistas este impulso. Solo obsérvalo y vuelve a centrar tu atención en la agradable experiencia que estás viviendo.

Observa todo lo que puedas durante el «ritual» del disfrute. Fíjate en el aburrimiento que experimentas cuando tu mente deja de estimularse. Fíjate en lo que te apetece: dispositivos que quieres usar sin control, ideas que desearías anotar, cosas que empiezas a planificar de forma automática. Fíjate también en lo que dices sobre ti. ¿Te fustigas porque has abandonado la mentalidad de logro, por no hablar de la mentalidad del más? ¿Sigues pensando en el coste de oportunidad de tu tiempo, o te autoconvences de que disfrutar las cosas es una tontería? ¿Te sientes egoísta por invertir en tu energía y desarrollar tu capacidad para estar presente (es decir, para centrarte en lo que estás haciendo)? ¿Cuánta culpa sientes por no trabajar o avanzar en tus objetivos?

Esta resistencia es normal —incluso esperada— a medida que reconfiguras tu cerebro para comprometerte con la calma en lugar de distraerte con la ansiedad.

Con el tiempo —aplicando esta táctica y otras que compartiré contigo en breve— empezarás a notar los efectos positivos de una mente equilibrada. Y así no solo te harás más presente en tu trabajo y en tu vida, sino que desarrollarás una mayor capacidad de concentración a medida que la maraña de pensamientos dispersos se asiente. Profundizarás en tu habilidad para encontrar la felicidad y la conexión. Y te sentirás en plenitud de energía y renovado.

También es probable que descubras que el hecho de disfrutar te hace agradecer más todo lo que tienes, incluidas las

pequeñas cosas. Y es que lo irónico de la mentalidad del más
—y de la de logro— es que se basa en una vida dopaminérgica, por lo que no conduce a una satisfacción duradera.

A diferencia de estas mentalidades, disfrutar deja a la
gente satisfecha.

La mentalidad del más solo nos permite sentirnos a gusto
con nosotros mismos cuando, de repente, tenemos más de lo
que esperábamos tener: más dinero en el banco, más seguidores, más amistades. Pero estos sentimientos son efímeros.
Es posible sentir una sensación de plenitud con mucha más
frecuencia.

Y es que hay muchas cosas buenas en tu vida, solo has de
darte cuenta. Disfrutar de una pequeña cosa al día es una táctica
sencilla. Como cualquier otra idea de este libro, su función es
conducirnos hacia la calma. Pero su verdadera magia radica en
cómo erosiona los aspectos negativos de la búsqueda constante
del más: es posible dejar a un lado el esfuerzo y permanecer
presentes, con toda la atención puesta en lo que estamos haciendo. Esto también nos ayudará a estar presentes en el resto
de situaciones de nuestra vida, ya que nos llevará a apreciar el
aquí y el ahora en cualquier circunstancia, ese lugar en el que
conviven la calma y la productividad.

Conseguir más es estupendo, y es posible que quieras eso
para tu vida. Pero, como espero que descubras leyendo este
libro, aunque la mentalidad de logro puede funcionar en algunas áreas vitales, es entrenando el cerebro para saborear las
cosas como se consigue abandonar esta mentalidad y hallar
el equilibrio. Haciéndolo obtendrás lo que te propongas y, al
mismo tiempo, disfrutarás de la vida.

Saborear el presente —el aquí y el ahora— te llevará a superar ese constante afán de «más» y alcanzar mayores niveles
de calma.

# CAPÍTULO 5

## *Niveles de estimulación*

## Estimulación personalizada

Para continuar nuestra exploración sobre cómo el mundo moderno pone en riesgo nuestra sensación de calma, vamos a dar un pequeño rodeo; te hablaré ahora de la distracción digital. El motivo es importante: hoy en día, una gran cantidad de la dopamina que generamos procede del mundo digital.

Por ejemplo, piensa en YouTube. Mientras escribo estas palabras, hay miles de millones de vídeos que se pueden ver en esta plataforma. Sus dimensiones son tan enormes que hacer analogías sobre su tamaño es casi imposible. Cada ¡minuto! se suben a YouTube más de 500 horas de vídeo. Eso equivale a 30 000 días de nuevos contenidos cada 24 horas. Técnicamente hablando, YouTube es el segundo motor de búsqueda más grande del mundo después de Google, que es el propietario de YouTube.* Es también el segundo sitio web más grande del mundo, incluyendo aquellos a los que se accede sobre todo en China, el país más poblado del planeta, como Tmall y Baidu. Hay versiones de YouTube en más de ochenta idiomas y más de cien países, y cada día sus vídeos generan miles de millones

---

* También técnicamente hablando, el holding Alphabet es propietario tanto de YouTube como de Google, aunque esta es la empresa paraguas que gestiona los negocios de internet de Alphabet. Algo parecido ocurre con Meta, el holding propietario de Facebook.

de visitas adicionales. Y, atención: 2000 millones de usuarios registrados —alrededor de una cuarta parte de todos los seres humanos vivos— visitan su sitio web cada mes. YouTube también puede considerarse la segunda red social más grande del planeta, solo por detrás de Facebook, con unos 2700 millones de usuarios.

Y no son solo los vídeos de «Baby Shark» y «Gangnam Style» los que generan todo este tráfico. YouTube es, de facto, la principal fuente de vídeos de internet. Esto significa que las categorías en el sitio son infinitas: revisiones de productos, tutoriales, blogs de experiencias cotidianas de gente, clips de programas de entrevistas e incluso vídeos de personas jugando a videojuegos, un fenómeno que nunca entenderé, por mucho que mis primos pequeños intenten explicármelo. Y no pasa nada: con un catálogo tan amplio, no todos los vídeos me gustarán. Quizá ni siquiera me guste la mayoría.

No tienen por qué gustarme.

YouTube viene a ser lo que obtendrías si tomaras la televisión y la pusieras patas arriba. Y es que ese medio, la televisión, está diseñado para atraer a las masas, mientras que YouTube ofrece los contenidos que más te atraen a ti, a una persona concreta. Porque, a diferencia de un canal de televisión, que solo puede emitir un programa a la vez y debe «diversificar» el contenido lo suficiente para que capte al mayor número de personas posible, YouTube puede reproducir un vídeo diferente para cada usuario. Tampoco hay límites prácticos a la cantidad de contenido de YouTube: Google siempre puede comprar más espacio de almacenamiento barato para sus servidores. ¿500 horas más de contenido nuevo cada minuto? Sin problema.

Ni siquiera hay límites para los contenidos de nicho. De hecho, es mejor que la oferta sea especializada: cuando te topas con vídeos que te atraen a ti de forma exclusiva, los disfrutas mucho más. Así todo el mundo gana, o al menos esa es la teoría: tú pasas más tiempo en el sitio, y Google puede mostrarte más anuncios. Conclusión: consumirás más contenido novedoso y Google ganará más dinero.

Si consulto ahora mismo mis vídeos preferidos, los hay que hablan sobre los interruptores que se utilizan en las teclas mecánicas de los teclados de ordenador, también otros de temática científica (sobre astronomía) y varios clips de una hora con antiguas charlas de Steve Jobs.

Es poco probable que a ti también te gusten esos mismos vídeos: esta fuente única de contenidos está diseñada para atraerme solo a mí. Por eso vuelvo a ella una y otra vez.

Y si tú eres usuario de YouTube también es por eso por lo que sigues visitándolo.

## Un sinfín de datos

En teoría, entre el enorme catálogo de vídeos de YouTube existe el que es perfecto para ti. Hay uno que te hará reír hasta perder el control, o llorar a lágrima viva durante veinte minutos seguidos mientras cambia para siempre tu forma de pensar sobre un tema, o que te inspirará para perder 20 kilos en los próximos dos meses y mantenerte en tu peso ideal el resto de tu vida. Es probable que ese vídeo esté en algún sitio web; el trabajo de YouTube es encontrarlo.

Una de las principales funciones de Google (si no la principal) es el diseño de algoritmos. Estos sirven para todo, desde generar resultados de búsqueda hasta recomendaciones de YouTube, pasando por los resultados de búsqueda en Gmail o las rutas en Google Maps. Uno de los principales algoritmos de la empresa es, cómo no, la búsqueda web: para la mayoría de la gente, el nombre de Google es sinónimo de esa actividad. No buscamos en Duck Duck Go ni en Bing: buscamos en Google. El corrector ortográfico de mi ordenador ni siquiera ha intentado poner en mayúsculas el nombre de esta empresa en la última frase: a estas alturas ya se ha convertido en genérico.

Entonces, si de verdad hay un vídeo perfecto para ti en medio de ese océano de miles de millones, ¿cómo sabrá un producto como YouTube la forma de mostrártelo?

En esencia, del mismo modo que lo haría un ser humano: aprendiendo todo lo posible sobre ti. Cuanto más sepa qué te gusta, más personalizadas podrán ser sus recomendaciones. Recabando información sobre tus intereses, tu personalidad, tu estado de ánimo y tu nivel de ingresos, e introduciendo estos datos en un sofisticado algoritmo, puede determinar cuál es el vídeo más tentador para ti en este momento. Es increíble, sobre todo porque esto sucede en apenas uno o dos segundos. Y también da un poco de miedo, en especial en lo que respecta a nuestra enfermiza relación con la dopamina.

Debo decir que se ha publicado muy poca información sobre los criterios que tiene en cuenta el algoritmo de YouTube. Y es que los algoritmos de recomendación son una ventaja competitiva patentada. Pero si dirigiéramos YouTube, al menos podemos intentar hacernos una idea del tipo de datos que Google guarda sobre nosotros para encontrar ese vídeo perfecto; para encontrar el contenido más dopaminérgico y con más probabilidades de hacer que los usuarios vuelvan a por más.

Si eres un usuario medio, YouTube ya sabe mucho sobre ti. Para empezar, conoce tu historial de búsquedas y visualizaciones, así como los canales de los que disfrutas y desde dónde te conectas (en función de la dirección IP de tu ordenador). Incluso si no has iniciado sesión, el sitio conoce los vídeos sobre los que pasas el ratón para acceder a una vista previa y la hora del día que lo visitas, porque verás contenidos diferentes en la pausa para comer que durante una noche de insomnio.

No es de extrañar que YouTube te anime a iniciar sesión con tanta frecuencia: de este modo, Google puede relacionar tus datos de YouTube con todo lo demás que sabe de ti. Para empezar, si has iniciado sesión en tu cuenta de YouTube, Google puede tener acceso a información de la misma, como tus preferencias, historial de reproducción y suscripciones. Esto les permite personalizar aún más las recomendaciones de videos y maximizar la probabilidad de que encuentres contenido que te resulte interesante y adictivo.

Por otro lado, si utilizas el navegador Chrome, en especial si tienes activada su función de «sincronización» (que conecta tus marcadores y tu historial en todos los dispositivos donde tengas iniciada tu cuenta de Google), en teoría la empresa también podría obtener toda esta información sobre ti.

Por supuesto, si usas Gmail, Google sabrá con quién te comunicas (tu sociograma), a qué boletines te suscribes y qué compras en internet. (Amazon y otras empresas ya ocultan la información de compra en sus correos de confirmación, en teoría para que empresas como Google no puedan añadirla a tu perfil).

Y si empleas Google Maps, Google sabrá adónde viajas, qué restaurantes frecuentas y qué medios de transporte utilizas. Y qué viajes harás en las próximas fechas.

Si eres un usuario medio de internet y entras en los sitios sin tener activado un bloqueador de anuncios, ten por seguro que Google también conoce muchas de las webs que visitas. Su producto Analytics, que supervisa tu comportamiento en un sitio web para que su propietario pueda recabar estadísticas de tráfico, rastrea información sobre cuánto tiempo pasas allí, por qué páginas navegas y cómo llegaste a ese sitio web.

Y la lista es interminable: puedes proporcionar a Google aún más información a través de tu cuenta de Google Drive, tu asistente virtual o aplicaciones como Google News. En definitiva, se podría escribir un extenso libro solo con los datos que Google posee sobre tu persona. (No te preocupes, ya me callo).

La idea que está en la base de todo esto es sencilla: cuanto más personalizadas sean nuestras recomendaciones de vídeos, más dopaminérgicas serán y más nos engancharemos, así que volveremos una y otra vez a por más.

## La era de la novedad

Como reza el viejo dicho, siempre es útil «seguir la ruta del dinero» para entender las motivaciones de una empresa con ánimo de lucro. En el caso de YouTube, ya he mencionado cuál es su principal objetivo: mantenerte en constante conexión. Si ampliamos este ejemplo veremos que lo mismo ocurre con la mayoría de los servicios basados en un algoritmo: cuanto más tiempo pasas usando servicios como Instagram, Twitter y YouTube, más dinero gana cada uno de ellos. Porque cuentan con más tiempo para mostrarte anuncios en medio del contenido que te engancha. De hecho, en el momento de escribir estas líneas, Google obtiene la friolera del 80 % de sus ingresos de una sola fuente: *la publicidad*. Y lo lleva haciendo más de una década; se trata de una fuente de ingresos robusta y fiable, en medio del turbulento y famoso universo disruptivo de Silicon Valley.

Bien, pues Facebook es igual. Aunque, en realidad, eso no es del todo cierto: su porcentaje es mucho *mayor* que el de YouTube: en el último año, obtuvo el 97 % de sus ingresos a partir de la publicidad. Juntas, las dos empresas absorben el 61 % de los ingresos por publicidad en internet. Si alguna vez buscas algo divertido que hacer, prueba a husmear en los ajustes de Instagram para descubrir tus «intereses publicitarios».\* Aunque te puede resultar gracioso que esta plataforma se equivoque en algunas cosas, descubrirás que también es bastante hábil a la hora de averiguar quién eres. Y es que, para confeccionar tu lista de intereses, Instagram supervisa la actividad de tus cuentas, la propia y la de Facebook; y, según la web de noticias Mashable, incluso extrae «información de aplicaciones y webs de terceros en las que hayas iniciado sesión a través de Facebook».

Había desactivado el seguimiento de anuncios de Instagram antes de investigar para esta parte del libro, pero por suerte antes hice capturas de pantalla de lo que Google había identificado como mis intereses; y descubrí que había detectado *177 intereses específicos* míos. Bien es cierto que con algunos de ellos no había dado en el clavo (figuraban cosas como los clubes nocturnos, los deportes de combate, los vehículos de lujo o el fútbol, y ninguno de esos temas me interesa demasiado), pero casi todos los elementos de la lista eran precisos, incluso muy precisos, hasta un punto inquietante. Ese conjunto incluía cuestiones tan peregrinas como los formatos de archivo de audio y los códecs, los relojes, las herramientas de desarrollo, la informática distribuida, la domótica,

---

\* Daría las instrucciones para hacerlo, pero la ruta a esta función dentro de la aplicación cambiará más pronto que tarde, incluso antes de que este libro se publique. Mejor busca en Duck Duck Go cómo encontrar esa información.

Nintendo, proxy y filtrado, las bibliotecas de sonidos, programas de televisión, arte visual y diseño, o yoga.

Bien, en cuanto vi la lista desactivé la personalización de anuncios.

Mis recomendaciones de YouTube ahora son un horror. Pero al menos ya compro menos cosas, una vez que he desactivado esa función en Instagram.

En resumidas cuentas, cuanto mayor sea la probabilidad de que el algoritmo de una empresa de datos pueda ofrecernos el contenido «perfecto» —cualquiera que consideren el equivalente al vídeo perfecto en YouTube—, más tiempo pasaremos en ese sitio y volveremos a por más. Por eso no es de extrañar que algunos servicios, como Instagram y Twitter, se hayan alejado en los últimos años de las cronologías ordenadas de forma lógica y progresiva, para pasar a otras personalizadas que presentan primero los fragmentos de contenido con más probabilidades de engancharnos.

Por supuesto, el contenido que nos engancha también libera bastante dopamina y, como consecuencia, nos aleja de la calma. Debido a que servicios como Google y Facebook ganan dinero con la publicidad de pago, pueden cobrar a las empresas por meternos por los ojos molestos anuncios. Estamos ya lo suficientemente enganchados como para que no nos importe, y ellos pueden optimizar su servicio para mostrarnos una serie de anuncios que no afectarán al tiempo que pasemos en la aplicación. Y, cuanto más tiempo pasamos en la aplicación, más dopamina se liberará en nuestro cerebro y más nos alejaremos de la calma.

Piénsalo: en el caso de Google, casi todos los servicios que ofrece —desde Google Docs a YouTube— son gratuitos. Sin embargo, la empresa vale más de un billón de dólares.

Trabajando con empresas publicitarias, así es como han logrado extraer valor económico de nosotros y de nuestros datos.

Es posible que diciendo todo esto te haya llegado a parecer un paranoico de esos que llevan gorros de papel de aluminio y construyen pirámides en su jardín para protegerse de los extraterrestres. Prometo que no soy uno de ellos, aunque sí creo que los gorros repelen algunas de esas ondas inalámbricas 5G (que no, que es broma). Pero el caso es que lo que te cuento es un hecho: muchas empresas tecnológicas ganan dinero con nuestros datos.

En lo que respecta a la calma, estoy muy seguro de que los algoritmos de personalización hacen que las plataformas de contenido —en especial las redes sociales— ya no tengan una presencia positiva o neutral en nuestras vidas. El mundo digital nos aleja de la calma, porque nos engancha con contenidos que liberan dopamina.

En un mundo ya de por sí ansioso, una tienda online personalizada puede trastornar el funcionamiento neuroquímico de cualquiera. Y es que los algoritmos no discriminan qué vídeos, imágenes o actualizaciones son buenos o malos para ti. Ni las redes sociales son paternalistas: la mayoría de ellas no tienen malas intenciones; solo se dedican a ganar dinero.

Y, seamos sinceros, ¿se les puede culpar? Las empresas no son instituciones benéficas, sobre todo las empresas obsesionadas con el crecimiento, fundadas en la cultura del «más». Cuanto más crece la empresa, más se enriquecen sus fundadores y trabajadores. El camino más seguro para el crecimiento de una empresa de datos es obtener ganancias a través de nuestros datos. La forma en que lo logran es proporcionándonos más estímulos de dopamina.

A primera vista, el hecho de que el mundo digital sea más atractivo puede parecer positivo. Es cierto que dedicamos mucho tiempo tocando las pantallas de nuestros dispositivos, saltando entre Instagram, TikTok, Reddit y Twitter. Pero si pasamos más tiempo en estos servicios, ¿no será porque estamos más entretenidos?

Tal vez te sorprenda la respuesta, pero en realidad... no.

Aunque los servicios que proporcionan empresas publicitarias como Google y Facebook nos puedan parecer, a primera vista, una divertida vía de escape, a largo plazo relacionarnos con ellas se convierte en una especie de pacto con el diablo. Esto es así porque los algoritmos de personalización nos llevan a quedarnos extasiados mientras estimulamos la mente, lo que con el tiempo nos sumerge aún más en una vida centrada en la dopamina.

A su vez, esto nos conduce a una mayor ansiedad, ya que segregamos menos sustancias químicas relacionadas con la calma y dedicamos menos tiempo a actividades que nos proporcionan energía y satisfacción y que están alineadas con nuestros valores.

## El sesgo de la dopamina

Como he mencionado antes, el cerebro humano anhela la novedad por defecto, y cuanto más novedosa es una experiencia con más dopamina nos recompensa.

Para comprobar lo novedoso que puede ser internet, haz el siguiente experimento: visita la red social que prefieras y reflexiona sobre lo originales que son las publicaciones que ves (lo sorprendentes e inesperadas que te resultan). Si has renunciado a las redes sociales, prueba a consultar una web de noticias. Al mismo tiempo, haz lo posible para no dejarte absorber por la aplicación.

Por ejemplo, entra en Instagram, ve a tu pestaña personalizada «Explorar» y plantéate lo novedosas que son las imágenes que ves. Si eres como yo, te resultará difícil no dejarte absorber y desplazarte sin pensar durante unos minutos. Haz lo propio entrando en Facebook o Twitter y fijándote en algunas actualizaciones de noticias, memes divertidísimos y artículos de esos que han llevado a la gente de tu entorno a recuperar su «fe en la humanidad».

Si caes en la trampa, piensa en el grado de control que tienes sobre tu atención cuando utilizas aplicaciones personalizadas. En internet, las intenciones se nos van con facilidad de las manos.*

Como verás, la información más novedosa de internet apela a nuestros miedos, deseos y ansiedades más básicos. Y, aunque nos estimula, también nos aleja de la calma, que es lo que puede proporcionarnos satisfacción, disfrute y relajación. Pero rara vez nos aproximamos hacia lo que nos la proporciona.

Todo lo contrario, nos dirigimos, cuesta abajo y sin frenos, hacia la dopamina, incluso cuando esos hábitos dopaminérgicos no nos proporcionan un sentido perdurable o un disfrute genuino y profundo. Y no se trata de elegir entre un estimulante *scroll* de Facebook y una relajada y contemplativa taza de té. La cuestión es que casi siempre elegimos la dopamina, una decisión gratificante en el momento, pero que nos lleva a una sensación de vacío en cuanto se acaba.

---

* Las redes sociales también ponen en riesgo la conexión humana, porque nos permiten crear una «realidad a medida» al decidir de quién consumimos la información. La página de YouTube de cada usuario es diferente y única para esa persona. Estas «burbujas de filtros» con contenidos personalizados pueden dificultar nuestra relación con los demás a medida que desarrollamos intereses más polarizados.

Me gusta pensar que la razón es el sesgo dopaminérgico del cerebro: intentamos maximizar la dopamina en el momento, aunque esto nos produzca más ansiedad con el tiempo y vaya en contra de nuestros objetivos a largo plazo.

## Los tres factores de la dopamina

Internet está repleto de lo que la ciencia llama «superestímulos». Además de la mentalidad de logro y la del más, son una de las principales razones por las que el mundo actual nos genera tanta ansiedad.

Para mí, los **superestímulos** son *versiones exageradas y muy procesadas de cosas que nos gustan por naturaleza*. Se trata de versiones artificiales y más estimulantes de lo real, con los componentes más deseables exagerados para producir más dopamina, lo que nos lleva a volver más tarde a por más. Esto es así sobre todo cuando tales estímulos han sido diseñados por un algoritmo para que *nos* resulten novedosos. La mayoría de ellos se encuentran en internet.

El mundo moderno nos ofrece alternativas a actividades que proporcionan una liberación más equilibrada de sustancias neuroquímicas. Te daré algunos ejemplos:

- Consultar las redes sociales es más estimulante que quedar a desayunar con un amigo.
- La pornografía es más dopaminérgica que el sexo con otra persona.
- Pedir comida a domicilio por una aplicación estimula más que cocinar con tu pareja.
- Ver vídeos de YouTube es más estimulante que leer un libro interesante mientras saboreamos una taza de té.

- Tumbarse en el sofá a leer las noticias en internet genera más dopamina que hacer ejercicio montando en bicicleta o caminando por la ciudad.
- Un maratón de Netflix es más estimulante que jugar a juegos de mesa con tu pareja o construir una cabaña improvisada en el salón con tus hijos.

Recuerda: cuando se nos da a elegir, la mayoría de las veces nos inclinamos por lo que maximiza la liberación de dopamina. Y los superestímulos nos proporcionan más cantidad de esta sustancia que cualquier otra cosa a la que podamos dedicar nuestro tiempo y atención, aunque ese disfrute sea efímero.

Cuanta más dopamina libera una actividad en el cerebro, más adictiva se vuelve con el tiempo. Las investigaciones al respecto han revelado qué tres factores influyen en la magnitud de la dosis de dopamina que recibimos:

1. **Novedad**. Lo sorprendente e inesperado que nos resulta algo.
2. **Efecto directo**. El grado en que un estímulo influye de forma tangible y directa en nuestra vida, o lo mucho que nos importa. También se denomina «relevancia».
3. **Genética**. Hay personas predispuestas a experimentar niveles más altos o más bajos de dopamina en algunas regiones del cerebro.

Es verdad que la genética queda fuera del ámbito del presente libro, pero vale la pena hablar de ella mínimamente. Mi pretensión en estas páginas es abarcar una amplia gama de ideas y prácticas orientadas a alcanzar la calma. Sería imposible explorar de forma exhaustiva una sola de esas ideas —en tal caso, el libro tendría 20 000 páginas, y no creo que nadie quisiera comprarlo—. Además, cuando se trata de hablar del cerebro suele ser necesaria cierta simplificación. Por ejemplo, aunque me estoy centrando sobre todo en cómo la dopamina sobrestimula la mente, este neurotransmisor también posee un lado más «amable»: nos ayuda a pensar, nos motiva a marcar la diferencia y nos permite llevar una vida más intencional. Además, muchos hábitos que liberan neuroquímicos calmantes también generan, a la vez, algo de dopamina. En otras palabras: la dopamina no es del todo mala, sobre todo cuando se combina con sustancias químicas generadoras de satisfacción. Al igual que ocurre con el esfuerzo y el placer, todo es cuestión de equilibrio.

Por otra parte, la genética también puede proporcionar información sobre cómo los genes y las variaciones genéticas pueden influir en la función de la dopamina. Existen numerosas enfermedades y trastornos asociados a niveles alterados de esta sustancia en el cerebro: la enfermedad de Parkinson, el TDAH y la anorexia están, al menos en parte, vinculados a sus niveles más bajos. En cambio, el síndrome de Tourette, la psicosis y algunas adicciones se relacionan con niveles más altos en algunas partes del cerebro o, en el caso de la adicción, a subidas recurrentes de dopamina. La esquizofrenia y el trastorno bipolar también suelen correlacionar con desequilibrios dopaminérgicos.

Aun así, pese a que la genética juegue cierto papel en todo esto, hay que tener en cuenta que tus fuentes de dopamina también importan, y mucho. Tener hábitos tranquilos libera un cóctel equilibrado de sustancias químicas, incluida la dopamina. Pero cuando los hábitos liberan *sobre todo* dopamina es cuando se corre el riesgo de tener problemas.

Y esto ocurre, en especial, con los nuevos superestímulos.

Ya he hablado sobre la novedad, el primero de los factores dopaminérgicos. Hoy en día se nos presentan más estímulos novedosos de los que jamás hayamos visto en toda nuestra historia evolutiva. Los nuevos superestímulos nos adormecen y, al mismo tiempo, nos generan ansiedad. Cuanta más dopamina nos acostumbramos a consumir, más deseamos mantener ese nivel de estimulación y menos tranquilidad sentimos en el aquí y ahora. Es como el paso de la televisión convencional a YouTube: el entretenimiento ya no es novedoso «en general», sino que los estímulos y el contenido que consumimos están personalizados y adaptados a nuestras preferencias individuales. Y esto lo hace más tentador —y más difícil de resistir— que nunca.

En ningún otro lugar se exhibe esta novedad con mayor intensidad que en los sitios web más tabú: la pornografía en internet. La pornografía es un tema incómodo, pero a la vez fascinante, sobre el que escribir. Hay pocos servicios de internet con un uso tan extendido y, sin embargo, cuya simple mención sea tan tabú: el 70 % de los hombres son consumidores habituales de pornografía, pero pocos hablan de estos sitios web.

En muchos sentidos, la pornografía en internet es el superestímulo definitivo. Como ha señalado Gary Wilson, autor de *Your Brain on Porn*, las webs de porno «incorporan la búsqueda de la novedad en su diseño al permitir tener múltiples pestañas abiertas y hacer clic durante horas y, de este modo, "experimentar" con más parejas sexuales novedosas cada diez minutos de lo que tus ancestros cazadores-recolectores experimentaron en toda una vida». La excitación sexual eleva los niveles de dopamina más que casi cualquier otra cosa, por lo que no es de extrañar que el porno en internet —muy artificial, pero mucho más novedoso que el sexo real— sea tan adictivo.

Ahora bien, como ocurre con la mayoría de los superestímulos, la pornografía no está exenta de graves inconvenientes. En un estudio al respecto se descubrió que «tras consumir porno, los sujetos se mostraban menos satisfechos con su pareja, en concreto con su afecto, aspecto físico y su curiosidad y rendimiento sexuales». Reformulando estos resultados para que suenen menos académicos: la pornografía puede arruinar tu intimidad sexual y hacer que tu pareja te resulte menos atractiva. Es la misma persona, solo que la ves «peor» de lo que es. Y este estudio se hizo ¡en 1988!, antes del desembarco de la pornografía en internet. Ni que decir tiene que hoy en día el factor novedad es infinitamente mayor. Y también lo son sus efectos negativos. Piénsalo: los momentos íntimos con tu pareja liberan menos dopamina que el tiempo dedicado a la pornografía; como resultado, tu cerebro primitivo considera que esos momentos son menos valiosos que un vídeo porno en internet. (El tiempo íntimo libera muchas más sustancias químicas del aquí y ahora).

En muchos casos, el consumo de pornografía provoca ansiedad y depresión; la razón quizá sea que, como superestímulo, puede hacer que la mente se vuelva más ansiosa y dependiente de la dopamina. Al igual que las redes sociales «simulan» la conexión humana —pero nos llevan a tener menos intimidad con nuestras amistades—, el porno «imita» la conexión íntima, pero nos hace perder cercanía con nuestra pareja o, si no la tenemos, con posibles parejas sentimentales.

Así pues, si no nos andamos con cuidado, incluso nuestros vínculos personales más profundos pueden convertirse en desafortunadas víctimas de ese constante afán de novedad.

• • •

Como ya hemos visto, junto con la novedad y la genética, el tercer factor dopaminérgico es la relevancia: cuanto más influye un estímulo en la vida de alguien, más dopamina se libera. Este factor es bastante sencillo de explicar: si te encuentras un billete de 20 dólares en el suelo y te conceden un aumento de sueldo de 5000 dólares al año en el mismo día, ambos acontecimientos podrían ser igual de novedosos, pero es evidente que el aumento marcará una diferencia mucho mayor en tu vida y, como consecuencia, provocará más liberación de dopamina. Del mismo modo, el hecho de que tu pareja acepte tu propuesta de matrimonio provocará un pico de dopamina más importante que el que acepte tener una cuarta cita contigo.

El factor novedad también entra en juego aquí de otra manera. A veces se dice que la clave de la felicidad es tener pocas expectativas. Bien, pues esto se debe a la dopamina. Si esperas un aumento de sueldo de 5000 dólares y lo logras, recibirás un golpe de dopamina mucho menor que si no lo esperas.

Del mismo modo, si esperabas un aumento de 5000 dólares al año y recibes una prima de 1000, puede que sientas cierta decepción aunque tengas 1000 dólares más en tu cuenta.

Esto sucede porque la dopamina aumenta cuando algo es «mejor de lo esperado», mientras que disminuye cuando no se cumplen las expectativas. Se trata de una respuesta evolutiva que ha servido a un propósito importante. Según un estudio en este campo, «las situaciones en las que se obtienen o retienen recompensas de forma inesperada representan oportunidades para un nuevo aprendizaje». En otras palabras, cuando la realidad no encaja en nuestras expectativas, experimentamos lo que los neurocientíficos llaman un «error de predicción de recompensa». Es una señal de que algo valioso está a punto de suceder y que hay una oportunidad para aprender.

Si analizamos y examinamos detalladamente lo que ocurrió en esas situaciones y aprendemos de los momentos en los que la dopamina aumentó o disminuyó, podemos ajustar nuestras expectativas para futuras ocasiones. Este proceso nos ayuda a comprender cómo funciona el mundo y nos proporciona una mayor capacidad de adaptación y de supervivencia.

Por desgracia, los superestímulos están diseñados para explotar este bucle de aprendizaje.

## Aprovechar las ventajas

Los algoritmos de personalización en internet se aprovechan tanto de la novedad como de los factores dopaminérgicos de efecto directo. Como ya he dicho, cuanta más información recopile sobre ti una empresa de datos, más novedoso (para ti) puede hacer tu *feed*. Además, las redes sociales son más adictivas que otras aplicaciones y sitios web, por lo familiares que nos resultan: al fin y al cabo, el contenido que nos ofrecen tiene que ver con las personas que conocemos. Es difícil que algo nos resulte más cercano que eso.

Así pues, la familiaridad es, en gran parte, lo que hace que los superestímulos de internet sean tan adictivos. Cuando el contenido trata sobre un tema que nos resulta familiar, es más atractivo, más amigable, sentimos menos resistencia a consumirlo de forma repetida y lo vemos más agradable. En psicología, esto se llama «el efecto de la mera exposición». Cuando nos exponemos una y otra vez a cualquier estímulo desarrollamos una preferencia por él tan solo *porque* nos resulta familiar. Esto es así al margen de que sea positivo, neutro o negativo. Por eso plataformas como YouTube nos dirigen a nichos y temas que, además de ser interesantes, son tan personales que se convierten en parte de lo que somos. Al sexagésimo séptimo vídeo sobre teclados mecánicos, ese tema ya forma parte de mi identidad y de las historias que me cuento a mí mismo: ya no es que me interesen los teclados, sino que soy un *apasionado* de ellos. Y la familiaridad con un tema acelera el consumo de información novedosa sobre él.

Al mismo tiempo, la dopamina digital nos impulsa a maximizar los recursos futuros mediante la mentalidad del más. Las redes sociales nos proporcionan estadísticas que nuestro cerebro primitivo considera más importantes, incluso, que el dinero: métricas sobre cuán populares somos y lo mucho que le importamos a la gente que conocemos. No es de extrañar que gran parte de las aplicaciones gestionadas por empresas de datos tengan «monedas» asociadas: el número de seguidores, los «me gusta» y el número de amigos o conexiones representan una forma de valor social en el entorno digital que se convierten en objetivos. Así, bajo el impulso de la dopamina y de nuestra sed de reconocimiento, sentimos la necesidad de maximizar la cantidad de esas «monedas» con las que entramos en contacto.

También hay otra forma más sutil con la que las empresas de datos se aprovechan del sesgo dopaminérgico humano. Cuando abres por impulso tu aplicación preferida es fácil que te des cuenta de que solo te interesas por el contenido la mitad de las veces. Sí, en ocasiones lo que ves es lo bastante atractivo como para engancharte; pero el resto del tiempo entras y sales rápidamente de la aplicación. Tal vez no sea casualidad: los resultados de numerosos estudios sugieren que el cerebro humano libera el doble de dopamina cuando hay un 50 % de probabilidades de obtener una recompensa que cuando hay un 100 %. Por tanto, no es de extrañar que consultemos el correo electrónico con tanta frecuencia, ni que volvamos a las redes sociales de forma compulsiva.

Como ha afirmado James Clear, autor de *Hábitos atómicos*, «en general, cuanto más placer inmediato obtengas de una acción más deberías cuestionarte si se alinea con tus objetivos a largo plazo». Y es que sucumbimos a lo que Clear llama «versiones exageradas de la realidad» al ser víctimas de superestímulos «que son más atractivos que las experiencias naturales y el mundo en el que evolucionaron nuestros antepasados».

En resumidas cuentas, nuestro cerebro puede desear la calma, pero no es capaz de resistirse a la dopamina.

Antes de continuar merece la pena insistir en la conexión entre los superestímulos y la calma. Gran parte de nuestro comportamiento online está impulsado por superestímulos, y las redes de dopamina del cerebro correlacionan de forma inversa con las de la calma. En consecuencia, los superestímulos nos alejan de la calma y nos llevan a la ansiedad. Esto desequilibra las sustancias químicas en nuestro cerebro, desviando la activación de nuestras redes cerebrales que nos brindan calma y presencia hacia aquellas que nos hacen sentir estimulados.

Un punto de inflexión clave en mi viaje hacia la calma fue cuando me di cuenta de que las aplicaciones de mi móvil se estaban «aprovechando» de las conexiones sinápticas de mi cerebro. Como a cualquiera, a mi mente le encanta (y ansía) la dopamina. Necesitaba dominar mi deseo de esa sustancia, sobre todo teniendo en cuenta mis otros deseos (antagónicos) de concentración, energía y productividad.

Las drogas son adictivas porque provocan un pico de dopamina en el cerebro. De este modo, a nivel químico, Facebook, Twitter y YouTube son una versión light de una sustancia adictiva. Solo que, en lugar de provocar la liberación de dopamina en el cerebro al tomar una pastilla, lo hacen a través de contenidos audiovisuales que satisfacen nuestras emociones e impulsos básicos. Si bien es evidente que de manera lógica no es así como nosotros contemplamos dichos servicios, sí es así cómo en un nivel más primitivo y emocional, nuestro cerebro los percibe.

En el capítulo anterior conté a grandes rasgos la historia de mi primer iPhone y lo maravilloso que me parecía. A medida que pasaba más y más tiempo con el dispositivo, se convirtió más bien en una forma de obtener dosis de dopamina que en una herramienta: cruzó el umbral de la utilidad para transformarse en una presencia negativa en mi día a día. Cada año se actualizaba para ofrecer una experiencia aún más eficiente: pantallas más grandes para ofrecer más información, procesadores más rápidos para reducir el tiempo de espera de las aplicaciones dopaminérgicas y mejores cámaras para compartir con el mundo una ventana a mi vida y conseguir más «me gusta».

No ayudaba el hecho de que pudiera utilizar mi móvil para satisfacer cualquier inseguridad que tuviera en cada momento. Si quería sentirme conectado, podía comprobar a cuántas personas les había gustado una publicación reciente en Twitter o Instagram. Si quería alimentar mi ego, podía comprobar cuántos ejemplares de mis libros se habían vendido esa semana en el portal de mi editorial. Si quería sentirme aceptado, podía enviar mensajes a algunos amigos y ver quién respondía primero.

Por supuesto, las expectativas distorsionan la realidad: la mitad de las veces estaba contento con los resultados, la otra mitad me sentía defraudado. A pesar de ello, seguía repitiendo ese comportamiento una y otra vez. Esta constante búsqueda de validación y el intento de satisfacer mis inseguridades a través de las métricas de las redes sociales y otros indicadores se convirtieron en una fuente oculta de estrés crónico en mi vida.

## Niveles de estimulación

Ser consciente de cuántos superestímulos se habían colado en mi vida me obligó a dar un paso atrás y a trazar un plan para eliminar las principales distracciones.

Al analizar las razones de mi ansiedad descubrí un panorama un poco caótico. Si has hecho una lista de tus fuentes evitables de estrés crónico y has intentado controlarlas, entonces quizá te haya pasado lo mismo que a mí. A pesar de mis esfuerzos, los superestímulos seguían apareciendo una y otra vez.

Por supuesto, se necesita tiempo para reequilibrar la química del cerebro y alcanzar la calma. Pero los superestímulos hacen que esto sea una cruenta batalla.

Echando la vista atrás me di cuenta de que a medida que me enganchaba más a los superestímulos digitales también iba pasando más tiempo con los analógicos. Y es que la dopamina pide dopamina; cuanta más liberamos, más deseamos, porque queremos permanecer en ese nivel alto. Por consiguiente, cuanto más buscaba esa sustancia en el mundo digital, más la deseaba en mi mundo analógico: bebía más alcohol, comía más comida basura y compraba más, tanto online como en el comercio tradicional.

Mis días habían empezado a orbitar en torno al neurotransmisor sin darme cuenta. Sí, quizá me diera un baño relajante al llegar a la habitación del hotel, pero solo si escuchaba un pódcast al mismo tiempo y después, tal vez, de comer un delicioso plato de pollo rebozado. E incluso si me desconectaba mientras viajaba, en cuanto existía la posibilidad de conectarme a internet en un vuelo cedía a la tentación de consultar mis redes y hacer algo para ganar visitas.

Debo admitir que estoy siendo un poco duro conmigo mismo para explicar esto. Por desgracia para mí, mientras que en el trabajo rendía bien —dejando a un lado aquel importante episodio de burnout—, era mi vida personal la que estaba invadida de superestímulos, de todo tipo, desde aplicaciones que consultaba de manera compulsiva hasta el consumo de buena cantidad de comida procesada cada semana.

Esto solo sirvió para alejarme aún más de la calma.

Es esencial, por lo tanto, hacer balance de los propios hábitos dopaminérgicos. Cada actividad tiene un «nivel de estimulación» diferente, dependiendo de la cantidad de dopamina que se libera cuando te dedicas a ella. Es posible distribuir de forma gráfica estas actividades, poniendo abajo las que liberan menos dopamina, y arriba las que liberan más.

Si haces balance de tus actividades cotidianas y las incluyes en la ilustración de la página siguiente verás que los superestímulos más novedosos y personalizados se sitúan en la parte superior, mientras que las actividades más aburridas lo hacen en la inferior. He rellenado este gráfico con ejemplos de estímulos a los que yo mismo he tendido la mano a lo largo de la semana.

Por supuesto, tus resultados serán diferentes, incluso aunque dediquemos el mismo tiempo a las mismas actividades. Todo el mundo está conectado de forma variopinta y cada cual se topa con distintos niveles de interés y novedad en sus tareas diarias.

**El total de dopamina liberada por tus actividades cotidianas determina tu nivel general de estimulación**. De tal modo que este dependerá en gran medida de la cantidad de dopamina con la que tu mente esté acostumbrada a vivir.

Si pasas la mayor parte de tu jornada laboral pendiente del correo electrónico, las redes sociales y las noticias, y luego llegas a casa y te plantas frente a la tele a beber cerveza, vivirás cerca de la parte superior de esta ilustración y, como resultado, experimentarás bastante ansiedad. También es más probable que te quemes si casi todas tus distracciones son fuentes de estrés crónico.

Por el contrario, cuando desconectas de manera deliberada de tus actividades más dopaminérgicas y encuentras otras cosas que saborear mientras eres consciente de tu nivel de compromiso, entonces vivirás más cerca de la parte inferior de la ilustración. Como resultado, te sentirás más presente, te centrarás más y alcanzarás una mayor tranquilidad.

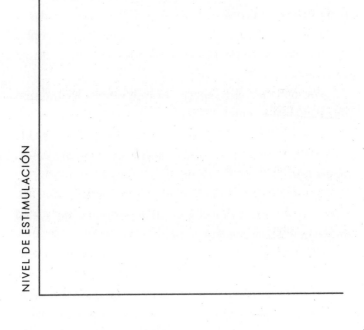

Esta ilustración obviamente continúa mucho más allá de los puntos finales arbitrarios que he identificado. Más allá del límite superior de este gráfico se encuentran actividades que generan una cantidad increíble de dopamina en las que pocos de nosotros participamos, como el consumo de drogas duras. Esto encaja con la analogía de los niveles de estimulación: cuanto mayor sea el aumento de dopamina, más fuerte será la caída posterior. Por debajo del límite inferior del gráfico se hallan las actividades que casi no liberan dopamina y que apenas merecen mención, como tumbarse despierto con los ojos cerrados durante varias horas.

Entre estos dos extremos se encuentran la mayoría de las actividades cotidianas.

He descubierto que este gráfico es una forma estupenda de visualizar mis hábitos, tareas y actividades, para observar a grandes rasgos lo estimulada que está mi mente. Te recomiendo que representes los tuyos así, con las actividades más novedosas que tiendes a hacer en la parte superior y las menos novedosas a las que prestas atención en la parte inferior. No hace falta que hagas un dibujo elaborado si no quieres: basta con la lista de tus actividades y distracciones diarias, teniendo en cuenta lo novedosa y destacada que sea cada una, para situarla en relación con las demás. A mí, este esquema me resulta muy útil. No te preocupes de que la lista sea perfecta, tan solo recopila tus actividades y calcula cuánta dopamina libera cada una en relación con las demás, teniendo en cuenta lo novedoso que te parece cada elemento.

Como regla general, cuanto más te dediques a actividades que se encuentren cerca de la parte inferior de tu gráfico, más tranquilo te sentirás.

En definitiva, se trata de que hagas balance de los superestímulos de los que eres víctima a lo largo del día y de que te fijes en la tendencia de tu mente a mantenerse siempre a un nivel alto. Por ejemplo, si estás trabajando con una aburrida hoja de cálculo, ¿mantienes abierto el correo electrónico o la aplicación de mensajería instantánea en segundo plano? Si dispones de unos minutos libres antes de una reunión, ¿aprovechas para navegar en el móvil? Si acabas de aterrizar tras un largo viaje sin conexión, ¿te apetece atracarte a dopamina conectando enseguida el teléfono?

Al ordenar tus actividades diarias según la intensidad de la liberación de dopamina, a lo mejor notas ciertas cosas que también he notado yo, como que:

- **No todos los niveles de estimulación son iguales**. Las actividades situadas más arriba del gráfico son, en su mayoría, una pérdida de tiempo: se trata de las distracciones a las que solemos recurrir por el mero deseo de estimular la mente. Y suelen ser también una fuente de estrés crónico. Por debajo de esta franja se encuentran las tareas que nos permiten llenar nuestro tiempo de productividad y sentido, y que proporcionan una mezcla más equilibrada de neuroquímicos. De este modo, los objetos de atención que están en la parte inferior del gráfico no solo conducen a la productividad y el significado, sino que también nos ayudan a sentirnos felices y tranquilos. Además, son más activos y menos pasivos que los otros.

- **Cuanto más subas menos querrás bajar**. No lo olvides, la dopamina es adictiva: la mente humana ha evolucionado para ansiarla y etiqueta cualquier comportamiento que la libere como una actividad que impulsa nuestros objetivos. Al cerebro le encanta llegar a un nivel superior de estimulación: nos resistimos poco a prestar atención a algo más novedoso que lo que estamos haciendo, como cuando nos llega un correo electrónico mientras estamos trabajando en una hoja de cálculo. En general, resulta mucho más difícil desplazarse hacia abajo; al fin y al cabo, eso implica renunciar a la dopamina. De este modo, existe una tendencia natural ascendente en el gráfico, una fuerza a la que, en la sociedad de hoy en día, tenemos que resistirnos de manera activa.

- **Es probable que tu nivel de estimulación haya aumentado con el paso del tiempo**, a medida que internet se ha ido abriendo paso en tu vida.

- **Los elementos de tu gráfico no son estáticos**. Algunos aumentarán con el paso de los años; en general, el entorno de la gente es cada vez más novedoso, no al revés. Ciertas partes de tu gráfico, como las redes sociales (controladas por los algoritmos de personalización), pueden haber incrementado su presencia en tu vida de forma considerable en los últimos años. Así, poco a poco aumenta la distancia entre los superestímulos digitales y los analógicos.

- **Las actividades analógicas se sitúan abajo y las digitales arriba**. No siempre es así: llevar la contabilidad en una aplicación digital puede estar más abajo que asistir a un musical de Broadway. Sin embargo, en general, las actividades analógicas se agrupan en la parte inferior, mientras que las digitales están más cerca de la superior. Mientras que las actividades analógicas en las que participamos suelen llevar a un compromiso tranquilo, nuestras vidas digitales suelen estar estructuradas en torno a maximizar la liberación de dopamina, lo cual puede filtrarse en nuestras vidas analógicas si no tenemos cuidado. Este es un tema tan importante que he dedicado un capítulo completo para explorar cómo podemos interactuar mejor con el mundo analógico (capítulo 7).

- **Lo que te estimula no tiene por qué hacerte feliz**. Al reflexionar sobre los niveles de estimulación que generan tus actividades tal vez descubras que las que están más cerca de la parte superior e inferior de tu gráfico te provocan sentimientos muy diferentes. Si tuviera que describir el tono general que me producen mis tareas de arriba, utilizaría términos como «estrés», «vacío» y «evasión». En cambio, me inclinaría por palabras como «placer», «satisfacción» y «calma» con las de abajo. Una vez más, esto se debe a los neurotransmisores que liberan las diferentes actividades.

Por ahora, dejaré como asunto pendiente en tu mente cómo dejar de depender de los superestímulos hasta que leas el próximo capítulo. Como descubrí, controlar eficazmente todos esos superestímulos que crecían como malas hierbas entre las rendijas de mi día a día fue todo un desafío que implicaba experimentación e investigación exhaustiva.

De momento, si decides hacer tu propio gráfico de niveles de estimulación, resiste la tentación de fustigarte. Ten en cuenta que el deseo de abordar actividades dopaminérgicas forma parte de la naturaleza humana. Y que la conciencia que adquieres dándote cuenta es el primer paso para cambiar tu comportamiento a mejor.

## La clave de la relajación

«Solo si te mantienes activo querrás vivir cien años».

PROVERBIO JAPONÉS

He dedicado la mayor parte de este capítulo —por no hablar del libro entero— a hablar de las fuerzas que nos elevan a nuevas cotas de estimulación y ansiedad, como el estrés crónico, la mentalidad de logro, la mentalidad del más y los superestímulos. Gracias a todo ello espero que descubras que una «verdad neurológica» resuena más fuerte que las demás: que para obtener la calma, los seres humanos hemos basado nuestra vida en la generación de neuroquímicos equivocados.

A medida que el mundo digital se ha vuelto más novedoso y llamativo, todo el mundo pasa más tiempo en él, incluso cuando intenta relajarse. De este modo, ya no aprovechamos nuestro tiempo libre de manera tan fructífera como solíamos hacerlo en el pasado (suponiendo que no hayamos crecido ya con la presencia de las redes sociales). Los superestímulos nos llevan a sentir más ansiedad y a gozar de menos calma, a sentir más estrés y estar menos presentes, y nos desequilibran mentalmente mientras buscamos la dopamina por encima de todo lo demás. Estos mismos superestímulos también nos incitan a pasar nuestro tiempo libre de forma pasiva en lugar de hacerlo de forma activa.

Por lo general, nos sentimos culpables cuando nos relajamos, pero esa sensación de culpa a menudo es simplemente cómo etiquetamos la incomodidad que experimentamos al ajustarnos a un nuevo y menor nivel de estimulación mental. Tenemos diferentes etiquetas para describir las formas en que nuestra mente se queja cuando buscamos la calma mental: aburrimiento, inquietud, impaciencia y culpa, dependiendo de la naturaleza de nuestros pensamientos.

Todo esto forma parte del proceso de encontrar la calma.

Al darme cuenta de las diversas formas en que los superestímulos me generaban ansiedad, me vi obligado a dar un paso atrás, reflexionar y hacer un esfuerzo deliberado para utilizar el tiempo libre de manera que me ayudara a tranquilizar mi mente.

Porque eso es justo lo que hay que hacer para recuperar la calma. Incluso me atrevería a decir que **el propósito de nuestro tiempo libre es reducir el nivel medio de estimulación**. Así, lo ideal es pasar esos momentos de un modo que de verdad calme la mente, en lugar de dejarse llevar por hábitos que no son más que fuentes ocultas de ansiedad. Recuerda que puedes descender deliberadamente a niveles de estimulación más bajos y permanecer allí donde habita la calma. Como ocurría con el canario en la mina de carbón, hay mucho más oxígeno en estas altitudes inferiores.

Dirige tu mirada hacia la parte inferior de tu gráfico. Ahí es donde encontrarás satisfacción y calma.

Es cierto que los estímulos que brindan gratificación inmediata pueden generar un aumento momentáneo de dopamina, lo que nos brinda una sensación de placer instantáneo.

Sin embargo, esta búsqueda constante de estimulación rápida y fácil a menudo nos deja insatisfechos y nos mantiene en un estado de agitación constante. Por otro lado, cuando resistimos el impulso y optamos por actividades que requieren más tiempo y esfuerzo, pero que nos brindan una recompensa más profunda y duradera, experimentamos una satisfacción más completa y una liberación de neuroquímicos más equilibrada en nuestro cerebro.

La calma se encuentra cuando nos quedamos absortos contemplando el fuego en una acampada, o simplemente cuando nos damos cuenta de los pequeños detalles en nuestro día a día: los colores cambiantes de los árboles en nuestro trayecto matutino al trabajo, la visión del sol asomándose sobre el horizonte. Cuanto menor sea nuestro nivel de estimulación, más fácil nos resultará disfrutar de la vida cotidiana.

Dedicar más tiempo a estos niveles más bajos probablemente sea lo más desafiante y gratificante que hagas en tu camino hacia la calma. Después de una larga jornada, cuando buscamos una forma de relajarnos, solemos sentirnos atraídos hacia los superestímulos para mantener nuestra mente en el mismo nivel de excitación: nos entregamos a los videojuegos, las redes sociales, el consumo de alcohol, las compras en línea y la navegación sin rumbo en internet.

Para desconectar *de verdad* hay que situarse más abajo.

Aunque esto requirió un esfuerzo considerable en mi viaje, acabé hallando formas de reducir mis niveles de estimulación y de localizar sustitutivos para esos hábitos (todas estas ideas las trataremos en los próximos capítulos). El viaje también me llevaría a hacer lo que algunos llaman un «ayuno de dopamina», y esa es una historia que trataré a continuación.

A pesar de lo artificiosa que pueda parecer la idea, es sorprendente lo bien que funciona para obtener la calma.

## CAPÍTULO 6

## *Ayuno de estímulos*

Al cabo de un año viajando en busca de la calma, y a pesar de algunas dificultades persistentes para renunciar a los superestímulos, mi misión progresaba adecuadamente. Había identificado muchos de los problemas subyacentes a mi ansiedad: la mentalidad de logro, la mentalidad del más y los superestímulos me habían llevado a asumir un estrés crónico innecesario, así como a hacer que mis días girasen en torno a la liberación de dopamina. Poniendo en práctica muchas de las ideas que ya he compartido en estas páginas también estaba avanzando en la reducción de la ansiedad, el control del burnout para alcanzar un mayor compromiso y la lucha contra muchas de las fuentes de estrés crónico que quedaban en mi lista.*

Y así, a medida que exploraba la investigación relacionada con la búsqueda de la calma, de pronto se hicieron evidentes dos aprendizajes más.

El primero es que, aunque la práctica de controlar las fuentes evitables de estrés crónico nos permite avanzar hacia

---

* Digo «muchas» porque estoy contando mi historia de una manera un poco desordenada. He estructurado este libro en torno a las tácticas que realmente me permitieron avanzar hacia la calma, en lugar de describir de forma cronológica cuándo las descubrí. Intento de este modo que el libro sea más útil.

la calma, es igual de importante ocuparse de las no evitables; y estas suelen ser tan numerosas como las otras. Además, en última instancia, la mente no sabe (ni nos importa) qué fuentes de estrés se pueden evitar y cuáles no. Ambas afectan por igual.

Es, pues, fundamental desarrollar hábitos para que ese estrés imprevisible nos afecte menos. Por suerte, muchas formas de estrés crónico inevitable desaparecen una vez que integramos en nuestra vida las estrategias adecuadas para aliviarlo. Digamos que sigue ahí, pero ahora poseemos una capacidad renovada para afrontarlo.

El segundo aprendizaje, igual de esencial, es que hay que hacer un esfuerzo especial para luchar contra las fuentes de estrés más difíciles de rechazar: esos superestímulos que resultan demasiado atractivos como para resistirse a ellos. Los peores son los que están diseñados para explotar los mecanismos y las tendencias naturales de nuestro cerebro. Al igual que ocurre con esas deliciosas galletas que guardas en tu despensa, a las que te obligas a resistirte todo el día, evitar los superestímulos solo a base de fuerza de voluntad puede ser todo un reto. Es necesario ir más allá y abordar un cambio estructural.

Pero será en el próximo capítulo cuando nos centremos en el estrés inevitable; en este veremos el evitable, y aprenderás a controlar esas fuentes de superestímulos que no dejan de manifestarse, a pesar de tus esfuerzos por resistirte a ellas.

## El flujo del estrés

Las bases científicas referidas al estrés sugieren algo curioso: que es algo que puede *acumularse en nuestro interior* con el tiempo. Dicho de otro modo: si no se alivia con frecuencia la presión que crea el estrés, este solo se acumulará más y más.

Imagina, por un momento, un tambor de acero muy resistente que está conectado a un tubo. El tubo sirve para introducir vapor a presión dentro de él. El tambor se llena de vapor cuando se abre la llave del tubo. Como resultado, aumenta la presión en su interior.

Como habrás adivinado, en esta analogía el tambor es tu mente (y tu cuerpo), mientras que el vapor es el estrés.

Esta analogía funciona bastante bien para visualizar los efectos del estrés, así como las diferencias entre el estrés crónico y el estrés agudo. El estrés agudo es temporal, pero sigue alimentando de vapor el tambor: sentimos esa presión adicional, aunque solo sea un rato. En una vida en la que *solo* hay estrés agudo, de forma natural y automática recurrimos a estrategias de alivio del estrés que nos permiten, usando una analogía adecuada (y probablemente cursi) desahogarnos. De forma habitual liberamos estrés realizando actividades cotidianas para relajarnos, como escuchar pódcast, leer libros, hacer ejercicio e irnos de vacaciones.

En cambio, nunca dejamos de insuflar estrés crónico al tambor. Cuantos más factores que lleven a este tipo de estrés experimentemos, más vapor introducimos y más presión se acumula en él. Con una cantidad promedio de estrés crónico —por ejemplo, el derivado de las exigencias del trabajo, de llevar una casa o de las persistentes preocupaciones económicas— podemos arreglárnoslas bien, ya que aliviamos la presión lo suficiente a lo largo del tiempo como para sentir cierto estrés pero mantenernos presentes. Esto es especialmente cierto cuando nuestro estrés proviene de una búsqueda de propósito en nuestra vida, cuando nuestros esfuerzos están conectados con nuestros valores. Ahora bien, si añadimos demasiadas fuentes innecesarias de estrés —como consultar una y otra vez las noticias en internet, las redes sociales y otras aplicaciones— entonces este empieza a acumularse a un ritmo mayor del que se libera. Y, con el tiempo, nos acercamos a nuestro umbral particular de burnout.

Si ya has sufrido algunos de los efectos negativos del estrés que he mencionado en el libro, como el *burnout* y la *ansiedad*, puede haber sido porque, como en mi caso, la presión se ha acumulado dentro de ti sin tener por dónde salir.

Entonces, si no haces nada, de pronto tu tambor empieza a temblar. *Ansiedad*.

Si sigues sin hacer nada al respecto, pasará el tiempo y la presión se acumulará hasta que llegue un punto en que tu tambor empiece a reventar por las junturas. *Burnout*.

En este punto, es posible que no tengas más opción que recoger los pedazos y empezar de nuevo.

Afortunadamente para nosotros, hay una válvula de escape en el tambor: son las estrategias de alivio del estrés que sirven para equilibrar nuestra mente. Estas tácticas liberan vapor y reducen el cortisol para que el estrés no se acumule hasta llegar a un punto de efecto devastador.

Te haré otra pregunta para la reflexión: ahora mismo, ¿tienes más estrés entrando en tu vida que saliendo de ella?

Sí, sé que se trata de un cálculo imposible de hacer, y puede que ni siquiera llegues a tener una respuesta. Pero, si es posible, hazte una idea aproximada de cómo te va.

En este sentido, y a riesgo de parecer idiota,* te diré que la gestión del estrés puede concebirse como una especie de «ecuación de optimización del flujo». Cuando hay demasiado estrés saturando nuestra vida, el tambor empieza a vibrar y

---

* Quizá sea demasiado tarde para esto.

luego se acaba rompiendo cuando se acumula suficiente estrés no aliviado.

Si el estrés que «entra» es más o menos igual que el que «sale» (el que libera), te sentirás feliz, una persona plena de energía y comprometida.

Sin embargo, no tener suficiente estrés también puede presentar un problema. Piensa en un individuo que se halle en el extremo desmotivado del espectro de la productividad; en estos casos, si sale más estrés del que entra, tal vez se necesiten unas cuantas fuentes de estrés que merezcan la pena, incluidos nuevos retos que asumir, para que ese individuo no siga sintiéndose desmotivado. Recuerda: el estrés *bueno*, también llamado *eustrés* (lo contrario al *distrés*), hace la vida agradable y significativa a lo largo del tiempo.

En cambio, si te pasa lo que a mí y te entra más estrés del que sale, has de encontrar la manera de aliviar ese exceso.

Para ver cómo hacerlo permíteme compartir contigo otro experimento en el que me embarqué. Se me ocurrió hacer lo que se suele llamar un «ayuno de dopamina». Si te quedan algunas fuentes dopaminérgicas de estrés —a las que todavía no puedes resistirte por cualquier razón— te sorprenderá hasta qué punto puede ayudarte este ejercicio.

En el camino, nos reconectaremos con algunos sorprendentes neuroquímicos que nos acercarán más a la calma.

## Ayuno de dopamina

A mitad de mi investigación para este proyecto, y a pesar de todo lo que había descubierto sobre la calma, la ansiedad y el burnout, seguía sintiéndome un poco ansioso e inquieto. Aunque había explorado un buen número de estrategias en pro de la calma desde aquel ataque de ansiedad que sufrí, la razón de esta persistente inquietud era evidente: estaba teniendo problemas para controlar las fuentes más estimulantes de estrés crónico. Todos esos superestímulos (Twitter, Instagram o las webs de noticias) me agotaban e incrementaban mi cinismo y mi improductividad. Sin embargo, a corto plazo eran una especie de caramelos: dulces, pero con un regusto muy amargo.

Como era de esperar, y tal y como he escrito en mis libros anteriores, si no tenía activada una aplicación para bloquear las distracciones mientras trabajaba, era víctima de ellas. Y fuera del trabajo tampoco me contenía: por duro que me resulte admitirlo, algunas tardes me pasaba varias horas enganchado a estas fuentes de estimulación crónica.

Algo había que hacer.

Como ya he mencionado, suele ser necesario simplificar las cosas al hablar de la neuroquímica cerebral y de cada neurotransmisor, la dopamina incluida.

Ya he dicho también que, aunque esta sustancia puede generar adicción a los superestímulos, no es del todo mala: proporciona motivación, ayuda a pensar de forma lógica y a largo plazo, e incluso contribuye a muchas de las funciones rutinarias de nuestro cuerpo, como el funcionamiento de los vasos sanguíneos, los riñones, el páncreas, el sistema digestivo o el inmunológico. Aunque el exceso de dopamina puede generar ansiedad e improductividad, no podríamos sobrevivir sin ella.

Como muchas personas se sienten incapaces de librarse de las garras de esta sustancia química, recurren a practicar una especie de ayuno (a veces llamado también «desintoxicación dopaminérgica») consistente en abstenerse de cualquier comportamiento impulsado por la dopamina durante un periodo de tiempo prefijado, en un esfuerzo por equilibrar su mente. En realidad, la denominación «ayuno de dopamina» es un poco inapropiada: no es posible desintoxicarse de la dopamina, como tampoco de los hidratos de carbono.

Pero sí *podemos* alejarnos de esos rituales estimulantes que nos conducen a cómodas y vacías dosis de dopamina, aquellos en los que el objetivo principal de una actividad es el propio subidón. Es por medio de esta clase de desintoxicación —que he llegado a considerar más como un ayuno de estímulos que de dopamina— como te puedes alejar de los comportamientos impulsivos motivados por esta sustancia química y, al mismo tiempo, cortar las vías cerebrales que ya no te benefician. (De aquí en adelante me referiré a este experimento como un «ayuno de estímulos»).

Cuando llevaba ya algún tiempo tratando de calmar la mente, decidí alejarme del mayor número posible de estímulos artificiales durante un mes, tanto para tratar de conseguir la calma mental como para limitar el estrés crónico que estaba introduciendo en mi vida. Mi objetivo era reducir el nivel de estímulos de forma duradera.

Empecé por hacer una lista de los superestímulos que seguían presentes en mi vida, reflexionando sobre las fuentes «persistentes» de estrés crónico de las que no había conseguido desengancharme. A continuación, tracé un plan para eliminar (o al menos reducir) la frecuencia con la que atendía a estas distracciones. Casi todas las que eliminé procedían del nivel de ocupación constante.

Algunos estímulos estaban relacionados con el trabajo, pero otros eran personales. Algunos eran digitales, otros analógicos. Daba igual: identifiqué tantos como pude, marqué unas reglas básicas a seguir y empecé a hacer lo posible por anticiparme a los obstáculos.

En el lado analógico, por ejemplo, suprimí el alcohol (que proporciona una descarga considerable de dopamina) y la comida para llevar (una vía de escape altamente procesada que solía ser de mis favoritas), y procuré no comer en exceso, sobre todo en respuesta a situaciones estresantes.

La mayoría de los estímulos que eliminé, como puedes imaginar, fueron digitales. Y he de decir que me resultó extrañamente agradable hacerlo. Para empezar, dejé de ver noticias digitales durante un mes; nada de entrar en la web de *The New York Times*, CNN, *The Verge* y *The Globe and Mail*. Utilicé la aplicación bloqueadora de distracciones Freedom en el ordenador y el móvil, y borré de este las aplicaciones que me daban problemas. De paso, me desconecté de las redes sociales (Twitter, Instagram, YouTube y Reddit). Me permití solo una excepción: ver vídeos de yoga y para hacer ejercicio en YouTube, así como contenidos de mis dos *youtubers* de tecnología favoritos, porque eso lo disfrutaba de verdad y no lo veía de forma compulsiva.

También controlé la mensajería instantánea, poniendo el límite en tres revisiones al día. Para lograrlo, desactivé las notificaciones de estas aplicaciones, aunque dejé una marca numerada en el icono de cada aplicación, para saber de un vistazo si tenía nuevos mensajes que revisar llegado el momento. (Esto también me ayudaba a decidir cuándo hacer mis tres revisiones, una vez acumulados suficientes mensajes).

Del mismo modo, me impuse un máximo de tres consultas diarias del correo electrónico. Esta fue la parte del experimento que más me costó cumplir. Para ayudarme activé una respuesta automática: así la gente sabría que no debía esperar una réplica inmediata. Y funcionó.

También controlé los estímulos digitales que me proporcionaban validación o que alimentaban mi ego. Durante un mes no presté atención a las métricas, como el número de libros vendidos cada semana o el de visitantes de mi web, de descargas de mi pódcast o de nuevas suscripciones a mi boletín.

A medida que avanzaba en el experimento, también me resultó útil establecer otras reglas para vivir y trabajar. Por ejemplo:

- Si quería ver la tele, una película u otro contenido en una plataforma de *streaming*, tenía que decidirlo con 24 horas de antelación, para no ceder a los impulsos.

- Si quería enviar un mensaje a alguien, por correo electrónico o por otra vía, lo añadía a un archivo de texto en el ordenador donde acumulaba los mensajes para enviarlos todos juntos la próxima vez que me conectase. Esto me permitía elegir cuándo relacionarme, y que nadie pudiese interrumpirme cuando quisiera.

- Si compraba algo por internet, tenía que saber lo que quería antes de visitar esa web; es decir, no me permitía «mirar escaparates».

Al mismo tiempo que reducía (o eliminaba) estos elementos de mi vida, empecé a invertir en actividades de sustitución que producían una liberación más equilibrada de neuroquímicos. (Si andas buscando actividades calmantes que sustituyan a tus propias fuentes de distracción, estás de suerte: el siguiente capítulo está repleto de ellas. Además, esas estrategias te ayudan a absorber el estrés). Esto evitó que quedara un espacio vacío en mi agenda, donde solían tener cabida los hábitos que generaban estrés.

## Los productos químicos del ahora

Antes de contarte cómo me fue el experimento, es hora de saludar a otros personajes que nos acompañarán en nuestro viaje hacia la calma: las sustancias químicas del aquí y ahora: oxitocina, serotonina y endorfinas. Mientras lees esto, cada una de esas sustancias químicas está recorriendo tu cerebro y tu cuerpo, ayudándote a vivir tu vida y a procesar lo que estás leyendo. Y, al igual que con la liberación de dopamina, la cantidad de cada sustancia química que liberan cerebro y cuerpo depende de la genética y del tipo de actividades cotidianas. Al reemplazar mis hábitos dopaminérgicos, quería asegurarme de que las actividades en las que invertía mi tiempo condujeran a una liberación equilibrada de estas sustancias químicas calmantes.

Si has leído muchos libros de divulgación psicológica es probable que hayas oído antes los nombres de estos neurotransmisores. Para nuestros propósitos aquí, sus nombres y los métodos a través de los cuales funcionan, aunque interesantes, no son tan importantes como la forma en que estas sustancias químicas nos hacen sentir. En resumen, nos hacen estar presentes, felices y conectados.

A modo de recordatorio, te diré que la **serotonina** nos hace sentir importantes y felices (como cuando cumplimos un gran objetivo o logramos algo por lo que hemos estado esforzándonos); las **endorfinas** nos hacen sentir euforia (como cuando entrenamos a tope); y la **oxitocina** nos hace conectar con los demás (como cuando nos dan un masaje o tenemos intimidad con nuestra pareja). Estas sustancias, combinadas con otras como la dopamina y el cortisol (la principal hormona del estrés en el organismo humano), determinan cómo nos sentimos en cada momento.

Ciertas actividades que no están enfocadas en buscar una gratificación instantánea y alta estimulación de dopamina pueden promover una liberación más equilibrada de estas sustancias químicas relacionadas con la felicidad, la conexión emocional y el bienestar general.

Por ejemplo, recibir un masaje es una forma de estimular la liberación de **oxitocina**. Cualquier actividad amistosa que implique contacto físico también liberará esta sustancia química. Al mismo tiempo, se segregan otras: se ha demostrado que un masaje aumenta los niveles de serotonina y dopamina, y reduce los de cortisol. De este modo, te sientes una persona conectada, feliz y menos estresada. De igual manera, el voluntariado aumenta los niveles de serotonina y libera oxitocina, ya que permite conectar con otras personas. Por supuesto, pasar tiempo con nuestros seres queridos también es una forma excelente de estimular la segregación de oxitocina.

Mientras que esta última sustancia puede encontrarse en cualquier actividad que nos haga sentir física y emocionalmente en conexión con los demás, la **serotonina** se encuentra en las que nos hacen sentir orgullo, así como cuando nos sentimos superiores al resto. A primera vista, esto puede sonar negativo, y en ciertos casos lo es. Una parte de nuestra mente se compara de forma recurrente con los demás para ver cómo nos comportamos, es la misma parte que quiere saber qué hace cada persona para ganarse la vida. Pero dejando a un lado la búsqueda de estatus, la serotonina nos hace sentir felicidad y comodidad. Podemos estimularla elaborando una lista de logros —como hice yo durante el ayuno, para recordar los frutos de mis esfuerzos diarios—. También recibimos una dosis de esta sustancia química cada vez que sentimos «que no cabemos por las puertas» al recordar todo aquello que nos hincha de puro orgullo. Por eso, como ya he mencionado, una forma segura de liberar serotonina es hacer un voluntariado. De este modo, nos sentimos importantes porque somos conscientes de nuestras contribuciones al mundo. Por otro lado, la serotonina protege de los efectos perjudiciales del cortisol. Es curioso, pero aunque se la suele llamar «la hormona de la felicidad» (junto con la dopamina), la mayor parte de la que hay en el cuerpo humano se halla en el intestino. (Exploraremos la relación entre alimentación y calma en el próximo capítulo).

Por su parte, las **endorfinas** se segregan al experimentar dolor físico, reír o llorar. Un buen estiramiento también las libera. Aunque no tuve tiempo de volver a ver *El diario de Noa* ni de releer *La esposa del viajero del tiempo* durante el ayuno, sí me aseguré de dedicar buenos ratos a hacer ejercicio y pasé más tiempo con amigos con los que compartir risas. Si emprendes un ayuno de estímulos, asegúrate de hacer mucho ejercicio durante el mismo: no solo libera endorfinas, sino también dopamina. Y esto ayuda a mejorar el estado de ánimo si la dopamina disminuye al principio del ayuno. El ejercicio también provoca la segregación de endocannabinoides, sustancias que nos hacen sentir tranquilidad y relajación; como cuando experimentamos una sensación de euforia al correr. Y, por supuesto, otra forma de obtener una dosis de todos esos químicos del «aquí y ahora» es hacer el amor. Según numerosas investigaciones, casi nada nos hace estar más presentes que el tiempo de intimidad con nuestra pareja sentimental.

De nuevo conviene que nos centremos en la dopamina por su relación con la calma. Una vez más resulta crucial prestar atención a las fuentes de las que obtenemos esta sustancia y de las que obtenemos satisfacción y gratificación en nuestra vida ya que, según su procedencia, pueden influir significativamente en el sentido y significado que encontramos en nuestra existencia. Durante el experimento, seguí adoptando comportamientos que liberaban dopamina, pero me aseguré de obtenerla de fuentes más saludables y alineadas con mis valores y pasiones. Pasé bastante tiempo dedicado a actividades de planificación y a la realización de trabajos creativos que activan el sistema de dopamina de nuestro cerebro. Cuando nos enfrentamos a desafíos creativos y trabajamos en proyectos que nos interesan, el sistema se activa y libera dopamina en el cerebro (aunque en menor cantidad que otras fuentes más cómodas). La mayoría de la gente tiene suficientes actividades de este tipo en su vida, por lo que no es necesario buscarlas intencionalmente. Desconectarse de las fuentes de dopamina que provienen de la sobreestimulación, como las actividades adictivas o superficiales, y sustituirlas por la que se obtiene a través de la participación activa en actividades significativas y gratificantes, prioriza nuestra salud mental y bienestar

Aquí está la idea principal a tener en cuenta: **cualquier actividad que te lleve a disfrutar el momento presente te llevará a experimentar una mayor calma.** Como resultado, te sentirás más comprometido, productivo y satisfecho.

Si descubres que algo sigue sin funcionar tras dedicar tiempo a actividades como estas, tal vez necesites ayuda farmacológica para encontrar la calma. Está bien. Aunque el asesoramiento médico queda fuera del alcance de este libro, asegúrate de hablar con un psiquiatra si sigues necesitando que te echen una mano una vez que hayas probado estas ideas. También es importante obtener orientación médica antes de practicar el ayuno de dopamina si experimentas síntomas graves de abstinencia al intentar abandonar los hábitos dopaminérgicos más extremos (como el consumo de fármacos).

## Un montón de lecciones curiosas

En resumen, un ayuno de estímulos puede considerarse un atajo para equilibrar o incluso resetear tu mente.

Uno de los primeros descubrimientos que hice tras poner en marcha mi particular experimento fue ser consciente de la enorme cantidad de tiempo que pasaba inmerso en actividades impulsivas y superficiales, haciendo comprobaciones compulsivas en mi teléfono, desplazándome sin rumbo fijo por las redes sociales y realizando acciones automáticas que adormecían mi mente. Al suprimir todo eso, de inmediato me encontré con más tiempo para dedicar a actividades que contribuían a mi equilibrio. Entonces puse en práctica las tácticas del próximo capítulo: pasé más tiempo en contacto con la naturaleza, hice más ejercicio y cociné comidas divertidas y elaboradas (incluido un pastel de ángel del que mi mujer todavía se acuerda). También medité más, una de las mejores formas de activar la red del aquí y ahora según Daniel Lieberman, coautor de *Dopamina* y a quien conocimos hace un par de capítulos. Por otra parte, invertí en mi aprendizaje, leí más libros y, en el plano digital, escuché audiolibros y pódcast y tomé un par de clases online. Para conectar con los demás, dediqué más tiempo al voluntariado, a salir con amigos y, por supuesto, a molestar a mi mujer. También dejé cierto espacio para la creatividad: me apunté a clases de improvisación, pinté y aprendí a tocar el piano. En el trabajo tenía más tiempo para escribir, investigar y entrevistar a gente con el fin de descubrir más cosas sobre la calma. En definitiva, presté menos atención a lo que era instantáneo y estimulante, y más a lo productivo e importante.

Incluso siendo alguien que se gana la vida estudiando la gestión del tiempo, me sorprendió la cantidad de tiempo libre que tenía de pronto. Nos solemos quejar del poco que tenemos, pero en realidad tenemos mucho más del que pensamos. El tiempo de distracción está repartido a lo largo del día entre nuestras experiencias más significativas, pero todo ese tiempo, sumado, supone una cantidad considerable.

En realidad, sí disponemos de tiempo suficiente para dedicarlo a actividades que nos tranquilizan, lo que no tenemos es *paciencia* para adaptarnos a un menor nivel de estimulación.

El ayuno de estímulos es en verdad una forma de obligarse a ser paciente, a volar más bajo. He descubierto que los resultados de este experimento pueden materializarse con sorprendente rapidez, en cuestión de días. Y, al contrario de lo que cabría esperar, puede ser incluso divertido, sobre todo si se decide con antelación qué actividades van a sustituir a los hábitos más estimulantes. El experimento, sin duda, supondrá un reto, pero si te dedicas a actividades que induzcan una calma significativa no lo notarás tanto una vez que tu mente se calme. (Yo creo que un mes es un periodo razonable para llevar a cabo este tipo de ayuno. Puede parecer mucho, pero la idea es hacer cambios duraderos y, para ello, puede ser útil un periodo más largo. Ajústalo a lo que mejor te funcione: si la parte de tu día que gira en torno a la dopamina es menor, a lo mejor necesitas un periodo más corto para efectuar este reajuste).

Además del tiempo libre extra, descubrí que era capaz de centrarme en cosas más fructíferas: mi tiempo de trabajo se volvió más productivo, y el personal cobró más sentido casi de inmediato. El primer día de ayuno, durante una pausa en el trabajo, en lugar de mirar las noticias organicé los papeles que llevaban tiempo acumulándose en mi mesa. Al salir, como no podía leer las noticias en el iPad, tuve que buscar alternativas para distraerme, como llamar a un amigo o hacer algo de mi lista de cosas que disfruto. La parte de mi mente que evaluaba sin descanso el coste de oportunidad de mi tiempo tenía menos opciones, pero las que tenía eran productivas y significativas. Bien, otra victoria rápida.

Al cabo de un par de días, mi energía también aumentó. Creo que esto ocurrió por dos razones. En primer lugar, adquirí hábitos que me permitieron tener la mente más equilibrada. Me sentía más feliz y comprometido, y disponía de más vigor para afrontar cada día. En segundo lugar, ya no alimentaba mi mente con estrés crónico, consultando una y otra vez los mismos sitios web. El efecto de esto también fue casi instantáneo: el segundo día, en lugar de leer sin pensar el correo electrónico en el móvil nada más levantarme, tomé un libro de la mesilla de noche y leí diez o quince minutos. Cuando llegaba el momento de responder a los mensajes que me llegaban, no los releía varias veces antes: solo podía hacer tres comprobaciones al día, y durante las mismas respondía con calma a lo que me había llegado.

Una semana después de comenzar el experimento decidí volver a hacer una comprobación semanal del rendimiento de mi negocio, fijándome en aspectos como las ventas de libros y las solicitudes para dar conferencias. Pensé que esto me permitiría mantenerme fiel a la idea de reducir mi nivel de estimulación sin por ello enterrar la cabeza en la arena e ignorar información valiosa. Y funcionó; además, de una forma inesperada: fui capaz de ignorar los datos aleatorios de las estadísticas diarias para ver las tendencias generales de mi negocio.

Este debería ser el proceder para cualquier métrica que tengas en tu vida: cuanto menos compruebes tus propios números, más fácil te será obtener una perspectiva más amplia. Al tomar distancia de nuestros hábitos, ganamos en visión global. Te pondré un ejemplo: si compruebas el saldo de tus cuentas de inversión cada mes en lugar de cada hora, podrás ver las líneas de tendencia generales del rendimiento, en lugar de reaccionar de forma exagerada a cada fluctuación diaria, que se acabará suavizando con el tiempo. Por otro lado, si coordinas un equipo de ventas, recibir una actualización semanal de su labor en lugar de actualizar de forma compulsiva los datos te permitirá diferenciar entre las fluctuaciones (a corto plazo) y las tendencias (a largo plazo). Y si gestionas las redes sociales de tu empresa, en lugar de enterarte de cada nuevo seguidor que llega puedes ampliar la información para encontrar las tendencias de la misma manera: ¡quizá incluso estés *perdiendo* seguidores y ni siquiera te habías dado cuenta!

Recuérdalo: cuanto más te alejas, más perspectiva adquieres sobre lo que de verdad importa.

Es curioso que otra forma de ganar perspectiva estuviera relacionada con la información que consumía online. Internet es un lugar polarizado, y lo es porque, al igual que ocurre con los vídeos más especializados de YouTube, las opiniones «contundentes» son recompensadas por el algoritmo en las redes sociales. Al fin y al cabo, son las voces más novedosas, las que generan más participación y tiempo en estas plataformas. Con lo cual, al consultar las noticias y las redes sociales con menos frecuencia me di cuenta de que experimentaba menos estrés crónico, porque estaba expuesto cada vez a menos información amenazadora. Otra razón por la que el mundo digital nos provoca estrés crónico es que amplía lo que yo considero nuestra *zona de preocupación*, que es el ámbito de los acontecimientos a los que prestamos atención con regularidad.

Antes de que aparecieran la radio, la televisión e internet, había que suscribirse a un periódico para saber lo que ocurría fuera de los límites del propio entorno. Hoy en día experimentamos mucho más estrés crónico por acontecimientos que no nos afectan de forma directa. Esto no quiere decir que antes *no* tuviéramos estrés, pero sí que nos preocupábamos menos por lo que quedaba fuera de nuestro control.

Que quede claro que una mayor área de preocupación no es en sí algo malo. Conocer situaciones adversas nos lleva a ponernos en marcha para mejorar las cosas. Además, la capacidad de empatizar es una hermosa parte de la naturaleza humana. Pero todo esto resulta preocupante en lo que se refiere a la ansiedad, y en especial respecto al consumo de noticias. Estas suelen ser muy negativas, y lo son porque tenemos la tendencia a prestar más atención a las historias negativas. En un estudio al respecto se descubrió que las noticias negativas nos excitan más desde el punto de vista emocional, captan más la atención y nos hacen reaccionar incluso en el ámbito *fisiológico*. (En este mismo estudio, las noticias positivas no tuvieron ningún efecto observable). Por tanto, cuando se nos muestra este tipo de historias es más probable que hagamos clic, sintonicemos un determinado canal o nos suscribamos. Otro estudio que analizaba las ventas semanales en quioscos de la revista canadiense *Maclean's* descubrió que las portadas con contenido negativo vendían un *25 %* más de ejemplares que las más optimistas. En otras palabras, la gente prefiere «comprar» noticias negativas antes que positivas. Nuestra tendencia al sesgo negativo se apodera de nosotros cuando consumimos información, y como resultado experimentamos más estrés crónico. Nos enganchamos al contenido que nos hace sentir peor. Merece la pena tener en cuenta esta tendencia, especialmente durante episodios estresantes, cuando es probable que una proporción más significativa de la población esté agotada. Dado que el cinismo es uno de los principales atributos del burnout, consumir información en este estado puede sesgar aún más la perspectiva sobre los acontecimientos mundiales. Así que recuerda el sesgo de negatividad de tu mente y el hecho de que experimentas alrededor de tres acontecimientos positivos por cada negativo.

En general, no vale la pena ocuparse de los sucesos que no afectan a tu vida ni a la de tus seres queridos o tu comunidad, sobre todo si están fuera de tu control. Por tanto, consumir deliberadamente menos información digital te ayudará a reducir tu área de preocupación y, como consecuencia, te expondrás a menos estrés crónico. En todos estos sentidos, dar un paso atrás contribuirá a tranquilizar tu mente, al tiempo que te permitirá conectar con los asuntos que de verdad afectan a tu vida.

Otro beneficio que descubrí fue lo rápido que fui capaz de reducir mi nivel de estimulación mental, y el hecho de que mi mente no opuso tanta resistencia como había anticipado. Al iniciar el experimento planteándome actividades alternativas que me pudieran proporcionar un nivel más bajo de estimulación, me permitió «resetear» mi mente y adaptar mi nivel de satisfacción a estímulos más moderados. Las investigaciones al respecto sugieren que con la exposición repetida a los superestímulos, éstos pierden su novedad y nos volvemos menos sensibles a ellos. Como resultado, buscamos estímulos cada vez más novedosos y nos involucramos más frecuentemente en fuentes de alta estimulación. Sin embargo, al abstenerme de mis distracciones más estimulantes durante un período de tiempo, descubrí que mi mente se adaptó y encontró satisfacción en actividades más simples y menos intensas. Esto ayudó a disminuir mi necesidad de búsqueda constante de estímulos potentes y me permitió disfrutar de momentos de calma y satisfacción en situaciones cotidianas.

Es lo que pasa cuando dejas de tomar azúcar; aunque al principio te cueste, en un par de semanas tus papilas gustativas se reajustan y un melocotón maduro ya te puede saber igual de delicioso que un bollo de chocolate. Bien, pues lo mismo ocurre con la estimulación. Si te resulta difícil saborear las pequeñas cosas, es probable que debas reducir su consumo.

Una de las principales razones por las que los superestímulos nos hacen sentir menos sensibles es que los circuitos de recompensa del cerebro están diseñados para funcionar en un entorno de escasez, no de abundancia. Durante nuestra historia evolutiva no tuvimos acceso a un suministro inagotable de dopamina, como ocurre en la actualidad. Esta abundancia no es mala en sí misma, pero el caso es que nuestros circuitos de recompensa se desajustan cuando nos enfrentamos a una sobreexposición de dopamina. Es decir, cuantos más hábitos dopaminérgicos adoptamos, menos dopamina produce el cerebro como respuesta. Esto significa que necesitamos cada vez más estímulos novedosos y emocionantes para experimentar la misma sensación de recompensa y placer. De este modo, los estímulos que resultan divertidos al principio acaban por aburrir y dar sueño. Al igual que las personas adictas a la pornografía tienen que consumir contenidos cada vez más novedosos para experimentar el mismo subidón, lo mismo ocurre con los consumidores de redes sociales, noticias e incluso comida basura.

Cuando algo escasea, nuestro cerebro lo percibe como valioso; pero, por otro lado, cuando algo es abundante y fácilmente disponible, nuestro cerebro se acostumbra a ello y vuelve a ajustarse a nuestro nivel anterior de felicidad, en un proceso conocido como *adaptación hedónica*.

Esta misma idea se aplica al hecho de disfrutar: tener menos de algo nos lleva a disfrutarlo *más*. La escasez hace que las experiencias sean valiosas. Piensa en un delicioso bollo de canela: el placer por bocado no será constante; es probable que sea bastante alto en el primero, cuando el sabor es más novedoso, que baje en los intermedios y vuelva a subir cuando te acercas al bocado *final*: pronto habrás terminado de comerlo, así que tu cerebro piensa que es mejor disfrutarlo. Esta misma idea se ha replicado en investigaciones. En un estudio, los participantes que recibieron menos trozos de chocolate de los que esperaban «comieron más despacio, prestaron más atención a la experiencia y mostraron mayores niveles de saciedad, en comparación con un grupo de control al que se le dijo que recibiría una cantidad mayor de chocolate, pero que en realidad dispuso del mismo número de trozos» que el primer grupo. En otro estudio, los participantes que se abstuvieron de comer chocolate durante una semana saborearon aún más un nuevo trozo extra. Es el efecto «escasez» en estado puro. Y podría ser la razón por la que el sabio y legendario inversor Warren Buffett —cuyo patrimonio supera los 100.000 millones de dólares en el momento de escribir estas líneas— se aferra a los cupones de descuento y vive en una casa que compró por 31.500 dólares en 1958 (alrededor de 250.000 dólares actuales, al cambio). Es probable que él se hubiese dado cuenta de todo esto. Como él mismo ha dicho: «Me mudaría si pensara que iba a ser más feliz en otro lugar».

Nos acostumbramos a lo que nos gusta, y su abundancia no garantiza el disfrute. Esto es más cierto, si cabe, en lo que respecta a los superestímulos dopaminérgicos.

Poco tiempo después de empezar el experimento, me entusiasmaba la idea de leer el periódico cada mañana, mi única fuente de noticias. De vez en cuando, si oía a mis allegados hablar de una noticia del día anterior, saltaba de la cama a la mañana siguiente para ir a buscar el periódico y ponerme al día.

Igual que una buena forma de adelgazar es sentir tan solo un poco de hambre antes de cada comida, el camino hacia el disfrute pleno consiste en saborear la espera, anticipar expectativas y emociones positivas antes de gozar de algo. Aunque las noticias que leía cada mañana ya tenían algunas horas, cada día descubría que gracias a ese espacio temporal me hacía menos reactivo emocionalmente y adquiría una perspectiva más clara y objetiva sobre los temas relevantes.

Así, a medida que avanzaba el mes, y con poco tiempo para dedicar a estímulos gratificantes inmediatos, el experimento más allá de una experiencia relacionada con la dopamina, se convirtió en una oportunidad para explorar aspectos vitales más profundos. Al tener más tiempo libre releí viejos webcómics que hacía años que no veía, y volví a disfrutar con ellos. Más adelante, a mitad del experimento, mi mujer salió un día con un par de amigos y me encontré tumbado en el sofá y aburrido; era una sensación que no había experimentado en mucho tiempo. Fue entonces cuando abrí la aplicación de fotos de mi iPad y empecé a revisar recuerdos de hacía años, cuando me acababa de independizar y hacía malabarismos para vivir solo. En ese momento, mi esposa actual aún no había entrado en escena, y yo vivía en un apartamento pequeño y sobrio, en el barrio italiano de la ciudad. Ver esas fotos y rememorar el pasado me hizo sentir nostalgia como nunca antes había sentido. Pero también me concedió la posibilidad de reflexionar sobre lo perdido que me sentía y cómo observaba el mundo con añoranza y reflexión por aquel entonces. Y es que, al mirar nuestra vida a través del espejo retrovisor, vemos las cosas más sencillas de lo que fueron, ya que contamos con el conocimiento de su transcurso posterior.

Fue entonces cuando tuve un pensamiento simple y revelador: en medio de esa nostalgia por el pasado, me di cuenta de que no anhelaba exactamente la vida que había tenido. Lo que realmente deseaba era volver a *relacionarme* con mi vida de la misma manera que antes. No quería vivir en un apartamento de soltero escasamente decorado; lo que buscaba era recuperar esa sensación de tranquilidad, hacer mi vida menos complicada y alejada del extremo ansioso del espectro de la calma. Mientras hojeaba viejas fotos, me puse en contacto con algunos amigos que aparecían en ellas, y en todos los casos, se alegraron de recibir noticias mías. Yo mismo me sentí estupendamente al hablar con ellos por teléfono en lugar de utilizar alguna aplicación que nos pudiese engañar para que intercambiáramos dopamina. También le di a mi mujer un abrazo gigantesco cuando regresó a casa, agradecido de que formara parte de mi vida (y de su habilidad para la decoración de interiores).

Parece que siempre hay una parte de ti que añora el pasado y ve el presente más complicado de lo que es, pero eso es tan solo porque aún no dispones de una perspectiva adecuada. Tiene sentido: lo más difícil es alejarse del presente. Este sentimiento de nostalgia es bueno y fue un regalo poder conectar con él durante el experimento.

Nunca habría vuelto a conectar con esos recuerdos, ni habría tenido ese afortunado descubrimiento o reflexionado sobre mi pasado de esta manera si hubiera, qué sé yo, entrado en Twitter. Y eso por no hablar del disfrute que experimenté pensando en el futuro: con más tiempo y capacidad de atención entre momentos significativos, mi mente divagaba hacia próximos acontecimientos emocionantes que esperaba con impaciencia. Como resultado, también los pude saborear más.

Siendo honesto, me sorprendió lo bien que funcionó el experimento. La idea de un ayuno de estímulos suena pretenciosa, pero la técnica puede dar lugar a resultados significativos.

A medida que avanzaba el mes, el ajetreo de mi vida disminuyendo y empecé a apreciar lo que iba ganando: tiempo, paciencia, productividad, sentido, perspectiva, calma y profundidad. Al tener más tiempo y atención para dedicar al momento presente pude forjar recuerdos más vívidos y accesibles.

Pero no era solo que fuera capaz de procesar mejor lo que estaba ocurriendo en mi vida: al tranquilizar la mente y conectar con la calma, hallé paciencia para lo que se desplegaba ante mí.

Menudo regalo.

El experimento no fue todo un camino de rosas: durante las dos primeras semanas, los viejos impulsos tardaron en desaparecer, como te ocurrirá a ti si decides hacer algo similar (y deberías hacerlo). Al principio quizá notes la mente inquieta, que ansía distraerse. También podrás notar las diferentes señales que te «piden» volver a las viejas conductas y a tu teléfono móvil: situaciones estresantes, momentos incómodos o de aburrimiento. Observa todo lo que puedas y recuerda que esa inquietud forma parte del proceso. Lo que sientes como inquietud en realidad es solo tu mente tranquilizándose.

Tal vez encuentres piedras en el camino, eso es de esperar. Simplemente es cuestión de ir adaptándote a medida que avanzas. Tras darme cuenta de que mantenía el hábito de mirar las notificaciones de nuevos mensajes cada vez que desbloqueaba el teléfono, empecé a dejar el dispositivo en otra habitación. Mi esposa y yo también compramos una casa hacia el final de mi primer ayuno de estímulos, y hubo una tremenda cantidad de trabajo de coordinación entre inspectores, corredores y abogados. (Programar un temporizador para entrar en lo que yo llamaba «modo de comunicación» me ayudó a organizarme mejor para poder desconectar y concentrarme el resto del tiempo, al margen de esos picos de actividad). Luego estaban

los impulsos: pedir comida para llevar, consultar las estadísticas de mi negocio o tomar una copa con mi mujer después de
un día muy muy largo. Bueno, esas no fueron más que moles-
tias fácilmente superables. En este sentido, disponer de alternativas en las que concentrarme me ayudó mucho. Me alegra
decir que solo sucumbí a la tentación una vez en todo el mes,
al comprobar lo bien que se estaba vendiendo un libro cuando
se publicaron un par de entrevistas sobre él.

Dado lo fructífero del experimento, era fácil considerarlo
una victoria.

## Practicar un ayuno de estímulos

Como con seguridad habrás deducido, los pasos para estructurar un ayuno de estímulos son sencillos; lo más difícil es
seguirlos. Tras el primero hice varios más, en respuesta a los
superestímulos que volvían a mi vida. Puedes llevar un ritmo
parecido, si quieres. Dado que las distracciones más obstina-
das se aprovechan de cómo funciona nuestro sistema de conexiones neurológicas, es importante ocuparse de ellas cada vez
que vuelven a aparecer. La clave, como siempre, es la conciencia: comprueba con regularidad si las distracciones estimulantes vuelven a tu vida y, cuando lo hagan, resérvate un mes, o
unas semanas si puedes, para alejarte de ellas de nuevo.

Estos son los pasos que yo te recomendaría seguir para
que lleves a cabo tu propio ayuno de estímulos:

- **Identifica las actividades dopaminérgicas y las distracciones que debes eliminar.** Revisa tu vida (analógica y digital) para hacerte una idea de cuáles son los coladeros de
tiempo y atención más significativos, es decir, qué fuentes

de distracción te agotan más. Haz una lista de todas las que quieras eliminar o reducir, mientras te ocupas de los hábitos dopaminérgicos de tu inventario de estrés. Asegúrate de adaptar el experimento a tu vida y sé realista sobre qué distracciones podrás evitar que surjan. Si te resulta difícil resistirte a la tentación de la distracción dopaminérgica a lo largo del día, define límites concretos para el ayuno. Puedes descargarte un bloqueador de distracciones en tu ordenador; borrar las aplicaciones problemáticas de tu móvil (o cambiar sus contraseñas por otras tan largas y complicadas de recordar que tengas que restablecerlas cada vez que quieras iniciar sesión); o pedir a tu pareja que se convierta en tu cómplice mientras dure el experimento (o, mejor aún, que lo haga también).

- **Detecta y adopta actividades más completas**. Este paso es clave y te permite sustituir tus mayores fuentes de estrés crónico por otras de estrés agudo y de menor duración. Para conectar con las sustancias químicas generadoras de calma, identifica algunas actividades que la promuevan por medio de la conexión, el logro y el desafío. Estas suelen encontrarse en el mundo analógico, como explicaré en el próximo capítulo. Toma nota de las actividades lúdicas que te motivan, incluidas aquellas a las que hace mucho que no te dedicas por «falta de tiempo». La lectura y el ejercicio físico figuran en la lista de muchas personas, pero la tuya también puede incluir llamar a viejos amigos, practicar algún deporte, pintar, retomar un ámbito de aprendizaje o, qué sé yo, trabajar en el jardín. Recurre a esta lista siempre que busques algo que hacer. Cuantas más actividades sustitutorias identifiques, más fácil te resultará este experimento.

- **Elige una duración, inicia el experimento y observa los cambios**. Las estrategias de bienestar más útiles se refuerzan a sí mismas: si ves que funcionan, es más probable que las sigas aplicando. Pues este experimento es igual. Una vez seleccionado un periodo —recomiendo que sean al menos dos semanas, ya que la mente tarda unos ocho días en asentarse en un nivel de estimulación más bajo—, fíjate en los cambios. ¿Te sientes con más calma? ¿Puedes concentrarte y rendir más en el trabajo? ¿Estás más presente en tu vida personal? ¿Empiezas a sentir menos agotamiento, estrés y ansiedad? Dedica tiempo a reflexionar sobre los cambios que genera el experimento.

## Volver a conectar

Después de llevar a cabo mi primer ayuno de dopamina en mi proceso de buscar la calma, sucedió algo curioso: el ayuno terminó a mediados de marzo de 2020, justo cuando comenzaba la histórica pandemia de COVID-19. Esto significó que, después del experimento, me enfrenté a la necesidad de reconectarme con mis fuentes de distracción en un momento de gran ansiedad y preocupación. Aunque me mantuve informado a través del periódico diario, noté que leer las actualizaciones online era diferente. Las noticias parecían más extremas y alarmantes en su presentación. El periódico impreso me permitía mantener una perspectiva más equilibrada. En cambio, en internet predominaba el sentimiento de pánico y preocupación.

Las voces más estridentes se colaron en los primeros puestos de mis *feeds*, y sentía que tenía más asuntos de los que preocuparme, incluso cuando nada cambiaba materialmente en mi vida o en la vida de mis seres queridos después del primer confinamiento. Las preocupaciones e inquietudes de todas las personas que encontraba en internet se convirtieron en mis propias preocupaciones e inquietudes. En lugar de leer solo actualizaciones de noticias desde la perspectiva calmada y analítica de un periódico diario una vez al día, leía sobre el virus, los sobresaltos del mercado de valores y la agitación política en sitios web y *feeds* que se actualizaban cada pocos minutos. Me vi atrapado en el torbellino y en la vorágine de la preocupación.

En ese momento, tuve un impulso que nunca antes había sentido: el de dar un paso atrás. Desconectar. No poner más mi mente y mi corazón en manos de las redes sociales para que me manipulasen, me distrajesen y se aprovechasen de mí con fines de monetización. Ese día, por puro acto reflejo, escribí unas palabras sueltas en el bloc de notas de mi escritorio, que suelo usar a lo largo del día:

Twitter me vacía el alma

Las noticias me vacían el corazón

Ambos producen una respuesta de amenaza

Me causan burnout

Tengo que evitarlos a toda costa

Son campos de minas para mí

Tras mi primer ayuno de estímulos, el estrés que antes me parecía adictivo se había transformado en algo vacío y sin sentido. En aquel momento ya tenía suficiente estrés solo pensando en la salud de mi familia, mi negocio y mi ciudad; no había necesidad de acumular las preocupaciones de un mundo sobreexcitado, y tuve el privilegio de poder desconectar. No se trataba de ignorar el dolor que otros sintieron durante la pandemia, no me malinterpretes: todo el mundo tiene su propia historia de pandemia, y algunas son mucho más duras que otras. Pero la conclusión es sencilla: vale la pena ser consciente de nuestra dieta informativa durante momentos especialmente ansiosos y estresantes. Al hacerlo, podemos mantener la calma, proteger nuestra mente y conservar los recursos mentales críticos que necesitamos para afrontar del mejor modo posible los acontecimientos que se desarrollan a nuestro alrededor.

A menudo, las lecciones que más necesitamos interiorizar son aquellas que, por alguna razón, tenemos que aprender varias veces antes de que se nos queden grabadas. Al incorporar conscientemente actividades en mi rutina diaria y eliminar las distracciones que interferían en mi enfoque y bienestar, volví a aprender una de esas lecciones: la distracción engendra más distracción. Esto se debe a que la dopamina engendra más dopamina: cuanto más estimulamos nuestra mente, más estimulación deseamos, todo para poder seguir manteniéndonos a ese nivel. Por esta razón, si comenzamos la mañana en un estado de calma, con un libro, una tranquila taza de café o despertando con nuestra familia, es mucho más probable que disfrutemos de la calma durante todo el día.

No hay necesidad de llegar a un nivel de estimulación tan alto. Y definitivamente no hay necesidad de dejar que las noticias vacíen nuestro corazón.

## Como peces fuera del agua

Si cortas un árbol y echas un vistazo al tronco, descubrirás una serie de anillos concéntricos en su interior, cada uno fruto de una fase de crecimiento. Estos anillos te contarán una historia: la edad del árbol (cuenta los anillos para averiguar su edad), cuánto ha crecido cada año (los anillos más anchos indican temporadas de crecimiento más productivas), e incluso cómo de contraído estuvo el árbol en su vida (los anillos más finos en un lado indican los años en los que estuvo aprisionado).

Bien, pues nuestra mente es similar: si observamos cómo está estructurado el cerebro podremos saber de dónde venimos y comprender mejor nuestra historia evolutiva. Podemos aprender, por ejemplo, que se nos recompensa por ser sociables: una buena parte de la estructura del cerebro humano está dedicada a las relaciones humanas. Podemos observar que las capas externas de nuestro cerebro —como el neocórtex, responsable del razonamiento lógico, el espacial y el lenguaje— evolucionaron más tarde que las más antiguas e instintivas, que residen en el núcleo, como es el caso del sistema límbico impulsivo. Esta parte suele imponerse cuando ambos sistemas tienen objetivos contrapuestos, como decidir entre perder peso o comer un delicioso pastel.

Con esto quiero decir que, a pesar de la sofisticación de las capas externas de nuestro cerebro, su núcleo sigue siendo muy primitivo. Existen pruebas científicas de que alcanzó su estado actual hace unos 200 000 años. Puede parecernos mucho tiempo, y lo es en relación con el desarrollo de la sociedad. Sin embargo, para la evolución de nuestro cerebro no es más que un simple parpadeo.

El cerebro humano evolucionó hasta su estado actual mucho antes de que existiera el mundo tal y como lo conocemos. En cierto modo, es una reliquia: mientras que la velocidad de los ordenadores se duplica cada dos años, el cerebro sigue siendo el mismo desde que empezamos a cazar, recolectar y fabricar herramientas con las manos. Cazábamos insectos, reptiles y aves, y recolectábamos bayas, frutos secos y verduras. Transformábamos piedras en cuchillos, encendíamos fuego con pedernal y juntábamos entre sí ramas de árbol para protegernos de la intemperie.

Hoy en día los seres humanos nos vemos obligados a utilizar ese mismo cerebro primitivo para vivir en un mundo que le resulta irreconocible. Somos como peces fuera del agua, haciendo lo que podemos para sobrevivir. No voy a profundizar demasiado en cómo nuestro cerebro primitivo no está preparado para prosperar en el mundo actual —demasiados libros ya lo hacen, incluidos uno o dos míos—, pero merece la pena reflexionar sobre el hecho de que ese cerebro que empleas para leer estas palabras se formó durante periodos en los que casi todo el estrés que experimentaba era físico. Nos perseguían las rapaces, huíamos de los enemigos y temíamos mucho más a los tigres dientes de sable que al «correo electrónico» imaginario que llega a la brillante pantalla rectangular que llevamos en el bolsillo.

Nuestros cerebros primitivos se enfrentan a dos retos principales al navegar por el mundo de hoy en día: afrontan más estrés que nunca y tienen pocas salidas para librarse de él.

En la actualidad la mayor parte del estrés es mental: no existe en nuestro mundo físico. Y dejamos que se acumule en nuestro interior porque no le damos un lugar al que ir. El ejercicio solía ser una válvula de escape: caminábamos una media de 13 km al día. La conexión social solía ser otra salida: pasábamos casi todo el tiempo rodeados de personas. También solíamos ingerir alimentos buenos y naturales, los que crecen en la tierra, los árboles y los arbustos. Hoy en día nos movemos una mínima parte de lo que nuestro cuerpo necesita, tenemos menos interacciones sociales y comemos menos sano que antes.

En cierto modo, lo que tenemos tampoco está mal: aún podemos vivir mucho tiempo gracias a las comodidades del mundo moderno, como la asistencia sanitaria, los veloces medios de transporte y las plataformas donde interactuar con otras personas de manera virtual. Pero, por desgracia, como probablemente ya habrás comprobado, el estrés que entra en nuestra vida supera con creces al que sale. Dedicamos más tiempo a los correos electrónicos y menos tiempo a jugar; más a las redes sociales y menos a los hobbies; más a los «contactos» y menos a forjar auténticas relaciones. Pasamos más tiempo viendo las noticias que disfrutando de la naturaleza; más tiempo sentados frente a una pantalla que mirando a los ojos a amigos, familiares y conocidos.

Acumulamos más estrés en nuestro interior del que expulsamos hacia afuera.

Afortunadamente, tenemos la capacidad de comprender cómo nuestro cerebro y cuerpo están diseñados y funcionan en conjunto. Al entender esto, podemos encontrar formas de aliviar el estrés y buscar la calma en nuestras vidas. Algunas de las principales formas de hacerlo son a través del contacto con otras personas, el ejercicio, la meditación y una buena alimentación. Todas estas áreas de la vida equilibran la mente, conduciéndonos a la calma.

Curiosamente, esas actividades no solo son placenteras como alternativa al hábito de consumo de dopamina, sino que también comparten una característica en común: todas se desarrollan en el mundo analógico.

# CAPÍTULO 7

## *Elegir lo analógico*

Cada día dividimos el tiempo y la atención disponibles entre dos mundos: el analógico y el digital.

Es conveniente distinguir entre estos dos entornos porque influyen en nuestras vidas de maneras muy distintas. Por ejemplo, alcanzar la calma en el mundo físico y analógico es mucho más fácil. Como el digital es simulado y muy dopaminérgico, puede alterar el equilibrio de los neurotransmisores en nuestro cerebro. Las actividades en el mundo analógico, en cambio, liberan una mezcla más equilibrada de neuroquímicos, nos involucran de forma activa en el momento presente y nos conducen a una mayor calma. El mundo analógico es también el entorno para el que está diseñado nuestro antiguo cerebro de 200 000 años: cuanto más tiempo pasamos en él, mejor nos sentimos. Existen excepciones, por supuesto: por esta razón, debemos tomar los elementos de ambos mundos que nos lleven a la calma, el sentido y la productividad, y dejar atrás gran parte del resto.

Mucha gente pasamos ahora bastante más tiempo en el mundo digital que en el analógico. A finales de 2019, el estadounidense medio estaba más de diez horas al día pendiente de su vida digital. Esta medida se tomó antes de la pandemia, es decir, antes de que los confinamientos, las cuarentenas y las órdenes de quedarse en casa intensificaran nuestra relación con el mundo digital. Datos más recientes (pospandemia) muestran que el tiempo que pasamos frente a una pantalla se ha disparado a unas trece horas diarias, aunque es difícil saber si este incremento es temporal o una señal temprana de un futuro cada vez más digital. Hay que tener en cuenta que estas cifras solo toman en cuenta el tiempo que pasamos mirando pantallas; no incluyen toda la conexión al mundo digital, como cuando escuchamos un pódcast o un audiolibro.

Estas estadísticas deberían hacerte reflexionar, como persona cuyo cerebro no está hecho para prosperar en el mundo digital. En realidad, más aún, estas cifras deberían frustrarte. La humanidad ha vivido sobre todo en un mundo analógico; ahí es donde socializamos, creamos cosas con las manos, disfrutamos de las maravillas de la naturaleza y, por lo demás, nos relajamos y recargamos las pilas. La calma vive ahí, en el mundo analógico. Pero en el momento actual, el mundo digital es tan atractivo, llamativo y moldeado a lo que instintivamente nos gusta, que lo elegimos en primer lugar.

En caso de duda, tendemos hacia lo estimulante.

Y el caso es que ambos mundos poseen sorprendentes ventajas e inconvenientes. Aunque cada vez es más evidente que en el mundo digital no es oro todo lo que reluce, la verdad tiene más matices: en el analógico tampoco.

Indaguemos en ambos mundos para explorar las formas en que pueden agregar valor a nuestras vidas en nuestro viaje hacia la calma.

## Maravillas digitales

Hasta ahora he sido bastante crítico con el mundo digital, y con razón. No solo porque la mayoría de los superestímulos residan en él, sino porque también puede llevarnos a construir nuestra vida en torno a la búsqueda de más: más cosas que hacer, más cosas de las que ocuparnos, más cosas de las que preocuparnos y más «popularidad» que acumular. Incluso puede alimentar la mentalidad de logro, porque pasamos gran parte de nuestro tiempo digital diario intentando mantener nuestras bandejas de entrada en orden, siempre con la ansiedad de vaciarlas para llegar a un estado de *todo hecho*.

Pero también sería ridículo ignorar la utilidad del mundo digital. Este mundo también nos brinda oportunidades sin precedentes para conectar con otras personas. Cada vez somos más quienes trabajamos solo en el ámbito digital. Por ejemplo, si trabajas en el sector del conocimiento, es probable que la proporción de tareas digitales que asumes de forma cotidiana haya aumentado con el tiempo: elaboras y también entregas tus contribuciones por vías digitales. Y fuera del ámbito laboral también seguimos conectados con ese mundo. El mundo digital es asombroso, en el sentido más literal de la palabra. Sin ir más lejos, ayer por la tarde di un par de golpecitos en una pantalla de cristal y, veinte minutos después, me llegó un burrito mexicano recién hecho a la puerta de casa. Explícaselo a tu antepasado de hace 200 000 años.

Del mismo modo que se podrían escribir varios libros sobre cómo la tecnología explota nuestra psicología, también se podrían escribir otros tantos sobre las maravillas del mundo digital. Por ejemplo, puede motivarnos para estar más en forma; de igual modo que hace adictivas a las redes sociales puede hacer que un servicio de suscripción al gimnasio parezca un juego de niños. Internet, una tecnología inseparable de nuestra vida digital y que no hace mucho se habría considerado toda una utopía, posibilita la conexión directa con nuestros seres queridos desde cualquier parte del mundo. Y nuestros dispositivos digitales nos dan acceso a innumerables entretenimientos: memes, fotos de gatitos, recetas, mapas y la posibilidad de descargar cualquier libro, audiolibro, programa de televisión o película en cuestión de segundos. Y siempre que haya un asistente virtual cerca obtendremos respuesta a cualquier pregunta que hagamos en voz alta. La informática se ha vuelto omnipresente, ya no necesitamos recordar que hay 2,2 libras en un kilogramo. También podemos encontrar un montón de fotos de tortugas comiendo fresas en internet. ¡Búscalas y no te arrepentirás!

En resumen, a pesar de todos los estímulos innecesarios que nos puede proporcionar, el mundo digital realmente es una auténtica maravilla.

Esta dicotomía de utilidad nos lleva a formularnos una pregunta: si algunos elementos del mundo digital nos provocan ansiedad y otros nos ayudan, ¿cómo podemos identificar las partes que vale la pena conservar y limitar el resto?

He aquí una sencilla regla a tener en cuenta: **el mundo digital solo es valioso en la medida en que nos ayuda a lograr lo que nos proponemos**. Recuerda: la productividad tiene que ver con la intención. Esas trece horas de pantalla no son del todo malas; solo son inútiles si nos llevan a perder de vista nuestras intenciones.

Y, como internet es tan dopaminérgico, nuestras intenciones se nos escapan muy rápido de las manos. Abrimos una aplicación de redes sociales para publicar algo, pero en segundos pasamos al modo de piloto automático mental y empezamos a navegar por otras actualizaciones, ordenadas de más a menos novedosas. Con las noticias pasa algo similar. Explorando en nuestros sitios web de noticias preferidos, de repente nos vemos atraídos por noticias incluso más novedosas y estimulantes que lo que de verdad queríamos leer. Y al entrar en YouTube para buscar un tutorial que nos ayude a cambiar el termostato de la calefacción del salón, nos absorbe otro vídeo (más novedoso) en nuestra personalizada página de inicio. Media hora más tarde ya se nos ha olvidado para qué habíamos entrado en YouTube, hasta que dejamos el teléfono y nos fijamos en los cables que cuelgan de la pared.

Por supuesto, esto no ocurre siempre, pero sí lo suficiente como para hacernos sentir culpables de cómo pasamos el tiempo online tras darnos cuenta de que caemos en este tipo de trampas.

En cambio, los servicios digitales útiles hacen lo contrario de secuestrar nuestras intenciones: apoyan lo que queremos conseguir. Cuando pulsamos el icono de Uber para llamar a un coche, hay pocas distracciones en la aplicación que nos aparten de ese propósito (al menos en el momento de escribir esto). Lo mismo ocurre con muchas otras: las aplicaciones que utilizamos para hacer meditación guiada, quedar con otras personas o entrenar. En general, estos servicios son menos dopaminérgicos.

Digamos que las mejores partes del mundo digital representan un valor añadido a nuestro entorno analógico. Esto es así en especial cuando un servicio digital:

- **Ahorra tiempo** (por ejemplo, los que permiten reservar un viaje, obtener direcciones o enviar un mensaje a alguien con quien hemos quedado);
- **añade *funciones* a la vida analógica** (por ejemplo, llamar a un Uber o controlar nuestra actividad con un monitor de fitness para competir con otras personas), o
- **nos conecta con otras personas** (por ejemplo, las aplicaciones de citas y los sitios web de encuentros).

Todo ello hace la vida más ágil y eficiente, lo que permite más espacio para la calma. Y también lleva a emplear nuestro tiempo de una forma más intencionada.

## Dividir la vida digital y la analógica

Podemos dividir aún más nuestras actividades en una especie de diagrama de Venn, clasificándolas en uno de estos tres grupos:

- **Solo digitales**, como actualizar la cuenta en una red social, jugar a videojuegos o revisar el correo electrónico.
- **Solo analógicas**, como ducharse, dormir y tomar café.
- **Las que podemos hacer en ambos mundos**. Los ejemplos de estas actividades abundan: leer, administrar el dinero, jugar, practicar caligrafía, buscar la tarjeta de embarque, colorear, navegar por un mapa, escribir en un diario, utilizar un cronómetro y hablar con los amigos.

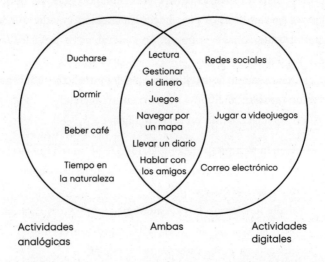

El truco de este consejo es el siguiente: **cuando quieras abordar una actividad de forma eficiente, deberías hacerla en digital, y cuando quieras que tus acciones sean significativas deberías hacerlas de forma analógica**. De este modo, puedes emplear internet para lo que es bueno —ahorrar tiempo, utilizar las capacidades que ofrece la tecnología digital para mejorar nuestras experiencias diarias y conectar con los demás—, al tiempo que evitamos las molestas distracciones digitales.

Si has seguido las actividades del libro hasta ahora, tal vez ya hayas encontrado el equilibrio en la forma de hacer las tareas. Al controlar los superestímulos problemáticos de tu vida —eliminando las fuentes de estrés crónico y alejándote del resto— es más probable que las actividades digitales que quedan vayan a favor de tus intenciones. También es posible que hayas recuperado algunas actividades analógicas si has disfrutado de ciertos elementos de tu lista de disfrute o has incorporado tales actividades a tu vida durante el ayuno de estímulos. Con una mente más calmada, lo más seguro es que ya no desees tanto los superestímulos de internet como ocurría antes.

Pero podemos llevar este consejo aún más lejos, haciendo a propósito las tareas de forma analógica, en especial las que están a caballo entre ambos mundos.

## Sustitutos analógicos

Casi con toda seguridad, tus recuerdos más entrañables son analógicos: viajes familiares por carretera, profundas conversaciones y vacaciones en lugares lejanos. En cambio, los momentos digitales —al menos los que recuerdas— quedan en un segundo plano. Esto no quiere decir que todo el tiempo que has pasado navegando por Instagram, jugando a videojuegos o viendo la televisión hayan sido una pérdida de tiempo. Pero, en general, el mundo digital es más un sumidero de tiempo que una reserva de recuerdos.

Por supuesto, como digo, hay excepciones. No todas las actividades digitales carecen de significado. Quizá te guste tanto el cine que recuerdes cada escena de cada película que has visto, o te dediques a la programación de un *software* para ayudar a los cirujanos a hacer más operaciones al día. Puede que incluso hayas conocido a tu media naranja por internet. En mi caso, recuerdo con cariño los libros que he escrito en mi ordenador, los correos electrónicos que me han cambiado la vida y, por supuesto, aquella vez que Taylor Swift le dio «me gusta» a uno de mis tuits. Pero para mí, y quizá para ti, estas son las «excepciones que confirman la regla».

Además de tranquilizarnos y darnos equilibrio, el mundo analógico tiene otra ventaja en cuanto a hacer el tiempo más memorable: ralentiza nuestra percepción del mismo. Esto nos permite procesar los acontecimientos con mayor profundidad y, como resultado, recordarlos más. Al saborear el pasado y rememorar la vida pasamos por alto la rutina: la psicología del tiempo nos dice que cuanto más novedosa es la vida más despacio avanza el tiempo. Para la mente, los acontecimientos novedosos son una especie de marcadores, puntos de referencia a los que podemos recurrir para juzgar lo lejos que hemos llegado. En otras palabras, la novedad no es solo algo que nos atraiga en el momento, sino que recurrimos a ella cuando reflexionamos sobre la propia vida, como una señal de que conviene echar la vista atrás.

Aunque las empresas de internet nos ofrecen servicios que estimulan el sesgo de novedad de nuestro cerebro, esa novedad suele llegar en forma de distracción fugaz, el equivalente digital de esas cuerdas a las que nos aferramos mientras nos balanceamos hacia la siguiente para completar una gincana. Además, la novedad es relativa. En internet, como casi todo es novedoso, casi nada lo es. Caminamos por un equivalente digital de Times Square con tanta sobrestimulación que no somos capaces de procesar nada por completo.

Por otro lado, el mundo analógico es lento, en un sentido bueno y significativo: es lo bastante lento como para procesarlo, saborearlo y recordarlo. Dado que pasamos una proporción ridícula (por lo excesiva) de la jornada delante de algún tipo de pantalla, alejarse a propósito del mundo digital para comprometerse con el analógico puede considerarse un camino seguro hacia la calma.

Otro de mis experimentos favoritos en mi búsqueda de la calma consistió en dedicar más tiempo a saborear momentos lentos, tranquilos y analógicos. Cuantas más actividades digitales sustituía por alternativas analógicas (cuando había sustitutos disponibles), más en profundidad podía vivir. Y a la hora de trabajar también pude reducir la velocidad lo suficiente como para evitar las distracciones y centrarme con calma en lo que tenía delante.

Así mismo, descubrí que elegir alternativas analógicas me permitía sacar más partido a mi tiempo. Aunque el iPad me facilitaba leer con mayor eficiencia investigaciones y libros, empecé a concentrarme mucho más al imprimir los estudios y poder hacer anotaciones en ellos con un bolígrafo y en abrir libros físicos y garabatear notas en sus márgenes. Además, en lugar de navegar por la aplicación de *The Economist*, me suscribí a la edición impresa; al igual que con el periódico, me pareció una forma más lenta y tranquila de enterarme de los acontecimientos mundiales, lo que me hizo recordarlos más y mejor. (Las investigaciones al respecto sugieren que cuanto menos llenamos nuestra atención hasta el borde, más tendemos a recordar).

Por tanto, lo que perdí en velocidad lo compensé con creces en concentración y calma. Y, sin distracciones tentadoras a la vista, esto me hizo ser más eficiente a la hora de emplear mi tiempo.

Otro gran atributo del mundo analógico es que proporciona cierto espacio mental para volver cada cual sobre sí mismo y procesar sus pensamientos más a fondo. En el mundo digital, rara vez damos un paso atrás para reflexionar, dar vueltas a las ideas o profundizar en busca de soluciones creativas a los problemas. Estamos demasiado ocupados saltando de rama en rama (sea esta rama una idea, un enlace o un vídeo).*

**Las actividades analógicas dan a la mente espacio para pensar.** Cuando nuestra mente divaga, tiene la oportunidad de retomar ideas, hacer planes de futuro y recargarse. Piensa en tu última ducha o en la última vez que tu cerebro tuvo la oportunidad de divagar, un modo mental al que, cuando se entra en él de forma deliberada, yo llamo «scatterfocus o concentración dispersa».† En duchas que te hayas podido dar es posible que hayas encontrado soluciones a problemas o planificado el día que tenías por delante y, como consecuencia, que te hayas llenado de energía.

En mi propia búsqueda de la calma, cuantas más actividades digitales sustituía por otras analógicas más tranquilo me sentía. Si estás buscando inspiración para reducir tu exposición a la estimulación a través del mundo analógico, a continuación te ofrezco algunas alternativas que me resultaron útiles:

---

* Cabe señalar que, en algún momento, es probable que internet pase de ser una capa 2D con la que interactuamos a través de una pantalla a una 3D que podremos superponer a la realidad analógica, un concepto llamado «realidad mixta» o «metaverso». Solo el tiempo dirá cómo se desarrollará este futuro y qué aspecto tendrá. Pase lo que pase, es probable que dicha realidad mixta siga siendo más dopaminérgica que el mundo analógico y que valga la pena dar un paso atrás.

† Debería mencionar que exploro este tema en profundidad en mi libro anterior, *Hyperfocus*. No me gusta cuando los autores promocionan sus otros libros en el actual, así que siéntete libre de no comprarlo y así te vengarás de mí.

- **Escribir**. Estoy escribiendo estas palabras en el ordenador porque es más eficaz; redactar este libro a mano me llevaría con facilidad el doble de tiempo (eso contando con que luego fuera capaz de entender mis garabatos). Pero para escribir cosas más significativas —cartas a los amigos, mi diario o planes de futuro— prefiero el sistema analógico. Soy un gran fan de las plumas estilográficas, que me ayudan a reducir la velocidad y a establecer un relajante ritual de escritura. (También hay algo extrañamente tranquilizador en el hecho de limpiar y rellenar una estilográfica).

- **Llevar una lista de tareas pendientes**. Al ganarme la vida analizando la productividad personal, he probado más aplicaciones para la gestión de tareas de las que puedo recordar. En algún momento de mi viaje hacia la calma, decidí eliminarlas todas y pasarme al papel, anotando mis propósitos y tareas cotidianas de forma analógica en un bloc de notas grande que dejaba en mi mesa (y con mi estilográfica TWSBI favorita, por supuesto). Esta forma de gestionar el tiempo es más lenta, pero también más deliberada. En general, cuanto más despacio planifiques, más consciente será tu forma de actuar.

- **Pasar tiempo con los amigos**. Estar conectado con otras personas en las redes sociales es estimulante, pero no tan gratificante como tratarlas en vivo y en directo. Por eso he dejado de contar el tiempo que paso en las redes sociales como tiempo «de amistad». Para que cuente como tal tenemos que estar juntos en persona o comunicarnos por un medio más rico que el mero texto (las llamadas telefónicas entrarían en esa categoría). Para mí, la amistad es la suma de la atención que comparto con alguien. Y esta atención es más fructífera cuando se comparte de forma sincrónica y en persona.

- **Leer libros físicos**. Soy un gran fan del audiolibro y el libro electrónico. Pero cuando quiero sumergirme de verdad en un buen libro casi siempre recurro al impreso. En primer lugar, su aspecto físico hace que la experiencia sea más atractiva. Como ya he mencionado, también he empezado a leer libros de trabajo de esta manera, para así poder tomar notas en los márgenes y hojearlos para conectar mejor las ideas.

- **Jugar a juegos**. Un mal hábito que abandoné al principio de mi viaje hacia la calma fue el de jugar en el móvil a juegos sencillos y poco gratificantes que estaban diseñados para ser superestimulantes y adictivos. (Si dudas de lo adictivo que puede ser un juego de tu teléfono, prueba a descargar *Subway Surfers*. En realidad, mejor no lo hagas: he desperdiciado más tiempo en este juego del que quiero admitir). En sustitución de estos juegos digitales compré un montón de juegos de mesa y puzles. Lo mejor es que en la mayoría de ellos participan otras personas, lo que hace que la actividad tenga aún más sentido.

- **Buscar palabras**. Cada vez que me topo con una palabra desconocida, me esfuerzo por buscarla en el *Oxford English Reference Dictionary* de tapa dura que tenemos en el salón. Esto me lleva a recordar más las palabras. Al fin y al cabo, todo el libro está dedicado a ellas, no hay anuncios en los márgenes ni vías para compartir las definiciones en las redes sociales (como si la gente de verdad quisiera hacer tal cosa). Lo mejor de todo es que mi mujer y yo utilizamos este diccionario como libro de firmas y dedicatorias en nuestra boda: todo el mundo podía marcar con un círculo las palabras que les recordaban a nosotros. Estas notas manuscritas hacen que buscar palabras sea aún más divertido (o, al menos, todo lo divertido que puede ser buscar palabras).

- **Consultar las noticias**. Dejé de consumir noticias digitales tras mi primer ayuno de dopamina, y opté por leer dos periódicos matutinos. Un periódico físico es mi servicio de suscripción favorito: se trata de un resumen diario asequible que contiene todo lo que necesitas saber sobre lo que ocurre en tu ciudad, en tu país y en el mundo. Y, lo que es mejor, la suscripción hace que el periódico se encargue de mantenerte informado: no tienes que navegar por varias webs para filtrar tú las noticias. Así que, si no necesitas responder cada hora a los eventos de tu trabajo o de tu vida, considera suscribirte a uno. Puede ser incómodo en una época como esta, en la que muchos periódicos están atrincherados en una ideología y deforman los acontecimientos a través del cristal con que los miran. Así que (como con el resto de los consejos de este libro) prueba a hacerlo solo si crees que te va a funcionar. A mí sí me parece que los periódicos de mi ciudad son lo bastante equilibrados como para que esta estrategia merezca la pena.

En el diagrama de Venn de nuestras vidas digitales y analógicas, este tipo de actividades se sitúan en el medio. Como tales, son la «fruta madura» que puede llevarnos a niveles de calma más significativos. Y es que, en general, con este tipo de técnicas no perdemos tiempo, sino que hacemos las cosas de forma diferente y con mayor detenimiento.

Además de hacer más cosas de forma analógica, merece la pena conectar con actividades que *solo* es posible hacer en ese mundo.

Se ha demostrado que este tipo de actividades absorben el estrés y nos alejan del umbral de burnout. Son, desde luego, menos dopaminérgicas: liberan dopamina, pero lo hacen al tiempo que nos recompensan con una mezcla equilibrada de neurotransmisores que nos hacen sentir felicidad, conexión y, en ciertos casos, incluso euforia. Si te encuentras con algo de tiempo de sobra tras eliminar las distracciones dopaminérgicas, estas actividades te llevarán a experimentar relax, energía y, sobre todo, tranquilidad. También te conducirán a un estado de presencia productiva con lo que tienes delante.

Los hábitos más útiles hacia la calma tienen dos cosas en común: son analógicos, pero también hacen feliz al cerebro primitivo. En este capítulo destacaré mis cuatro hábitos favoritos, que según las investigaciones nos conducen a los niveles de calma más significativos.

Esas actividades son el movimiento, pasar tiempo con la gente, la meditación y alimentar tu cuerpo de forma consciente.

## Encontrar alegría en el movimiento

Así como en el mundo digital nos sentimos atraídos por lo instantáneo, en el mundo analógico nos inclinamos hacia lo conveniente. Esto también se aplica a la actividad física diaria. Poca gente va al trabajo andando o en bicicleta, y una vez allí somos muchos los que trabajamos con la mente y no con las manos. En cierto modo, lo preferimos: supone menos esfuerzo físico, y el esfuerzo es un ingrediente que cuerpo y mente prefieren ahorrar.

Por desgracia, esto significa que la mayoría de nosotros no acabamos de estar adaptados a nuestro entorno: el cuerpo humano ha sido diseñado para estar activo, y necesitamos moverlo para calmar la mente. Si te retuerces en la silla de la oficina tras permanecer en posición sentada demasiado tiempo, experimentas la inexplicable necesidad de levantarte

varias veces a lo largo del día o sientes inquietud física con frecuencia, tal vez sea por esto. Desde una perspectiva histórica,
hemos evolucionado para caminar entre 8 y 14,5 km diarios.
Ahora damos unos 5000 pasos al día, solo 4 km (2,5 millas).
Nuestros antepasados habrían tenido que esforzarse bastante
para lograr esta escasa actividad.

Una recomendación habitual es que deberíamos andar
10 000 pasos al día. Sin embargo, cuando profundizamos en el
origen de esta cifra, de inmediato empieza a parecer arbitraria.
Según un estudio al respecto, sus orígenes «se remontan a los
clubes de senderismo japoneses y a un eslogan empresarial de
hace más de 30 años». Aunque la cifra es una recomendación
fácil de hacer, esa cantidad de pasos equivale a poco más de 8
km (5 millas). Con ello alcanzarás el mínimo nivel de actividad
física para el que tu cuerpo está diseñado. Además, quizá te
resulte complicado encajar tantos pasos en tu vida. Al menos a
mí me lo pareció, como persona que trabaja desde casa.

Esta recomendación tampoco tiene en cuenta el maravilloso abanico de opciones para movernos que tenemos a
nuestra disposición, muchas de las cuales son mucho más divertidas que dar un paseo. A lo mejor una sesión de yoga solo
te proporciona unos cuantos pasos, pero aun así notarás sus
beneficios en tu cuerpo. Si nadas una hora, tendrás suerte si
consigues registrar unos pocos pasos en tu monitor de *fitness*,
pero tu cuerpo y tu mente verán las cosas de otra manera.
Hacer las tareas domésticas con energía (sudar la gota gorda
fregando el suelo, limpiando los armarios de la cocina y qui-
tando el polvo de las estanterías) no suele considerarse ejercicio, pero también aumenta el ritmo cardíaco.

Te ofrezco aquí una regla por la que tiene sentido regirse:
haz al menos 150 minutos de actividad moderada o 75 minutos de ejercicio intenso a la semana (es la recomendación

semanal de actividad física regular del Departamento de Salud y Servicios Humanos de Estados Unidos). Y mientras lo haces ten en cuenta que esto es lo mínimo para ponerte en movimiento. A diario, supone al menos 20 minutos de actividad ligera (equivalente a un paseo a buen paso o nadar), o bien 10 minutos de ejercicio intenso (como correr, montar en bicicleta, kickboxing, breakdance o cualquier otra actividad que te haga sudar). Una vez que te muevas un poco, lo más probable es que quieras seguir haciéndolo, sobre todo cuando lo hagas de forma que lo disfrutes. Utiliza estas cifras como punto de partida: ese es el nivel de actividad física del que no debes bajar.

Para preparar esta sección del libro le pregunté a Kelly McGonigal, profesora de la Universidad de Stanford y autora de *The Joy of Movement* y *The Willpower Instinct*, si tenía alguna recomendación para alguien que busca moverse en consonancia con nuestro diseño cerebral. Ella está convencida de que si sientes que no te gusta el ejercicio, eso es porque no has encontrado la dosis, el tipo o la comunidad correcta que «te transformaría en una persona que hace ejercicio». Existen innumerables opciones: ella misma es fan de las clases de baile, el kickboxing, el levantamiento de pesas y el entrenamiento a intervalos de alta intensidad. En mi caso, durante el proyecto me aficioné a las clases de ciclismo indoor, a lanzar un frisbee por el parque y a hacer yoga vía YouTube. Todos los días intentaba hacer el doble de lo mínimo.

La variedad es la clave. Experimenta con todos los tipos de movimiento que puedas, hasta encontrar uno o dos que te convenzan. Quita el polvo a la cama elástica del sótano, apúntate a una clase de baile o regálate un tiempo en las redes sociales, pero solo tras haber pasado el mismo rato corriendo. En lugar de tomarte el café matutino delante del ordenador, camina hasta tu cafetería favorita o hasta un espacio verde cercano para saborearlo al aire libre. Haz volar una cometa (literalmente), fija un máximo de tiempo diario para pasarlo en posición sentada o sal de excursión con tus amistades o tu familia: el senderismo, el ciclismo y los paseos por la ciudad funcionan bien para esto. Haz algún tipo de voluntariado que implique cierta actividad, incorpora los estiramientos como parte de tu ritual de relajación después del trabajo, organiza más reuniones dando un paseo o practica la jardinería en tu huerto o en un espacio comunitario. Intenta moverte de tantas formas como puedas. Y luego conserva la que te gusta, aunque te cueste encontrarla.

En el proceso de identificar un tipo de ejercicio que se adapte a ti, sé consciente de cualquier autodiscurso negativo que aparezca. Es casi seguro que lo hará; cuando lo haga intenta registrarlo y cuestionar su validez. La mente humana tiende a volverse negativa al pensar en el ejercicio, sobre todo teniendo en cuenta que mucha gente lo hace solo para cambiar su aspecto, no porque ame su cuerpo y pretenda recompensarlo con movimientos energéticos. Un diálogo interno negativo en torno al ejercicio suele ser falso y nos impide trabajar para cumplir nuestros objetivos y disfrutar en el camino.

Como me dijo McGonigal: «Muchas de las experiencias negativas de la gente con el ejercicio provienen del modo en que la forma física y el ejercicio se suelen considerar simples vías para que tu cuerpo sea más aceptable». Así que no te bases en eso: muévete porque te sientes bien y porque sabes que después de hacerlo te sentirás genial.

Además de probar una variedad de ejercicios para ver cuál es el ideal para ti, McGonigal tiene otras dos recomendaciones de cara a sacar aún más provecho del tiempo de actividad: haz ejercicio en grupo siempre que puedas, y pasa tiempo en la naturaleza. Lo primero te servirá para hacer comunidad y conectarte con los demás, a la vez que libera oxitocina. En palabras de McGonigal, «cuando te mueves en sincronía con otras personas, eso te une. Libera endorfinas que alivian el dolor y eleva tu estado de ánimo al moverte en compañía». Los resultados de numerosos estudios demuestran que experimentamos estos beneficios al margen de si nos movemos en sincronía con otras personas en el mundo analógico o en el digital, con un entrenamiento en directo con Zoom.

Por otro lado, hemos evolucionado para prosperar en medio de la naturaleza, no en entornos de hormigón salpicados de árboles y arbustos. De modo que pasar tiempo en la naturaleza también nos calma sin ningún esfuerzo adicional. Las investigaciones de McGonigal sugieren que el ejercicio al aire libre también genera profundos beneficios para la salud mental e incluso ayuda en luchas más arduas, como «el pensamiento suicida, la depresión, el trauma y el duelo».

En resumen: muévete como puedas y como te apetezca. Y recuerda la principal conclusión de la investigación de McGonigal: si crees que el ejercicio no es para ti, quizás es que todavía no has encontrado una forma divertida de moverte que encaje con lo que eres.

## El tiempo de las personas

«Si quieres ir rápido, ve solo. Si quieres llegar lejos, ve acompañado».

PROVERBIO DE ORIGEN DESCONOCIDO

La historia de pandemia de cada cual es diferente, pero algo que mucha gente tiene en común es el hecho de que, en tanto que se incrementaba nuestro tiempo frente a la pantalla, pasábamos menos en compañía de otras personas.

Al igual que ocurre con el ejercicio, estar con los demás nos da algo más que un impulso de energía. Es algo que necesitamos; nuestro bienestar físico y mental depende de esto. Según un estudio reciente, la soledad es tan perjudicial para la salud como *fumar quince cigarrillos al día* (y fumar es la principal causa de muerte evitable en Estados Unidos). En este mismo estudio se descubrió que la soledad puede poner más en riesgo la longevidad que la inactividad física. Según otro estudio, la solidez de los círculos sociales «predice mejor los niveles de estrés, felicidad y bienestar que los datos de actividad física, frecuencia cardiaca y sueño».

Mi metanálisis favorito sobre el tema resumió los resultados de un gran número de estudios que sumaban más de tres millones de participantes, para «establecer la magnitud global y relativa del aislamiento social y la soledad». El resultado fue asombroso: el aislamiento social, la soledad y vivir solo aumentan las probabilidades de muerte prematura *entre un 25 % y un 30 %*.

De manera que pasar tiempo con otras personas no solo tranquiliza y equilibra la química cerebral, sino que también nos conduce a una vida más larga y saludable.

La mente desea con intensidad conectar con otras personas. Y este tiempo nos es devuelto, no solo en forma de productividad tranquila, sino también en la de una vida más larga.

Al principio de mi viaje hacia la calma, descubrí que debía aceptar una verdad incómoda: que tenía pocas amistades auténticas y que mi salud mental sufría por ello. Como persona más bien introvertida, me decía a mí mismo que prefería refugiarme en un buen libro que pasar tiempo con los demás. Pero al profundizar me di cuenta de que este discurso era un mecanismo de defensa: me ocultaba el hecho de que me sentía ansioso en situaciones sociales y, como resultado, mantenía a la gente a distancia.

Aunque había entablado docenas de amistades esporádicas, tenía pocas que fueran duraderas (aparte de mi mujer y mi familia más cercana, claro está).

Al darme cuenta de ello, me esforcé por aumentar el nivel de interacción social en mi vida. Tras reducir el de estimulación, me resultó más fácil: empecé a *desear* estar cara a cara con otras personas. Así que comencé a experimentar para ver qué me convenía.

Probé muchas cosas, y la mayoría no funcionaron. Por ejemplo, en Navidad, mientras asistía a un partido de hockey del equipo local con mi mujer y un amigo, pasé junto a un coro masculino de barbershop; sonaban a música celestial. Uno de los intérpretes vio que me gustaba la música y me dio su tarjeta por si quería unirme al grupo. Lo hice, pero lo dejé tras asistir a unos cuantos ensayos, porque descubrí hasta qué punto se lo tomaban en serio algunos de sus miembros. (Nota mental: la próxima vez, únete a un grupo de canto que no participe en concursos nacionales). Intenté también apuntarme a unas clases de improvisación, con la esperanza de encontrar compañeros de espíritu libre con los que pasar el rato. Fue divertido, pero no conecté con el grupo tanto como pensaba. Por otro lado, hice planes para unirme a un grupo de punto los viernes por la noche, aunque soy más o menos novato en esa actividad, pero el caso es que la tienda que lo organizaba cerró antes de que me diera tiempo a apuntarme. (Y creo que tejer me inspira un montón de ideas nuevas. Es uno de los hábitos de productividad más infravalorados que existen).

Por suerte, otros esfuerzos resultaron más fructíferos. Empecé a ver a un terapeuta, que me hizo consciente de mi ansiedad social y me permitió expresar lo que me incomodaba.

Aunque esto no me llevó de forma directa a la calma, sí que me ayudó a superar mis bloqueos mentales para pasar tiempo en compañía. También me asocié con algunos colegas del trabajo para formar un grupo de responsabilidad laboral; desde entonces nos reunimos todas las semanas y hablamos sobre estrategias y objetivos particulares. Esto me permitió invertir en algunas amistades incipientes, a la vez que contrarrestaba esa falta de conexión en mi trabajo que me había llevado al burnout. Por otro lado, empecé a dedicar más tiempo a las amistades que ya tenía para profundizar en ellas: antiguos compañeros del instituto, amigos con los que hacía voluntariado todos los veranos y otros que conocía de la ciudad. Me esforzaba por incluir una o dos actividades sociales en mi agenda cada semana. Cuando viajaba por trabajo, también pensaba si conocía a alguien en las ciudades a las que llegaba, y sacaba tiempo para cenar o tomar un té con esas personas.

Esta nueva dimensión de interacción social no solo me hizo sentir más tranquilo y equilibrado: me llenó de energía a medida que las conexiones y amistades se hacían más profundas.

Mi conclusión es que el manantial más abundante de calma en el mundo analógico es, con seguridad, la conexión humana.

Debo decir con franqueza que, más que cualquier otra idea de este libro, conectar con la gente es la estrategia en la que más continúo trabajando. Y, en general, he descubierto que vale la pena seguir tres reglas cuando se trata de pasar tiempo con los demás:

1. **Regla número 1: la socialización digital no cuenta**. Por supuesto, tu mente no lo ve de la misma manera, pero el caso es que la conexión digital es simulada, y si no puedes

tocar a alguien es como si no estuvieras a su lado. La socialización analógica requiere más esfuerzo, claro, pero en contrapartida nos proporciona más calma.

2. **Regla número 2: experimenta, experimenta, experimenta**. Al igual que con el ejercicio, es posible que necesites varios intentos para encontrar la forma ideal de pasar tiempo con otras personas. Métete en un coro, asiste a clases de improvisación y vuelve a conectar con gente que te atraiga lo suficiente como para hacerte olvidar el teléfono móvil. Sigue probando cosas y quédate con lo que te gusta. Quizás implique unos cuantos intentos; de acuerdo, no pasa nada. Y tal vez suponga más esfuerzo del que esperabas, pero eso también está bien.

3. **Regla número 3: da prioridad a tranquilizar la mente**. Si tienes ansiedad social, como yo, puedes lograrlo haciendo un esfuerzo consciente por reducir la intensidad de la estimulación. En el tiempo dedicado a estar con otras personas generalmente experimentas un nivel más bajo de estímulos externos en comparación con otras situaciones, por lo que te sentirás más cómodo socializando cuando también hagas un esfuerzo por tranquilizar tu mente al mismo tiempo. Al estar más centrado y en calma, tu tiempo también será más memorable y agradable, por no mencionar que también estarás más enfocado y presente en las actividades que realices.

Si has comprobado que el tiempo que pasas con otras personas ha mermado a medida que pasabas más tiempo en contacto con la tecnología, ponte en cuanto puedas a buscar formas de lograr más interacción social. Este esfuerzo siempre vale la pena, sobre todo debido a la necesidad humana de sentir conexión con los demás. Incluso si eres un individuo introvertido, necesitarás hasta cierto punto conectar con otros congéneres.

Las posibilidades de interacción social son infinitas. Otra táctica divertida es celebrar una «noche analógica» con la familia. La definición está en el nombre: durante toda una noche, todo el mundo apaga sus dispositivos para pasar tiempo de calidad en compañía. La sensación artificial de comunidad que proporcionan las redes sociales no tiene ni punto de comparación con esta conexión personal, profunda y cara a cara.

Otra estrategia podría ser centrarse en ayudar a los demás. Cuando cuidar de otras personas nos parece una obligación estresante, acaba por agotar. Pero si las cuidamos en situaciones en las que podemos practicar la empatía, actuar con autonomía y conectar con la razón por la que estamos ayudando, entonces ese tiempo nos recarga las pilas. Mientras que la ansiedad es una emoción que tiende a encerrar a la persona en sí misma, cuando esa misma persona se vuelve hacia los demás se siente plena de energía y de vida, y en un estado de absoluta relajación. Como señaló el profesor de Stanford Jamil Zaki en *The Atlantic*, «las personas estamos psicológicamente interrelacionadas, de modo que ayudar a los demás supone al fin y al cabo bondad hacia nosotros mismos» y «cuidarnos a nosotros mismos también ayuda a los demás». Zaki recomienda dedicar un día al «cuidado de los demás» en lugar de uno para el «cuidado de uno mismo» (pruébalo si deseas experimentar con métodos de conexión).

La conclusión es que cuando privamos al cerebro de la oportunidad de socializar, nos generamos más ansiedad. En cambio, evolucionamos y alcanzamos la calma cuando nos rodeamos de gente, no de pantallas.

## Practicar la presencia

Cuando le pregunté a Dan Lieberman, coautor del libro *Dopamina*, cuál es la forma más sencilla de activar la red del aquí y ahora de nuestro cerebro, me respondió con una sola palabra: meditación.

Si has leído alguno de mis trabajos anteriores sabrás que soy un gran fan de esta práctica milenaria. Incluso me gusta meditar por razones de productividad, en parte porque nos hace más resistentes a las distracciones. La meditación también reduce el nivel de estimulación general, lo que permite concentrarse con mayor facilidad. Por cada minuto que pasamos meditando, recuperamos muchos más para hacer otras cosas. Por ello, creo que todo el mundo debería probar esta práctica, incluso (o tal vez en especial) si la mera idea de meditar te da pereza o te parece a primera vista algo demasiado hippie.

Por suerte, la meditación es mucho más sencilla de lo que cabría esperar. Te explicaré ahora cómo hacerlo en solo dos pasos:

- Siéntate con la espalda recta y los ojos cerrados, y presta toda tu atención a los detalles de tu respiración. Observa todo lo que puedas sobre ella, incluido su flujo, su temperatura y cómo entra y sale de tu cuerpo.
- Cuando tu mente divague —y lo hará a menudo—, vuelve a centrar tu atención en la respiración.

Ya está. Intenta no pensar demasiado en la práctica: no importa lo que hagas con las manos, si te sientas en una silla o en un cojín de meditación; incluso puedes mantener los ojos abiertos si tu entorno no está lleno de señales visuales que te distraigan.

La meditación es una técnica sencilla, tanto que al principio es probable que pienses que lo estás haciendo mal. Pero esta sencillez es lo que la hace tan poderosa.

Aunque la meditación es fácil en teoría, te darás cuenta de que tu mente se resiste a ella. La práctica puede parecerte imposible, tanto que la pospondrás incluso aunque hayas reservado tiempo para el ritual con antelación.

Pero ese es precisamente el objetivo de la meditación. Si consigues hallar la calma mientras te concentras en la respiración —incluso cuando tu mente se resiste a algo tan sencillo—, te resultará mucho más fácil lograrlo durante el resto del día. Esto es especialmente cierto cuando tu diálogo interno se descontrola o cuando tu entorno externo es ruidoso. Una gran verdad sobre la meditación es que si consigues ser capaz de mantener la calma mientras te concentras en tu respiración, podrás llegar a mantenerla haciendo casi cualquier cosa. Es difícil imaginar una actividad que tenga un nivel de estimulación más bajo. Por eso, si aprendes a comprometerte con tu respiración, podrás comprometerte con casi cualquier cosa.

La meditación también es estupenda por otro motivo: te brinda la oportunidad de darte cuenta de los pensamientos que te provocan ansiedad a lo largo del día. Una vez más, la mente divagará sin parar durante la práctica, y no pasa nada. La cuestión es darse cuenta de cuándo esto sucede y volver a centrar la atención en la respiración, tal vez tras reírte de lo testaruda que puede llegar a ser tu mente. Observa cuando tu mente se distraiga y regresa a tu respiración suavemente.

En contra de lo que cierta gente cree, el objetivo de la meditación no es impedir el pensamiento, dejar la mente «en blanco». Esto es sencillamente imposible: la mente genera pensamientos de forma *compulsiva* (si deja de hacerlo, tienes un problema). Incluso podría decirse que los genera en respuesta a lo que ocurre alrededor.

Los pensamientos que nuestra mente genera pueden alimentar el ciclo de la ansiedad, pero la meditación ayuda a darse cuenta de esta tendencia. El acto de darse cuenta de que nuestra mente se ha distraído y luego dirigir nuestra atención de regreso a nuestra respiración nos permite tomar una pequeña pero significativa distancia respecto a nuestros pensamientos. Al notar que nuestra mente se ha dispersado, intencionalmente reorientamos el foco hacia nuestra respiración. Esto nos proporciona el espacio necesario para distanciarnos de lo que estamos pensando, evaluar nuestros pensamientos, reflexionar sobre si son verdaderos y, respiración tras respiración, obtener un poco más de control sobre nuestra atención.

A medida que aprendemos a alejarnos de las narrativas que construimos sobre nuestras vidas, podemos notar qué historias son verdaderas y qué pensamientos están impulsados por ciclos de ansiedad. Con el tiempo, generaremos menos pensamientos falsos y seremos más capaces de sumergimos en el presente.

Y, al hacerlo, alcanzaremos un estado de calma más profundo.

Por supuesto, la meditación también libera muchos neuroquímicos que tranquilizan nuestra mente. Considero que la sensación de tranquilidad que proporciona la meditación es una motivación más fuerte que la comprensión real de qué sustancias químicas tranquilizantes libera el cerebro. Pero si lo que quieres es potenciar estas, tranquilízate (y respira), que te voy a contar cuáles son. En primer lugar, la meditación libera serotonina en nuestra mente, aumentando nuestra felicidad, al mismo tiempo que reduce el cortisol. Por otro lado, según un estudio, la meditación puede segregar tantas endorfinas como las generadas durante una carrera. Olvídate de la euforia del corredor: ¿qué tal la euforia de la meditación?

Meditar no es fácil, no he dicho que lo sea. Tampoco es divertido, al menos al principio. Tu mente intentará justificar por qué no deberías dedicar tiempo a esa práctica. Pero cuanto más puedas vencer a esos pensamientos y centrarte en tu respiración —y en meditar— más calmada estará tu mente.

Una vez que la meditación forme parte de tu vida cotidiana, los pensamientos te interrumpirán con mucha menos frecuencia, e incluso lograrás una mayor productividad.

Aunque este libro se centra en cambios más profundos para encontrar la calma, también es posible utilizar los ejercicios de respiración como una forma de lograrla a *corto plazo*. Esto puede ser especialmente útil para hacer frente a periodos de estrés *agudo*. Una forma de hacerlo es estimulando el nervio vago de nuestro cuerpo. Este nervio es un componente esencial del sistema nervioso parasimpático, la parte de nuestro sistema nervioso que está activa en situaciones de relajación y bajo estrés. Este nervio también conecta el cuerpo con el cerebro, por lo que al estimularlo hallamos más calma.*

Dos formas infalibles de estimular este nervio son el bostezo y la respiración lenta. La respiración lenta funciona especialmente bien cuando respiramos desde nuestro vientre (respiración abdominal) y exhalamos durante más tiempo que el empleado en inhalar.

Pero hay otra forma de estimular este nervio vago sin utilizar la respiración: suavizando la mirada, de manera que tus ojos no se enfoquen en nada en particular. Si te resulta difícil entender esta idea, piensa en cómo se relajan tus ojos cuando contemplas un paisaje amplio, como el océano, las estrellas o una puesta de sol.

---

* La otra parte del sistema nervioso autónomo humano, el sistema nervioso simpático, se activa ante acontecimientos estresantes. Es el responsable de la respuesta de lucha-huida-inactividad.

Incluso es posible combinar todas estas técnicas para llegar a la calma más rápido. Programa 5 minutos en un temporizador, bosteza una o dos veces y practica la respiración 4-8 —consistente en inspirar durante 4 segundos y exhalar durante 8— mientras suavizas la mirada. Intenta no prestar atención a nada más que a tu respiración hasta que se acabe el tiempo. Si tu mente se impacienta —o, mejor dicho, cuando se impaciente— solo tienes que traerla de vuelta a tu respiración. Esta actividad te permitirá experimentar los beneficios de la meditación y, al mismo tiempo, producir cambios físicos en tu cuerpo que te llevarán a un estado de calma más profundo, y en solo cinco minutos. Si todo esto te parece demasiado para abordarlo a la vez, prueba con una o dos técnicas. Todas ellas son atajos para encontrar la calma en situaciones de estrés.

## Cafeína y calma

Además del ejercicio, las relaciones sociales y la meditación, cuanto más consumamos alimentos para los que nuestro cuerpo está diseñado, más tranquilidad —y más energía— tendremos. Hablaremos de los alimentos dentro de un rato, pero antes vamos con la cafeína.

Para ver cómo afectaba la cafeína a mi sensación de calma, a mitad del proyecto decidí iniciar otro experimento con el fin de reajustar mi tolerancia a esta droga.

Antes del experimento me encantaba mi ritual matutino de preparar con cuidado un tazón de té matcha. En las mañanas más tranquilas, salía de la cama y me dirigía a la cocina para calentar agua a una temperatura exacta de 80º. Se trataba de un ritual muy pausado que me ayudaba a despertar: tamizar el matcha en el cuenco para que se convirtiera en polvo fino, batirlo con un poco de agua caliente para hacer el concentrado de matcha y, por último, añadir más agua y volver a batir hasta obtener un delicioso y espumoso tazón. En los días en los que necesitaba aún más energía optaba por mi ritual con la cafetera AeroPress, pero no entraré en detalles, porque entonces podrías dejar este libro y no terminarlo nunca. Ambas cosas estaban en mi lista de disfrute, pero el caso es que me emocionaba comprobar qué pasaría si renunciaba a ellas durante un tiempo.

De modo que tomé la decisión de enfrentar directamente y sin demora la situación... y dejar el café. El primer día, me sorprendió el poco síndrome de abstinencia que sentí (me había tomado cuatro tazas de café el día anterior, a modo de canto del cisne). Aparte de un ligero dolor de cabeza antes de acostarme, me sentía bastante bien, y conseguí sacar adelante una cantidad sorprendente de trabajo, teniendo en cuenta que pensaba que no sería capaz.

En cambio, el segundo día los síntomas de la abstinencia se me cayeron encima como un camión de seis toneladas. Los efectos fueron tan fuertes que tuve que pasar parte del día tumbado en la cama. Antes del experimento, la cantidad de cafeína en mi dieta había aumentado hasta el equivalente a dos o tres tazas pequeñas de café al día. Esta prueba hizo evidente (y con gran rapidez) que me había vuelto dependiente de la droga. Ese día me sentía como si hubiera pillado la gripe: era capaz de hacer muchas menos cosas y me quedaba poca energía incluso para mis aficiones. Como me dijo medio en broma mi mujer: «No sé si tratarte como si tuvieras la gripe o como si estuvieras en un programa de desintoxicación de drogas». (Era lo segundo.)

Por suerte, los síntomas más duros disminuyeron considerablemente el tercer día. Esa mañana me tomé un Advil que alivió mi dolor de cabeza, y me sentí casi bien, aunque seguía arrastrando los pies para hacer las cosas. Tenía un poco menos de motivación que de costumbre, pero en cuanto me dediqué a un par de proyectos con plazos ajustados logré no sentir tanto bajón.

Los síntomas continuaron disminuyendo gradualmente hasta el noveno día. En el proceso me percaté que hacer más ejercicio, descansar más, tomar Advil de vez en cuando para combatir los dolores de cabeza y beber más agua me ayudaban mucho con los síntomas.

A los diez días, mi energía aumentó hasta un nivel equivalente al que tenía cuando consumía cafeína con regularidad. La mayoría de la gente considera la cafeína un estimulante, pero la verdad es que el cuerpo humano se ajusta a la cantidad de cafeína consumida. Es decir, cuando nos acostumbramos a consumir una cierta cantidad de cafeína de manera regular, nuestro cuerpo se adapta a esa cantidad y necesita seguir consumiéndola para sentirnos en nuestro estado normal.

A medida que reduje mi consumo de cafeína, me sentía más tranquilo. De hecho, mucho más tranquilo. No solo dormía mejor —lo que de por sí me aportaba energía, equilibrio y calma—, sino que mis días transcurrían sin apenas esfuerzo. (El sueño es otro elemento analógico de la vida en el que debemos enfocarnos en nuestra búsqueda de calma. Si duermes por costumbre menos de las siete horas y media u ocho horas recomendadas, pon en práctica algún ritual nocturno que te lleve antes a la cama o una rutina matutina relajante que esperes con ilusión cada día. La falta de sueño es un desencadenante habitual de episodios de ansiedad, por lo que invertir en la higiene del sueño es aún más importante).

Al encontrar la calma al final del experimento de reajuste, mi mente ya no se resistía a terminar las pequeñas tareas. Me sentía menos culpable por hacer pausas en el trabajo, porque estaba más tranquilo. Y también me apetecía menos distraerme. La cafeína estimula la liberación de dopamina, lo que puede llevarnos a adoptar nuevos comportamientos dopaminérgicos. (Si tienes curiosidad, prueba a consumir más cafeína de lo habitual y mira si te apetece más distraerte).

Una semana y media después del reajuste de cafeína, alrededor de las nueve de la noche, me sentí preocupado. Tenía una cantidad inusualmente alta de energía para esa hora del día. Antes del experimento, solo me sentía tan energizado antes de dormir en los días en que había consumido mucha cafeína, lo que significaba que aquella noche tendría dificultades para conciliar el sueño. Sin embargo; en esta ocasión tenía una sensación de energía diferente: no estaba estresando a mi cuerpo ni alternando entre picos de energía y bajones —mi energía se disparaba con la cafeína y caía en picado cuando esa sustancia abandonaba mi organismo—; al revés, mi energía era constante, fuerte y duradera. Y, aunque fuera alta al final del día, eso no importaba mucho.

Enseguida descubrí que mi preocupación estaba fuera de lugar: me dormí a los pocos minutos de tumbarme en la cama.

La cafeína se ha convertido en parte integral de la vida para la mayoría de la gente, pero también es una droga de la que se puede llegar a depender. Si no te gusta la idea de dejarla por los síntomas que experimentarás (incluida la reducción de energía a corto plazo), es probable que también hayas desarrollado dependencia.

Está bien, y es obvio que no voy a decirte qué debes comer y beber. Pero la cafeína es un ejemplo interesante para entender cómo lo que ingerimos influye en nuestro nivel de tranquilidad. En general, la comida afecta nuestra neuroquímica más de lo que pensamos.

Solemos pensar en la cafeína como en una especie de «energía líquida», pero una analogía mejor sería «estrés líquido», o incluso «adrenalina líquida». Al consumirla, el cuerpo no tiene más remedio que aumentar la cantidad de adrenalina y cortisol que produce. Se ha demostrado que la cafeína aumenta la segregación de cortisol y de la hormona del estrés epinefrina (también conocida como adrenalina) en un 200 %. Esto sucede incluso después de que el cuerpo se adapte a la cantidad consumida. Estamos muy alerta, pero solo porque la cafeína lleva al cuerpo a liberar estas hormonas del estrés, que nos movilizan a su vez a hacer cosas. Y, dado que el estrés crónico y la ansiedad conllevan niveles elevados de estas hormonas, consumir cafeína puede llevarnos a un estado de ansiedad casi insoportable.

Beber cafeína no genera una sensación estresante, y eso se debe a que, junto con la adrenalina y el cortisol, esta droga provoca la mencionada liberación de dopamina (estimulación) y también de serotonina (felicidad). Esto refuerza el hábito y hace más difícil la desintoxicación, porque el estado de ánimo decae en ausencia de estas sustancias químicas.

Vale la pena señalar que la cafeína afecta a cada persona de forma diferente. La mayoría no solo se adapta a distintos niveles de la droga, sino que su fisiología también responde de forma diferente. Algunos nos ponemos nerviosos tras unos sorbos, mientras que otras personas pueden apurar una taza tras otra sin apenas sentir nada. Al margen de tu nivel de consumo, si sientes cierta ansiedad sería conveniente que lo redujeras. Yo mismo lo comprobé tras hacer el experimento de reajuste.

Una vez que conseguí reducir la cantidad de hormonas del estrés que circulaban por mi cuerpo y mi cerebro, me di cuenta de que reajustar mi tolerancia a la cafeína —aunque fue una experiencia horrible durante unos días— resultó de gran utilidad en mi viaje hacia la calma. Yo soy más sensible a esta sustancia que la mayoría, así que la experiencia particular de cada persona con esta estrategia puede variar. Pero, superado el bajón inicial de energía, a la larga me sentí menos ansioso y noté que mi pensamiento era menos obsesivo. Notaba una energía mental más limpia, mi mente se volvió más clara, mi productividad era constante y la energía me duraba hasta bien entrada la noche, mucho después de que hubiera decaído por el habitual bajón de cafeína de media tarde. Y, por supuesto, me acerqué más a la calma.

Por tanto, si notas ansiedad, mal humor o cierto estado de nervios tras consumirla, te recomiendo un «reajuste de cafeína». Quizá sea lo más doloroso que te pida que hagas en este libro, aparte del ayuno de dopamina, pero creo que el experimento merecerá la pena. Los beneficios pueden ser enormes. El consumo de cafeína se lleva relacionando desde hace mucho con la ansiedad y los ataques de pánico; incluso existe un diagnóstico en el *DSM-5* (el manual de diagnósticos psiquiátricos de Estados Unidos) denominado «trastorno de ansiedad inducido por la cafeína». Dado que esta sustancia influye a cada persona de forma diferente, puede que te esté afectando más de lo que crees.

En cualquier caso, si te enfrentas a mucho estrés crónico incontrolable, la cafeína no debería ser otra fuente más que añadir a la lista.

Aquí tienes algunos consejos a seguir si decides reajustar tu tolerancia a la cafeína:

- **Intenta el reajuste la próxima vez que tengas gripe o un resfriado**. De este modo, tu mente atribuirá los síntomas de la abstinencia, muchos de los cuales son parecidos a los de la gripe (escalofríos, debilidad y letargo), a la enfermedad y no a que estés dejando de consumir una droga. Trata de empezar el reajuste durante el fin de semana o, de forma ideal, un viernes, para que dispongas de unos días que te permitan relajarte un poco durante el bajón de energía inicial.

- **Puedes optar por dejar de tomar cafeína de golpe o reducir de forma gradual la cantidad que consumes cada día.** Dejarla de golpe es muy sencillo: basta con pasar de la cantidad habitual a ninguna. También puedes reducir poco a poco la cantidad que consumes, sustituyendo de forma progresiva el café por otras opciones descafeinadas.

- **Asegúrate de cultivar tus niveles de energía durante el proceso de reajuste, en especial la primera semana, haciendo más ejercicio, descansando más, bebiendo suficiente agua y durmiendo las horas necesarias.** Esto ayudará a compensar el bajón por la falta de cafeína. O, si tienes curiosidad por ver qué pasa, sigue con tus rutinas y te darás cuenta de lo dependiente que te has vuelto de la droga.

- **Cuidado con las fuentes *ocultas* de cafeína.** Hay cafeína escondida en la mayoría de los refrescos: una lata de Coca-Cola light contiene 46 mg, tanto como algunos chupitos de expreso. Y el café descafeinado de Starbucks puede contener hasta 30 mg de cafeína. Si optas por el descafeinado, comprueba que se haya efectuado el proceso con el método Swiss Water, que elimina casi todo el estimulante.

- **Si tienes problemas con el reajuste, aumenta el consumo de bebidas con cafeína que contengan L-teanina.** La L-teanina es un aminoácido que se encuentra en el té verde (y en el matcha) y que reduce de forma significativa la cantidad de adrenalina que el cuerpo produce en respuesta a la cafeína. Como resultado, se reacciona menos al estrés. También se ha demostrado que la L-teanina aumenta la concentración y reduce la ansiedad. Por esta razón, el té verde es mi mecanismo favorito de suministro de cafeína. La L-teanina que contiene también produce una ligera segregación de dopamina, al margen de que el té verde tenga o no cafeína. En general, esto lo convierte en un excelente sustituto del café: sigues obteniendo los beneficios del consumo de cafeína, pero sin la respuesta de estrés extremo.

En el mejor de los casos, la cafeína nos activa, nos hace felices y nos ayuda a enfocar nuestra atención en una sola cosa. En el peor, la cafeína nos provoca ansiedad y añade estrés innecesario a nuestras vidas, por lo general sin que nos demos cuenta. Hacer un reajuste puede ayudarte a descubrir en qué bando estás.

Si no notas una mayor tranquilidad después del experimento, siéntete libre de volver atrás. Pero si eres como yo (y como tanta otra gente), tal vez te sorprendan la energía que adquieres y la profunda calma que alcanzas.

## Hangxiety

Hablando de otras bebidas con drogas: el consumo de alcohol también altera nuestra neuroquímica. Esta es una droga muy habitual, y que además se suele consumir en exceso. En una encuesta reciente (de 2019), realizada por el Instituto Nacional sobre el Abuso del Alcohol y el Alcoholismo (NIAAA), se comprobó que el 54,9% de la población estadounidense mayor de dieciocho años afirmaba haber tomado alguna copa en el último mes. Y, aunque esa cifra no es tan alta, el 25,8 % de los mayores de dieciocho también se habían dado *atracones de alcohol* en el último mes.\* El consumo de esta sustancia, aunque cueste creerlo, es una de las principales causas evitables de muerte en Estados Unidos, después del consumo de tabaco, la mala alimentación y la falta de actividad física.

Hasta hace unos años, me consideraba parte del grupo de los que bebían en exceso. Aunque no tomaba alcohol más que un par de veces por semana, cuando me ponía una copa acababan siendo dos. Y cuando tomaba dos, solían ser tres. Y cuando tomaba tres…, bueno, ya te haces una idea. Para mí, el alcohol siempre ha sido una pendiente resbaladiza, una distracción que ocultaba temporalmente los problemas y el estrés de mi vida. Pero a la mañana siguiente, con un poco de resaca, me despertaba ansioso y lleno de temor. Este fenómeno posterior a la ingesta de alcohol es ya lo bastante común como para tener un nombre popular: hangxiety†.

George F. Koob, director del NIAAA, lo resumió de manera concisa: «Considero que la resaca es, más o menos, una minirretirada del alcohol, y la *ansiedad es uno de sus componentes*» (la cursiva es mía).

Esto tiene sentido cuando se examinan las formas en que el alcohol afecta a nuestro cerebro: la mayor parte de las investigaciones han demostrado que incrementa la producción

---

\* El consumo excesivo de alcohol se define como un patrón de ingesta suficiente para que el contenido de alcohol en sangre sea de 0,08 g/dl o superior. Según el NIAAA, esto suele ocurrir «unas dos horas después de que una mujer consuma cuatro o más bebidas o un hombre consuma cinco o más bebidas».

† El término hangxiety proviene de la combinación de las dos palabras *hangover* y *anxiety*, que en español significan resaca y ansiedad, respectivamente. Consiste en la sensación de ansiedad o temor que puede tener uno cuando se recupera después de una noche bebiendo alcohol.

de un montón de neuroquímicos a la vez. Nos hace sentir tres cosas cuando lo consumimos: emoción, felicidad y relajación. Bueno, son sensaciones fantásticas. Pero tiene truco: luego experimentamos un bajón brutal.

En primer lugar, el alcohol hace que el cerebro produzca más dopamina, lo que nos proporciona una sensación de euforia. No es de extrañar que queramos otra copa rápidamente después de la primera. Sin embargo, la retirada del alcohol que sigue a continuación provoca una *disminución* en la producción de dopamina. Por otra parte, la serotonina también se segrega con el consumo de alcohol, por eso podemos sentirnos bien cuando todavía estamos experimentando los efectos de la droga. Por desgracia, durante la etapa de retirada, la producción de serotonina se ve suprimida (al menos en un estudio realizado en ratas). Además, beber alcohol afecta a los niveles de GABA del cerebro; este es un neuroquímico que provoca relajación. De hecho, muchas de las actividades de este capítulo también provocan la liberación de GABA. Sin embargo, mientras cantidades moderadas de alcohol aumentan la actividad de GABA, cantidades más significativas lamentablemente *agotan* temporalmente el GABA en nuestro cerebro. Esto nos hace sentir menos relajados, más tensos y a menudo en estado de pánico.

Consumir alcohol sería más fácil si no existiera la resaca. Por desgracia, lo que empieza como una emoción feliz y relajada puede acabar en síndrome de abstinencia, por no hablar de la bajada de los tres efectos. Si, como me ocurrió a mí, descubres que el alcohol incrementa tu ansiedad, incluso a la mañana siguiente, tal vez merezca la pena que reduzcas su consumo o lo elimines por completo. (Y busca ayuda médica si descubres que eres dependiente de la droga y experimentas síntomas graves de abstinencia).

Hoy en día, mi norma de consumo de alcohol es sencilla: solo consumo cuando la bebida en sí es novedosa (por ejemplo, una copa de whisky escocés de lujo o alguna bebida especial cuando como en un restaurante), o bien cuando forme parte de un ritual divertido (por ejemplo, visitar una bodega en familia o celebrar alguno de los logros de mi esposa).

En el momento, tomar unas copas puede aportarte felicidad, relajación y energía. En la práctica, sin embargo, consumir alcohol quizá no sea más que una forma de tomar prestada la felicidad, la energía y la calma por unos instantes, beneficios a corto plazo que no compensan todos los efectos negativos que se experimentan posteriormente.

## Comer para calmarse

Existe un reto implícito en el hecho de escribir un libro sobre un tema tan amplio como la calma: cuando nos alejamos lo suficiente, resulta que casi todo lo que hacemos influye en nuestra tranquilidad. Por eso este capítulo es uno de los más largos del libro. Cada actividad que se emprende libera una mezcla diferente de neuroquímicos. Además de los factores de calma que he mencionado hasta ahora —pasar más tiempo en el mundo analógico, poner el cuerpo en movimiento, socializar, meditar y establecer una relación más saludable con la cafeína y el alcohol—, veamos uno más: la comida.

En referencia a la alimentación, el estrés provoca dos efectos en nuestro organismo. **Por un lado, nos hace comer más; por otro, nos induce a comer de forma menos saludable.** Por ello, si controlas las fuentes de estrés crónico e inviertes en estrategias tranquilizadoras para gestionar las restantes, no solo alcanzarás un mayor grado de compromiso y tendrás menos probabilidades de quemarte; también eliminarás grasa corporal.

Tal vez tengas curiosidad por saber cuál es el mecanismo por el que tu cuerpo retiene grasa en respuesta a situaciones estresantes. En primer lugar, te enfrentas a un acontecimiento estresante que inunda tu organismo de cortisol, la hormona del estrés. Esto lleva a tu cuerpo a liberar una oleada de glucosa (energía) que le haga disponer de los recursos necesarios para enfrentarse a la fuente de estrés.

Durante la mayor parte de la historia de la humanidad, ¡dimos un buen uso a esta glucosa! Experimentábamos una amenaza real contra la que luchar o de la que huir, y no nos quedábamos sentados de brazos cruzados, liberando cortisol en respuesta a algún tuit: nuestro cuerpo utilizaba la glucosa que nos proporcionaba el estrés.

Pero hoy en día, a medida que el estrés crónico se acumula en nuestro interior como en un tambor presurizado, los niveles de glucosa en sangre se incrementan en consecuencia. Y, cuando no utilizamos esta glucosa, nuestros niveles de azúcar en sangre aumentan, al igual que nuestro nivel de insulina, que es la hormona que nos permite convertir la glucosa en energía que nuestro cuerpo cree que necesita. Así, con niveles más altos de azúcar e insulina en sangre, el organismo empieza a segregar la «hormona del hambre» llamada grelina, que es la que nos lleva a comer más y a ganar peso.

El estrés produce, pues, una reacción en cadena; es la primera de una serie de fichas de dominó que nos lleva a comer más y a almacenar grasa corporal. Con el tiempo, el nivel de estrés elevado de forma crónica —y, con él, los de glucosa e insulina— no solo nos hace ganar peso, sino que también pueden llevar al desarrollo de diabetes y de resistencia a la insulina. La ansiedad, la depresión y el insomnio se han correlacionado con una producción excesiva de insulina.

Si tienes grasa corporal persistente, que no desaparece por muy bien que comas o por mucho ejercicio que hagas, y sobre todo si está alrededor de la sección media del cuerpo, puede que tengas un problema de estrés crónico.*

En cualquier caso, aunque comas menos en épocas de estrés, es probable que tomes alimentos diferentes. Durante los periodos de estrés elevado está demostrado que ingerimos más cantidades de alimentos sabrosos —chocolate, aperitivos salados y productos horneados, por ejemplo— y menos cantidades de alimentos saludables, como frutas, verduras y carnes no procesadas. Cuando además estamos tristes tendemos a comer alimentos más grasos y dulces, que los investigadores califican como «hedónicamente gratificantes».

Esto puede conducir a un ciclo de estrés, sobre todo teniendo en cuenta que el azúcar refinado, la poca fibra y los cereales refinados elevan los niveles de cortisol, al igual que la cafeína.

Por suerte, la relación entre el estrés y la alimentación es bidireccional: el estrés influye en lo que comemos y en cuánto comemos, pero **lo que comemos también influye en el grado de estrés que sentimos**.

Lo que quiero decir es que es posible comer de forma que el cuerpo esté menos estresado. Por ejemplo, los carbohidratos complejos —cereales integrales, frutas, verduras,

---

* Aunque parezca sorprendente, no todo el mundo come más en respuesta al estrés. Durante los periodos estresantes, el 40% de la gente tiende a comer más, el 20% come más o menos lo mismo y el 40% come menos. Las personas con un poco de sobrepeso son más propensas a comer más, quizá porque se ha descubierto que la propia grasa abdominal segrega hormonas del estrés.

frutos secos, semillas y legumbres— reducen de forma activa los niveles de cortisol, al tiempo que llevan a producir más serotonina, la hormona de la felicidad. Según Henry Emmons, autor de *The Chemistry of Calm*, el azúcar y los hidratos de carbono refinados, además de provocar la liberación de cortisol, pueden conducir a un círculo vicioso, al forzar «tanto las hormonas implicadas como la capacidad de las células para procesar el azúcar, [lo que] erosiona aún más la capacidad de producir energía, y envía señales a las glándulas suprarrenales para que sigan segregando las hormonas del estrés».

¿Qué significa todo esto? En esencia, que los alimentos buenos para regular los niveles de estrés tienen algo en común: son nutritivos y no se producen en masa ni se procesan en exceso. Digerimos más despacio los carbohidratos complejos antes mencionados, y la sangre no se inunda de glucosa de golpe. Así que obtenemos más tranquilidad comiendo cosas que crecen en la tierra, como hacían nuestros antepasados hace 200 000 años.

Por eso, si se te antojan muchos alimentos procesados, podría ser una señal de que aún te queda algo de estrés crónico por controlar.

## Mantener lo que funciona

Cuando actuamos de acuerdo con la biología, empezamos a sentir más tranquilidad. Y es que vivir de forma congruente con nuestra programación genética puede implicar muchas cosas, como alejarse de los superestímulos digitales, moverse más, pasar tiempo con personas que nos aporten energía, practicar la meditación y consumir alimentos de digestión lenta, que proporcionen a nuestro cuerpo una energía duradera.

He mencionado muchas ideas en este capítulo, pero si intentaras hacer todos estos cambios a la vez podrías acabar abarcando demasiado. Empieza con uno o dos pequeños y sencillos, quizá los que más te entusiasmen. Luego, cuando te des cuenta de qué hábitos puedes mantener y te llevan a la calma, aprovéchalos y descarta los que no te funcionen.

Quizá te sorprenda darte cuenta de qué técnicas te van mejor. Al menos a mí me pasó. Y algunos de mis avances más significativos hacia la calma los hice cuando empecé a comer menos alimentos procesados. Como consumidor empedernido de deliciosas variantes de comida para llevar, el grado en que la alimentación saludable influía en mi sensación de calma fue una sorpresa y a la vez una llamada de atención. Durante más tiempo del que puedo recordar, comer ha sido tanto uno de mis pasatiempos favoritos en los mejores momentos como una válvula de escape para tapar cualquier sensación de ansiedad en los peores. La mayoría de la gente posee estas «vías de escape», y las usa para evitar sentimientos incómodos. Pero no son más que fuentes de estrés autoimpuestas que nos distraen de las *otras* fuentes de estrés a las que nos enfrentamos. Esas vías de escape varían, pero suelen incluir comer en exceso (el más habitual, en mi caso), las compras compulsivas, el consumo de drogas (incluido el alcohol, el cannabis e incluso la cafeína), jugar a videojuegos (incluso juegos sencillos como *Subway Surfers*) o recurrir a distracciones digitales como las noticias o las redes sociales, para cambiar una forma de estrés por otra.

Algunas actividades de este tipo pueden ser fuente de diversión y entretenimiento, incluso cuando nos damos un capricho. También está bien tener una «noche dopaminérgica» de vez en cuando. Pero si empleamos estos hábitos para eludir el estrés y las emociones negativas, no hay que olvidar que nuestro estrés nos estará esperando al otro lado de la permisividad. Y, para más inri, estas vías de escape pueden incluso *aumentar* los niveles de estrés en nuestras vidas.

Si descubres que te entregas a excesos sin darte cuenta con frecuencia, toma conciencia de lo que desencadena tus impulsos. Los desencadenantes pueden ser cosas como la presencia de ciertas personas, emociones concretas (aburrimiento, soledad o envidia), la hora del día o un comportamiento previo. En mi caso, casi siempre comía en exceso y sin pensar cuando estaba estresado por algo relacionado con el trabajo, lo que me llevaba a desear más comida poco saludable y a intentar huir comiendo. También presta atención a las historias que te cuentas durante este proceso y asegúrate de cuestionar aquellas que son crueles o potencialmente falsas.

Si pones una delicada copa de cristal en el congelador durante una semana y luego viertes en ella agua muy caliente, es probable que se rompa. Lo mismo ocurre cuando alternas entre períodos de estrés intenso y excesos indulgentes.

Por suerte, a medida que inviertas en las estrategias que te ofrezco en este capítulo, empezarás a notar que tu energía aumenta de forma constante. Algunos de estos hábitos incluso pueden convertirse en «hábitos clave» para ti: esa primera ficha de dominó que hace caer muchas otras situadas detrás. Por ejemplo, para mí la meditación es un atajo que reduce mi nivel de estimulación, lo que me lleva a distraerme menos y a tener más tiempo para hacer ejercicio y leer; y esto, a su vez, me hace sentir aún más tranquilo. Tal vez te ocurra algo parecido con hábitos como el ejercicio cardiovascular, leer libros de no ficción, beber té verde en lugar de café o seguir el mismo ritual a la hora de acostarte.

En realidad, nuestros hábitos nunca existen de forma aislada: están interconectados.

Presta atención a los hábitos que te llevan a la calma, a las actividades analógicas para las que estás diseñado y que has olvidado a medida que pasas más tiempo en el mundo digital. Necesitas más de estas actividades en tu vida.

Como exploraremos en el próximo capítulo, también recuperarás prácticamente todo este tiempo invertido.

## CAPÍTULO 8

*Calma y productividad*

«El distintivo de un hombre de éxito es haber pasado un día entero en la orilla de un río sin sentirse culpable por ello».

ANÓNIMO

## Sillas de IKEA

Si tuviera que mencionar algo que me gusta hacer y que el resto de la gente no soporta (además de leer artículos académicos), sería montar muebles de IKEA. Para mí, el proceso de montar cualquier cosa fabricada por la empresa sueca es muy gratificante; hay algo en seguir las instrucciones y ver cómo una cómoda o un armario se hacen realidad ante tus ojos que me resulta muy satisfactorio. El proceso es sencillo, no requiere pensar mucho y, sin embargo, al final tienes algo que puedes ver, sostener y usar. La reacción es inmediata: cuanto más cerca estés de terminar, más se parecerá a lo que tiene que ser. Y, a diferencia de mi trabajo cotidiano, el esfuerzo es sobre todo manual (teclados mecánicos aparte).

La suerte quiso que, poco antes de embarcarnos en el viaje en el que se ha convertido este libro, mi mujer y yo encargáramos unas sillas de cocina a IKEA.

Por desgracia para mí, estas sillas llegaron a mitad de semana, y yo tenía que viajar el fin de semana por trabajo. Como jefe de montaje de muebles (JMM) de la casa, incapaz de resistir el doble encanto de tener sillas nuevas y montar muebles de IKEA, decidí hacer ese trabajo justo después de comer. Ya había hecho bastante por la mañana y tenía la tarde bastante despejada. Además, supuse que el proceso no me llevaría más de un par de horas, y que podría ser una forma divertida de romper con la rutina y distraer mi atención.

En una cosa tenía razón: montar las sillas me llevó un par de horas. Pero me equivoqué por completo en cuanto a lo placentero que sería hacerlo. No me malinterpretes: el montaje en sí fue igual de satisfactorio que de costumbre. Lo que no había previsto era lo que ocurriría en mi mente, la intensa sensación de culpabilidad que se apoderaría de mí al dedicar tiempo a algo que no estaba directamente relacionado con mi trabajo.

Apenas me senté junto a las seis cajas, empecé a considerar el coste de oportunidad de mi tiempo, pensando en todas las cosas «mejores» que podría estar haciendo en su lugar. Podría estar escribiendo artículos, preparando charlas y asesorando a mis clientes. Además, la culpa por alejarme de los superestímulos era real y palpable: los correos electrónicos se acumulaban, los mensajes en redes sociales quedaban sin respuesta y había métricas comerciales de mi negocio que no había comprobado. No solo me sentía ansioso e inquieto, sino que en ese momento tenía la sensación de estar trabajando en lo que no debía, lo que inundaba mi mente de dudas y autocrítica negativa.

Varias cosas me llaman la atención al recordar este simple episodio de culpabilidad. La primera es el malestar que sentí mientras llevaba a cabo la actividad, que estaba situada a un nivel de estimulación inferior a la del resto del día. Otra, el sentimiento de culpa por desvincularme de la mentalidad de logro: habría disfrutado bastante más montando las sillas si lo hubiera hecho en fin de semana o fuera de mis horas productivas. Misma tarea, distinta perspectiva.

También me resultó difícil estar presente en la actividad, lo que me impidió recargar energías. Además, recuerdo todos los errores que cometí, incluso en un caso afectando cada una de las seis sillas, lo que me obligó a retroceder varios pasos y alargó el proceso.

La tarea me llevó más tiempo del necesario debido a que en ese momento no me tomé suficientes pausas para invertir en la calma. La ansiedad saboteó mi atención, enfoque y disfrute, mientras que el burnout probablemente influyó en que no fuera capaz de involucrarme plenamente con la tarea. En definitiva, mi productividad se vio limitada innecesariamente por mi mente ansiosa.

## Menos productividad

Permite que me sumerja en un tema que personalmente encuentro fascinante y que también a ti puede brindarte algo de tranquilidad mientras recorres el camino hacia la calma: cómo invertir en la calma nos puede hacer ser más productivos.

Los mejores consejos sobre productividad nos permiten recuperar tiempo y hacer más de lo que queremos. Pero se suele pasar por alto una parte crucial de esto: que la mayoría de esos consejos se centran en las formas posibles de *hacer más cosas*. Pero al centrarnos en esa idea dejamos de pensar en *las razones por las que podríamos estar haciendo menos de lo que somos capaces de hacer*. La tarea es, pues, identificar cuáles son nuestros inhibidores de productividad.

Imagina que tu objetivo es ser altamente productivo en tu trabajo. Si ese es tu propósito, debes prestar atención a los consejos que abarquen ambas categorías. En primer lugar, debes enfocarte en estrategias que te permitan trabajar de manera más inteligente y deliberada, priorizando lo que realmente importa. Estos consejos resultan divertidos de seguir porque los resultados son inmediatos. Estrategias como planificar tu semana, mantener una lista de tareas y aprender a decir «no» a trabajos poco importantes son técnicas útiles desde el principio. Cuando veas que funcionan, estarás más motivado para continuar aplicándolas.

La segunda categoría de consejos es más difícil de dominar, no se tiene tan en cuenta y, sin embargo, es igual de importante si te preocupa tu nivel de productividad. Además de centrarte en las formas de hacer más, deberás hacerlo también en las razones por las que estás haciendo menos de lo que realmente eres capaz de hacer. Esto implica prestar atención a las variables que limitan tu rendimiento sin que te des cuenta. Los factores que ponen un límite innecesario a lo que eres capaz de lograr incluyen muchas ideas contenidas en este libro, entre ellas las siguientes:

- Cuando el estrés crónico te agota, te desentiendes de lo que tienes delante.

- Mantenerte en un estado de estimulación muy alto puede llevarte a procrastinar más y a perder más tiempo, porque trabajar en algo importante implica pasar de un nivel de estimulación alto a uno bajo.

- Esforzarte una y otra vez por conseguir más puede llevarte a depender en exceso de la dopamina, lo que disminuirá tu capacidad de estar presente.

- Pasar demasiado tiempo delante de una pantalla te generará aún más estrés crónico oculto.

- La ansiedad puede nublarte el juicio y distraerte de cosas más importantes, como planificar proyectos, generar ideas y reflexionar sobre tus objetivos.
- Pensar constantemente en el coste de oportunidad de tu tiempo tal vez impida que te sumerjas en el momento presente.

Estos son solo algunos factores que son difíciles de solucionar con un simple truco de productividad. Si no se controlan, nos llevarán a estar menos tranquilos, más ansiosos y menos productivos.

## Ansiedad y productividad

Teniendo esto en cuenta, calculemos ahora con precisión cuánto menos logramos cuando estamos inmersos en un estado de ansiedad.

A lo largo de este libro, hemos abordado tanto la productividad como la calma. Los consejos sobre productividad que nos ayudan a trabajar de manera más inteligente y eficiente, resultan atractivos especialmente al principio. Sin embargo, si nos enfocamos únicamente en este tipo de consejos y no prestamos atención a identificar y solucionar los obstáculos que nos impiden alcanzar nuestro máximo potencial (ansiedad, superestímulos, dependencia de la dopamina...) corremos el riesgo de acabar siendo menos productivos de lo que deseamos. Esto es especialmente cierto a medida que pasa el tiempo y no nos enfocamos en cuánto nos queda en el «depósito», mentalmente, emocionalmente e incluso espiritualmente. Por lo tanto, es fundamental abordar tanto la calma como la productividad para lograr un equilibrio saludable.

Si todavía tienes dudas de hasta qué punto un estado mental ansioso puede afectar nuestro rendimiento cognitivo, no tienes por qué creerme: seguro que cuentas con muchos ejemplos de tu vida que ilustran este fenómeno. Por ejemplo, piensa en la última vez que tuviste que dar un discurso ante un grupo de personas (si es que este tipo de cosas te alteran). Es probable que te diera pavor: hablar en público es uno de nuestros miedos más extremos, casi al mismo nivel que el miedo a la muerte.

Recuerda cuál era tu estado mental justo antes de la charla. ¿Podías concentrarte con facilidad o el cerebro te bombardeaba con pensamientos negativos que desviaban tu atención? ¿Eras capaz de procesar muchas cosas a la vez, conversando sin prisas con quienquiera que tuvieras cerca, o te preocupaba lo que ibas a decir? Si antes de subir al escenario alguien te hubiera pedido que revisaras algo que requiriera mucha concentración, ¿habrías sido capaz de prestarle toda tu atención?

Una vez iniciada tu charla, ¿la procesaste por completo?

Es decir, ¿recuerdas lo que dijiste?

Quizá tengas suerte y no hayas dado ningún discurso ante un grupo numeroso, o a lo mejor has hablado ya ante tanta gente que ni siquiera sufres estos patrones de pensamiento ansioso. En ese caso, piensa entonces en la última vez que viajaste en avión y hubo turbulencias. Si estabas leyendo, ¿tuviste que releer el mismo pasaje varias veces? Si estabas escuchando un pódcast o viendo una película, ¿tuviste que rebobinar o intentar rellenar los huecos de lo que te habías perdido?

Estos son ejemplos de ansiedad que perjudican al rendimiento cognitivo. Si la experimentas, aunque no sea grave ni requiera tratamiento médico, es probable que estés limitando tu productividad de ciertas formas de las que aún no eres consciente. Es de suponer (¡ojalá!) que tu mente no se paraliza tanto con las tareas cotidianas como durante un discurso, las turbulencias de un avión o el hecho de perder de vista a tu hijo en unos grandes almacenes. Pero estos son buenos ejemplos de cómo la ansiedad puede cargarse nuestra atención y productividad sin que nos demos cuenta.

De forma paradójica, la ansiedad puede dificultar nuestra capacidad de reconocer que nuestro rendimiento ha disminuido debido a lo absorbente que es en términos de atención.

## Ansiedad y atención

Nuestra capacidad de memoria funcional o de trabajo —que particularmente me gusta denominar «zona de atención»— es una medida cognitiva que nos ayuda en casi todo lo que hacemos. Se trata de nuestra memoria inmediata, y nos permite retener y manipular información mientras procesamos y pensamos en diferentes situaciones. Cuanto mayor sea nuestra zona de atención, más profundo y complejo será nuestro pensamiento, y mejor podremos desempeñarnos en diversas tareas. Además, una zona de atención más amplia nos brinda la capacidad de reflexionar sobre los eventos de nuestra vida y realizar funciones críticas como la planificación, comprensión, razonamiento y resolución de problemas.

Hace tiempo que los investigadores han comprendido que nuestra productividad disminuye a medida que nos volvemos más ansiosos. Esta relación ha sido objeto de estudio desde hace más de medio siglo. Según un metanálisis realizado por el investigador Tim Moran, «los déficits cognitivos son ampliamente reconocidos como un componente importante de la ansiedad». Actualmente está establecido que la ansiedad dificulta nuestro rendimiento cognitivo de varias maneras. Por ejemplo, se ha demostrado de manera concluyente que está asociada con «un rendimiento deficiente en medidas de comprensión lectora y resolución de problemas matemáticos», e incluso con «puntuaciones más bajas en pruebas estandarizadas de inteligencia, aptitud general y rendimiento».

La investigación sugiere la existencia de un factor común a estas disminuciones del rendimiento: una menor capacidad cognitiva. La ansiedad conlleva un alto coste cognitivo, lo que significa que nos deja con menos recursos para pensar. Aunque los estudios difieren en cuanto a la medida en que la ansiedad reduce el tamaño de nuestra capacidad mental, Moran ha encontrado que la ansiedad reduce nuestra zona de atención en aproximadamente un 16,5 %.

Parece una cifra pequeña, pero incluso los efectos de una ligera disminución pueden ser profundos en la práctica, por no mencionar que esta es solo *una* de las formas en que la ansiedad afecta nuestras capacidades cognitivas. Una zona de atención reducida supone que procesamos menos información en cada momento. Esto nos da menos libertad mental para pensar, unir ideas, conectar información y dar sentido al mundo. Es posible que no seamos tan improductivos como durante un episodio de turbulencias en un avión, pero podemos acercarnos mucho.

Lo que intento transmitir es que la ansiedad reduce nuestra capacidad de logro, consume nuestra valiosa atención y nos resta capacidad para estar presentes.

Sin lugar a dudas, cuanto más exigente sea tu trabajo desde el punto de vista cognitivo, más dificultará tu rendimiento cualquier grado de ansiedad. En cambio, si implica acciones repetitivas no tan exigentes mentalmente, así como pocas relaciones con otras personas, una mente ansiosa podría no influir tanto en tu rendimiento.

Sin embargo, lo más probable es que en tu caso ocurra lo contrario. Actualmente una proporción cada vez más significativa de personas realizamos trabajos basados en el conocimiento, trabajos que llevamos a cabo con nuestra mente en lugar de nuestras manos.

Por tanto, una mayor capacidad de memoria funcional te ayudará mucho si te dedicas a trabajar en el ámbito del conocimiento. Una vez más, no te fíes de lo que digo: solo piensa en los momentos en los que tu cerebro estaba mucho más calmado y libre de ansiedad. El día después de una larga excursión con amigos, o tras unas vacaciones en las que pudiste desconectar, ¿con cuánta más claridad eras capaz de pensar? ¿Hasta qué punto pudiste sumergirte en lo que estabas haciendo? Con una mayor zona de atención, ¿generaste más ideas, te sentías más en conexión con tu entorno y tuviste la sensación de disponer de recursos cognitivos más que suficientes para hacer bien tu trabajo y vivir una buena vida?

Incluso un pequeño incremento de capacidad mental puede marcar una gran diferencia.

Para comprender mejor hasta qué punto la ansiedad puede mermar nuestra capacidad mental, me puse en contacto con Tim Moran con la intención de ver cómo ha evolucionado su teoría desde que publicó el muy citado metanálisis de 2016. En realidad, las cifras no han cambiado mucho. Pero en nuestras conversaciones él sugirió una idea que me pareció fascinante: más allá de la memoria funcional, la ansiedad parece estar asociada con algún factor que limita el rendimiento cognitivo *en general*. Según Moran, «la razón por la que la ansiedad parece estar relacionada con el desempeño de tantas tareas de laboratorio y con el rendimiento en situaciones de la vida real se debe a que la ansiedad tiene repercusiones en diferentes áreas cognitivas de nivel superior, como puede ser nuestra capacidad general para controlar nuestra atención y la posibilidad de mantenernos enfocados, incluso cuando haya información competitiva o distracciones presentes».

En otras palabras, la ansiedad no solo reduce nuestra memoria funcional, sino que efectivamente reduce nuestra capacidad mental. Independientemente de nuestra ocupación, debemos ser capaces de recuperar esa capacidad mental perdida.

La intuición de Moran no es aleatoria, está respaldada por los miles de estudios que ha revisado sobre la ansiedad y el rendimiento cognitivo. Y nuevas investigaciones respaldan sus conclusiones, sugiriendo que, además de apropiarse de un valioso espacio de nuestra zona de atención, la ansiedad disminuye el *control* que tenemos sobre nuestra atención, al tiempo que nos lleva a prestar más atención a «estímulos relacionados con la amenaza».

Durante los períodos de ansiedad, no solo tenemos acceso a menos recursos mentales. Mientras la ansiedad dificulta significativamente nuestra capacidad de concentración, también nos lleva a prestar mayor atención a nuevas amenazas, incluyendo a las mismas fuentes generadoras de estrés, contribuyendo así a perpetuar el ciclo de ansiedad.

Nuestro trabajo y nuestra vida se benefician de toda la capacidad mental que podamos aportarles. Por desgracia, la ansiedad nos roba los valiosos recursos mentales que utilizamos para producir más y vivir una vida significativa.

Por eso, invertir en calma —y reducir la ansiedad, aunque hacerlo requiera tiempo y energía— puede ahorrarnos más tiempo del que pensamos.

Ahora hagamos un divertido experimento: intentaremos calcular con exactitud cuánto de ese tiempo recuperamos.

## Recuperar el tiempo

Debo reiterar que cada uno de nosotros tenemos una configuración cerebral diferente y llevamos vidas y trabajos muy distintos. Además, la ansiedad afecta a cada persona de una forma y, como consecuencia, influye en el rendimiento en distinta medida. Esto es especialmente cierto en determinados tipos de tareas. Las personas utilizamos nuestra zona de atención para realizar principalmente tres cosas: manipular y relacionar *conocimientos*, procesar información *visual* y procesar información *auditiva*. Dependiendo de cómo se manifieste tu ansiedad, tu rendimiento cognitivo se verá afectado de diferentes maneras.

Si cuando sientes ansiedad observas que te encuentras prestando atención sobre todo a *pensamientos* ansiosos, la funcionalidad de razonamiento general de tu memoria funcional se verá afectada y, como resultado, puedes tener dificultades para pensar de forma lógica. Si descubres que *visualizas* episodios de ansiedad de tu pasado, la parte visoespacial de tu zona de atención puede verse más afectada y quizá tengas problemas con este tipo de tareas perceptivas. En cambio, si te das cuenta de que en tu episodio de ansiedad es tu *diálogo interno* negativo el que se desboca, es probable que la componente fonológica (del lenguaje) de tu zona de atención se vea más perjudicada, y es posible que no puedas comunicarte de manera efectiva.

Con todas estas ideas en mente, intentemos calcular cuánto tiempo nos ahorrará la calma. Para ilustrarlo vamos a suponer, de forma muy conservadora, que *la única manera* en que la ansiedad limita el rendimiento es reduciendo la capacidad de la memoria funcional. Supongamos también que la relación entre la memoria funcional y la productividad es lineal. En otras palabras, por cada punto porcentual que disminuya el tamaño de la zona de atención, nuestra productividad cotidiana se reducirá en la misma proporción y, como resultado, tardaremos mucho más en hacer lo que sea. De nuevo, dado lo mucho que dependemos de este espacio mental, es muy probable que se trate de un cálculo conservador.

Cuando el tamaño de nuestra zona de atención es un 16,5 % menor, nuestro trabajo nos ocupa también ese tiempo adicional. Se trata de una diferencia mucho más significativa de lo que parece: si tienes ocho horas de trabajo real y efectivo por hacer, esa carga de trabajo te llevará ahora *nueve horas y diecinueve minutos*.

Si te has dado cuenta de que te encuentras más ocupado de lo habitual, pero al analizarlo detenidamente observas que tu carga de trabajo no ha variado significativamente, es posible que la ansiedad sea la responsable. (Y dado que la carga de trabajo es un factor crítico que puede generar situaciones de burnout, este tiempo adicional también puede afectar tu compromiso con el trabajo).

La ansiedad no tiene por qué ser patológica para que afecte a nuestro rendimiento. Y es probable que limite nuestra productividad en mucho más del 16,5 %, porque recordemos que la capacidad de memoria funcional es solo una de las dimensiones del rendimiento a las que la ansiedad afecta.

Considerando que la calma puede conducirnos a muchos beneficios, incluida la implicación, que es el proceso mediante el cual realmente progresamos en nuestro trabajo, se puede considerar un ingrediente vital para la productividad, especialmente durante momentos de ansiedad. Si valoras la productividad, los números son claros: definitivamente debes invertir en la calma.

## La culpa en el trabajo

A medida que invertimos en nuestra calma, puede surgir en nosotros el sentimiento de culpa por varias razones. La primera de ellas es sentirnos culpables al pensar que **no estamos utilizando nuestro tiempo de manera intencional**. Cuando no trabajamos tomando decisiones conscientes y deliberadas sobre cómo utilizamos nuestro tiempo, podemos comenzar a preocuparnos por el coste de oportunidad, dudando si estamos utilizando nuestro tiempo del mejor modo posible.

Esta fuente de culpabilidad es fácil de combatir invirtiendo en estrategias que te permitan trabajar de forma más intencional. Hazlo explorando el primer tipo de consejos sobre productividad: el que te permite, como dice el tópico, trabajar de forma más inteligente y no más duro. Define tres prioridades diarias en el trabajo y en casa, trabaja con tu superior para determinar cuáles son tus tareas más importantes, y tal vez debas ponerte una alerta cada hora (en el móvil o en el reloj) para reflexionar con más frecuencia sobre aquello que tienes entre manos. Si quieres ir más allá, te recomiendo comprar un libro sobre productividad.

Una segunda razón común por la que puede surgir el sentimiento de culpa es que **no actúas de acuerdo con tus valores**. La sociedad actual desaprueba la inactividad. Y cuando aceptamos los valores de nuestra cultura —y asumimos que la productividad, los logros y el progreso constante importan más que casi todo lo demás— puede surgir la culpa cuando invertimos en calma y nos ocupamos menos. Al fin y al cabo, no estamos trabajando duro durante ese tiempo.

La mayoría de la gente valora la productividad hasta cierto punto. Si eso te incluye a ti, hay dos razones principales por las que este segundo tipo de culpa está fuera de lugar:

1. Es fácil pasar por alto lo mucho que la calma puede ayudarnos a alcanzar nuestros objetivos, y

2. Se nos da demasiado mal medir nuestro nivel de productividad.

En la sección anterior mencionamos un poco el primer punto. Supongamos que tienes un nivel promedio de ansiedad (subclínica), o sea, que no llega a ser un trastorno clínico. Si dedicas ocho horas al trabajo, te tomará *al menos* nueve horas y diecinueve minutos completarlo. Esto significa que si trabajas ocho horas al día, con frecuencia tendrás que quedarte más tiempo, seguir conectado por las noches y trabajar algunas horas los fines de semana o durante las vacaciones para no quedarte rezagado. Esto puede generar una espiral de energía negativa que conduce a la acumulación de estrés crónico, además de que disfrutarás menos de tu tiempo en el trabajo. La dopamina genera más dopamina, la estimulación genera más estimulación y la ansiedad genera más ansiedad.

Por supuesto, en el trabajo, el tamaño de nuestra zona de atención es solo una de las medidas relevantes. Es clave, sí, y explica por qué la ansiedad ralentiza la mente y nos lleva a recordar y procesar menos cosas a la vez, pero también intervienen otros factores. Por ejemplo, la ansiedad nos lleva a centrarnos en cosas menos importantes. Esto ocurre en especial con los objetos de atención más negativos o amenazadores. La ansiedad lleva implícito un fenómeno que los investigadores denominan «sesgo de amenaza» que, como podrás imaginar, nos hace prestar más atención a cualquier cosa amenazadora del entorno, incluidas las noticias negativas y los pensamientos catastrofistas que tenemos en la cabeza.

Además de esto, la ansiedad nos hace ser menos productivos de otras formas. La mentalidad del más y los superestímulos nos lleva a estructurar nuestros hábitos en torno a la dopamina, lo que nos hace desear la distracción. La ansiedad nos hace menos comprometidos, al mismo tiempo que nos empuja hacia el burnout. Los superestímulos nos llevan hasta niveles de estimulación mucho más altos que los niveles que resultan óptimos para sentirnos tranquilos, y la mayoría de nuestras tareas productivas se encuentran en una altura de estimulación baja.

Dado la multitud de formas en que la ansiedad es capaz de limitar nuestro rendimiento, no es difícil comprobar cómo las tareas pensadas para una jornada laboral de ocho horas pueden demorarse mucho más tiempo, alrededor de nueve horas y media.

Utilizando los cálculos obtenidos en el apartado previo —que se vuelven aún más conservadores una vez tomamos en cuenta todos estos efectos de la ansiedad—, es obvio hasta qué punto la calma nos ayuda a superar nuestras barreras de productividad. Incluso resulta posible calcular una especie de «punto de equilibrio» a partir del cual no vale la pena seguir invirtiendo en calma. Supongamos, por ejemplo, que debido a todos estos efectos añadidos —menos compromiso, una capacidad cognitiva reducida, más estimulación, más autodiálogo y menos presencia— tu trabajo te lleva 25 minutos más al día, además de la hora y 19 minutos que ya has perdido. En realidad, la cantidad de tiempo que perdemos puede ser mucho más significativa, pero, de nuevo, seamos conservadores para que casi todo el mundo pueda recuperar el tiempo calculado. Sumando estos veinticinco minutos al tiempo que perdemos debido a nuestra disminuida capacidad mental, ahora perdemos un total de *una hora y cuarenta y cuatro minutos* al trabajar de manera menos eficaz por encontrarte sumido en un estado de ansiedad.

En resumen, cuando realizamos trabajos basados en conocimientos, podemos invertir casi dos horas al día en calma antes de siquiera considerar si estamos volviéndonos menos productivos.

Cabe destacar que no necesitarás pasar tanto tiempo invirtiendo en sentirte tranquilo / a todos los días. La mayoría de las tácticas presentadas en este libro, desde enfrentar el estrés crónico hasta practicar la presencia y controlar los superestímulos, están diseñadas para consumir muy poco tiempo, o incluso ninguno en absoluto. Tácticas como el ayuno de dopamina incluso podrían ahorrarte tiempo desde el principio. Casi todas las tácticas que requieren una inversión de tiempo se encuentran en el capítulo anterior.

La moraleja de la historia sobre la ansiedad es sencilla: si valoras la productividad, debes invertir en superar la ansiedad y encontrar la calma. Invertir en calma te permite desarrollar tu capacidad productiva.

Mejor aún, no tienes por qué sentirte culpable por invertir este tiempo, aunque tengas la tentación de pensar en todas las cosas más «productivas» que podrías estar haciendo. Más bien al contrario: deberías sentirte culpable por *no* invertir en calma debido a que conseguirás ser mucho más productivo.

He aquí una gran verdad acerca de invertir en las estrategias de este libro: incluso una vez que comprendas cuánta más productividad te generarán, es posible que aún te sientas culpable por dedicarles tiempo. Al menos yo lo hice, sobre todo al principio.

Bien, pues cuando surja este sentimiento de culpa, recuérdate cuánta mayor productividad está generando de forma inconsciente tu inversión en la calma. Después, aprovecha para reflexionar sobre el sentimiento de culpa que todavía te pueda quedar.

Además, resulta una ocasión perfecta para reconsiderar cómo estás evaluando la productividad, ya que las métricas tradicionalmente empleadas probablemente no consideren el valor y el impacto de invertir en estrategias de calma y bienestar.

## El sesgo de la ocupación

La verdad es que nos resulta difícil medir la propia productividad. En general, cuanto más exigente es un trabajo desde el punto de vista cognitivo, más difícil resulta evaluarla. Cuando nuestro trabajo es mentalmente exigente y complejo, lo que producimos con nuestro tiempo, atención y energía también suele serlo.

Recuerda esa época en que la mayoría de la gente trabajaba en cadenas de producción de fábricas. Ese trabajo era sencillo y repetitivo, y medir la productividad al final de cada jornada resultaba bastante fácil: cuantos más artilugios produjera en una jornada, más productivo era ese obrero. En un turno de ocho horas, la gente era el doble de productiva si hacía ocho artilugios en lugar de cuatro. Es decir, había una relación directa entre el resultado de la producción y la productividad personal.

En cambio, con el trabajo intelectual, la cantidad de producción propia ya no determina la productividad.

Si tuvieras que escribir un informe de 1600 palabras, es posible que te sientas cuatro veces más productivo que cuando escribas uno de 400 palabras. Pero, ¿qué pasa si ese informe de 400 palabras tiene un impacto mayor en tu empresa? ¿Y si comunica más, al mismo tiempo que ahorra tiempo a todos?

Aquí tenemos otra idea sobre la culpa acerca de la que conviene reflexionar. ¿Cuál de estos dos informes te parece más productivo: el de 1600 palabras o el de 400?

Si mides tu trabajo de la forma tradicional, puede que elijas el que te supuso más esfuerzo o te llevó más tiempo, no el que de verdad aportó más o fue más útil.

Este es el tipo de historias que solemos contarnos sobre la propia productividad. En cierto nivel, aún seguimos relacionando la producción y el gasto de energía con la productividad, incluso cuando actualmente la conexión entre producción/esfuerzo y la productividad se ha desvanecido en lo relativo al trabajo basado en el conocimiento.

La mayoría de nosotros no prestamos mucha atención a medir cuán productivos somos. Pero dada la cantidad de tiempo que pasamos trabajando, o simplemente intentando hacer lo que nos proponemos sin obstaculizarnos, esta es una pregunta que vale la pena considerar: ¿Cómo deberíamos medir **nuestra productividad**?

Al igual que tenemos formas de medir si un día fue exitoso, de algún modo intuitivo también tenemos formas de saber cuán productivos somos.

Debido a que muchos de nosotros nos sentimos ocupados y agotados constantemente, tendemos a dejarnos guiar por las señales más evidentes para identificar si hemos sido productivos en un día determinado. De este modo, nos fijamos en cuánto trabajamos y cuánto esfuerzo invertimos en completar nuestras tareas. Si tenemos claro que durante la jornada hemos estado permanentemente ocupados nuestro sentimiento de culpa desaparece. Sin embargo, si miramos hacia atrás y vemos que al acabar la jornada nuestra ocupación y actividad no han sido completas, el sentimiento de culpa puede consumirnos, incluso si hemos logrado

hacer más en un día en el que estábamos relajados y enfocados que lo conseguido en un día repleto de distracciones
estimulantes.

Fijarse en lo mucho que trabajamos no es malo de por sí:
hay maneras mucho peores de medir la productividad. Dicho
esto, el impulso de evaluar nuestro rendimiento de esta manera tiende a fallar cuando se trata de medir el trabajo cognitivo. Esto es especialmente cierto cuando nos enfocamos
demasiado en el esfuerzo y la energía que invertimos en nuestro trabajo, ya que puede impedir que dediquemos tiempo
para recargarnos o llevarnos a trabajar en momentos que
deberíamos dedicar a reflexionar sobre nuestros proyectos e
ideas. Centrarse obsesivamente en la creencia de que estar
ocupado todo el tiempo es sinónimo de productividad genera
estrés crónico, como vimos en el capítulo 2.

También nos lleva a tener menos ideas. Si ocupas un cargo
directivo y te enfrentas a múltiples ocupaciones, dar un paseo
por el parque a mitad del día puede parecerte bastante improductivo. Pero ¿y si durante ese paseo se te ocurre una idea genial que beneficia más a tu empresa que responder a toda una
*década* de correos electrónicos? Entonces sin duda será uno
de los momentos mejor aprovechados que tendrás en tu vida.
*Sentirás* que has producido menos, pero te llenarás de tranquilidad y energía, y habrás detectado el camino a seguir para
hacer aportaciones más sustanciales. Del mismo modo, si te
dedicas a la programación informática, trabajar menos horas
y hacer más pausas para pensar en los problemas que tienes
entre manos puede *ahorrarte* tiempo en general. O, si eres asistente administrativo, mantenerte en un nivel de estimulación
más bajo también puede hacerte sentir que produces menos,
pero al tiempo te permitirá sacar adelante más proyectos
mientras funcionas a un ritmo más cómodo.

Al fin y al cabo, una mente calmada es una mente intencionada, y una mente intencionada es una mente productiva. Si sientes la necesidad de «apresurarte» una y otra vez, es probable que estés pasando por alto importantes oportunidades para trabajar de forma más inteligente; por ejemplo, invirtiendo en automatizar partes de tu labor e invirtiendo en la calma.

**El truco para medir la productividad consiste en reflexionar sobre cuánto logramos.** Debido a que nuestro sentimiento de culpabilidad por estar calmados proviene del hecho de que, al estar menos ocupados, *sentimos* que estamos progresando menos, debemos recordarnos a nosotros mismos los frutos que nuestros esfuerzos generan. Ya que tendemos a fijarnos en una serie de indicadores erróneos para catalogar si hemos tenido un día productivo —lo mucho que hemos trabajado, cuántos correos quedan en la bandeja de entrada o el agotamiento que sentimos—, resulta esencial proporcionar a nuestra mente información concreta sobre los resultados que nuestro tiempo ha generado. Después de todo, es muy posible trabajar duro, vaciar la bandeja de entrada y sentir un gran cansancio… sin hacer avanzar ninguno de los proyectos importantes.

Necesitamos hacer un seguimiento de todo lo que logramos, especialmente a medida que nos volvemos más tranquilos, menos ocupados y más productivos.*

---

* Hay que decir que, en un entorno de oficina, cuantas menos ocupaciones parezca que tenemos, menos productivos parecemos. Igual que se nos da mal medir la propia productividad, al resto también se le da fatal evaluar la productividad ajena. Como dijo el poeta francés Pierre Reverdy: «No hay amor. Solo hay pruebas de amor». Lo mismo puede aplicarse a la productividad. En un mundo ideal, se nos evalúa en el trabajo por lo mucho que somos capaces de lograr. Pero, en algunos casos, también valdría la pena reflexionar sobre lo productivos que «parecemos», además de lo productivos que «somos». Presta atención, pues, a tus pruebas de productividad.

## Técnicas para aliviar el sentimiento de culpa

La mayoría de nosotros deseamos ser más productivos y lograr más cosas. Pero en la práctica, a la hora de evaluar nuestra productividad nuestra mente se fija más en la ocupación y el gasto de energía que en la presencia y la reflexión. Por suerte, hay formas de combatir esta situación: por ejemplo, recordarnos lo mucho que logramos, y sentirnos menos culpables mientras invertimos en la calma.

Superar este sentimiento de culpa implica reflexionar sobre lo que se logra para ser capaces de analizar nuestros días de forma objetiva, en lugar de hacerlo de forma automática y crítica. Los seres humanos poseemos un sesgo mental llamado «efecto Zeigarnik» (en honor a la psicóloga Bluma Zeigarnik) que nos lleva a recordar los compromisos no resueltos por encima de todo lo que hemos hecho. Así, al menor descuido, tu desordenada habitación puede pesar más en tu mente que todos tus logros vitales juntos.

He aquí algunas estrategias que personalmente me han resultado útiles:

- **Lleva una lista de logros diarios**. Conforme avance el día, anota todas las cosas que has sido capaz de hacer. Es una estrategia que ya he mencionado varias veces, y por una buena razón: debido al efecto Zeigarnik, nos olvidamos muy rápido de nuestros logros cotidianos. Al final del día, revisa los elementos que has anotado para recordar tus tareas completadas pero olvidadas. Como regla general, haces más cosas de las que crees. Esta táctica es especialmente útil en días (o semanas) en los que sientes que no estás avanzando en nada.

- **Haz también una lista de logros a largo plazo**. Además de la lista de logros diarios, mantengo un archivo en mi ordenador, que se remonta a 2012, con los logros e hitos que he alcanzado en mi vida y en mi trabajo: desde aniversarios hasta proyectos profesionales entregados o cifras que he alcanzado con mi negocio. Cada año contiene unos quince o veinte elementos, y es divertido y reconfortante revisar la lista a principios de cada mes para generar impulso.

- **Si llevas una lista de tareas pendientes o utilizas un gestor de tareas, revisa lo que has hecho al final de cada día.** ¿Qué haces con tu lista de tareas al acabar la jornada? Si eres como yo antes de este cambio en mi vida, es probable que hayas arrugado la lista si era de papel o dejado que la correspondiente ficha de tu gestor de tareas se evaporara en el éter digital. Pues no, lo que tienes que hacer es revisar todos los elementos que has tachado al final del día. Y no tengas miedo de añadir a la lista tareas imprevistas que has resuelto. Es muy satisfactorio apuntar algo solo para tacharlo a continuación (que una victoria no haya sido intencionada no significa que no se haya producido).

- **Tómate unos minutos al final del día para escribir en un diario qué tal te ha ido.** Configura un temporizador para dedicar unos pocos minutos a repasar cómo transcurrió el día: qué has conseguido, con qué dedicación has trabajado, qué te ha ido bien y qué podrías mejorar la próxima vez, incluyendo cómo ser más amable contigo mientras trabajas. Recuerda que este ejercicio es más una oportunidad para reflexionar sobre los aspectos positivos que para castigarte por lo que quieres cambiar. Se trata, en cualquier caso, de una buena táctica antes de salir del modo de productividad.

Todos estos ejercicios te pueden ayudar a darte cuenta de que tu productividad es mayor de lo que crees. Esto es especialmente cierto cuando no llenas tus días con tareas sin sentido. A medida que practiques estas tácticas, asegúrate de reflexionar sobre cuánto puedes lograr antes y después de invertir en la calma.

Supongo que a estas alturas ya te ha quedado claro que invertir en la calma te ayuda a estar menos ocupado y, al mismo tiempo, más reflexivo, deliberado e intencional. De esta manera, la calma puede ampliar tu capacidad para realizar tareas. Para eliminar aún más la sensación de culpa que puede ocasionarte invertir en la calma, reflexiona sobre la diferencia que la calma genera en tu trabajo. Formar una imagen mental de antes y después puede consolidar los nuevos hábitos que desarrollas.

Como seres humanos, a pesar de tener un cerebro de doscientos mil años de antigüedad, tenemos innumerables habilidades, incluyendo la lógica, la razón y la creatividad. Desafortunadamente, medir nuestra productividad de manera precisa no es una de ellas.

## Compensar la productividad

No emprendí el viaje que se convirtió en este libro por ningún otro motivo que no fuera superar la ansiedad. Me sentía nervioso, inquieto y, en general, incómodo en mi propia mente, y sabía que algo tenía que cambiar. Además, si los consejos de productividad en los que estaba invirtiendo me llevaban de cabeza hacia el burnout, es que aquello no estaba funcionando. Y es que, a pesar de que la productividad es un tema muy importante para mí —¿quién no querría hacer más de lo que quiere?—, si no era capaz de encontrar la forma de evitar la ansiedad y el agotamiento, no estaba seguro de que mereciera la pena.

Sin embargo, mientras recorría el camino que lleva de la ansiedad a la calma me topé con una idea muy diferente. Al no invertir en calma a la vez que en productividad, me estaba perdiendo una parte fundamental del panorama de la productividad, el ingrediente que haría mi trabajo y mi vida sostenibles, significativos y agradables a largo plazo.

No es solo que la ansiedad nos haga ser *menos* productivos, es que la calma nos hace *más* productivos. Piensa en ese líder imperturbable que toma decisiones difíciles y meditadas bajo presión; en la periodista que puede redactar una noticia de última hora de 500 palabras en 30 minutos; en el médico que es capaz de transmitir tranquilidad a sus pacientes con solo entrar en la habitación. Cuando se trata de productividad, la calma es crucial.

La calma es un ingrediente que nos ayuda a conseguir más de lo que queremos. En un entorno de ansiedad, alcanzamos un nivel mayor de productividad cuando abordamos el trabajo con una calma premeditada, cuando nos mantenemos presentes, enfocados y resistentes a las distracciones. A medida que nos estabilizamos en un nivel de estimulación más bajo, la concentración ocurre de forma natural. Y cuando invertimos en presencia nos libramos del burnout y nos comprometemos más en el proceso. Es decir, disfrutamos más del trabajo y de la vida, y logramos más de aquello que realmente importa.

Adictos a la dopamina y al estrés sentimos que producimos más. Pero, como dije antes, eso no es más que un espejismo. No es difícil darse cuenta de cómo los valores de nuestra cultura —como la acumulación material, el consumo y la constante adquisición de *más* cosas— pueden ser contrarios a la calma, sobre todo a largo plazo.

El primer enfoque de consejos sobre productividad, que se centra en trabajar de manera más inteligente, es valioso.

Sin embargo, en un mundo ansioso y lleno de estrés crónico y distracciones constantes, la calma se vuelve igualmente relevante.

Hay una cualidad tranquila y especial al comprometer toda nuestra capacidad de presencia en una sola actividad. Es una sensación de sumergirse por completo, de convertirse en parte integral de aquello en lo que nos involucramos. En lugar de simplemente golpear un clavo, el martillo se fusiona con nuestra mano, convirtiéndose en una extensión de nosotros mismos. Al escribir una carta con un bolígrafo, el bolígrafo se convierte en un canal a través del cual fluyen nuestros pensamientos, y las conexiones sinápticas en nuestro cerebro se activan de manera precisa, convirtiendo nuestras ideas en movimientos microscópicos en la punta del bolígrafo. Es una experiencia de total inmersión y conexión con la actividad que estamos realizando.

De manera peculiar, en su mejor versión, la productividad puede ser casi *meditativa*, un conjunto de prácticas que nos permiten sumergirnos por completo en lo que queremos hacer en el momento. Si somos capaces de estar plenamente presentes y comprometidos con las tareas que queremos realizar, dedicando nuestro tiempo, atención y energía por completo a esas actividades, nunca tendremos que preocuparnos por la productividad.

La calma mejora nuestra productividad lo suficiente como para que valga la pena esforzarse por ella, incluso si no somos personas ansiosas. La presencia que cultiva la calma merece la inversión de tiempo, especialmente porque la presencia es clave para la productividad.

Pero al final del día, la productividad es solo uno de los beneficios. La calma en sí misma es realmente hermosa. Cuanto más tranquilos nos volvemos, más en paz nos sentimos, tanto con nuestra propia vida como con el mundo que nos rodea. Podemos exhalar un suspiro de alivio, relajar los hombros y simplemente estar con nuestra vida. Nos sumergimos más profundamente en cada momento, saboreando o avanzando en lo que tenemos frente a nosotros.

A medida que disminuyas la intensidad de estimulación y te enfoques con más facilidad, te sentirás genial al tachar más elementos de tu lista de tareas. Pero la verdadera recompensa, especialmente a largo plazo, es la sensación de estar libre de esos estímulos vacíos que te aportan dopamina pero que no te hacen feliz. Disfrutarás más de tu vida, sin saltar constantemente entre distracciones dopaminérgicas.

Del mismo modo, si alguna vez has experimentado el burnout o has estado cerca de padecerlo, sabrás lo crudo, injusto y devastador que puede ser caer en ese estado, independientemente de lo lujosa que parezca tu situación desde el exterior. Desarrollar la habilidad de estar presente en tu trabajo, lo cual te aleja del agotamiento, del cinismo y de la sensación de no marcar la diferencia... esta es quizás la mayor recompensa de todas.

La calma no solo te ayuda a generar un impacto más significativo, sino que también te brinda la capacidad de valorar y apreciar el impacto positivo que estás teniendo en tu vida y en el mundo que te rodea.

# CAPÍTULO 9

## *Donde habita la calma*

Unos dos años después de sufrir aquel ataque de pánico en el escenario, el sol lucía de nuevo para mí.

Durante ese tiempo había intentado varias cosas para alcanzar la calma: desde ideas que he incluido en este libro hasta tácticas que no me funcionaron del todo, como la terapia o el aceite de CBD, dos aspectos sobre los que la gente me solía preguntar cuando mencionaba que estaba intentando cultivar la calma en mi vida.

La terapia me pareció divertida y una forma estupenda de descubrir por qué mi mente está condicionada de la manera en que está. Pero no me llevó a conseguir un estado de tanta calma como otras estrategias más pragmáticas, como el ayuno de estímulos o el abordar los elementos evitables de mi inventario de estrés. (Por supuesto, tu situación puede ser muy distinta: si eres una persona curiosa como yo, te recomiendo ver a un terapeuta si cuentas con recursos para ello. Seguro que aprendes cosas interesantes acerca de tu mente. Y, si crees que tu ansiedad puede ser patológica —es decir, si persiste al margen de las tácticas que pruebes—, la terapia seguro que vale la pena).

Por desgracia, probar el aceite de CBD tuvo efectos decepcionantes para mí. El CBD puede obtenerse de dos fuentes principales: la planta del cáñamo y la del cannabis, que tiene una reputación digamos más cuestionable. La suerte quiso que, cuando inicié este experimento, el cannabis hubiera sido legalizado con fines recreativos en Canadá.

Simplificando, el cannabis tiene dos componentes principales: THC y CBD. El THC es el componente psicoactivo que te intoxica y puede hacerte sentir una combinación de euforia, hambre, paranoia, relajación y somnolencia, junto con una percepción distorsionada del tiempo, todo ello en función de la variedad de planta que consumas y de las condiciones de tu organismo. El CBD es el componente no psicoactivo de la planta que se cree que tiene efectos beneficiosos contra el dolor, la ansiedad y la artritis.

Aunque no hay demasiadas evidencias científicas de que el CBD ayude en estos casos, sentía demasiada curiosidad tras la legalización como para resistirme al bombo publicitario y probarlo. Haciendo todo lo posible por no parecer anticuado, adopté una actitud mental más abierta y me dirigí a una tienda de cannabis, a ver qué me recomendaban para la ansiedad. Llegué a casa media hora después con tres frasquitos de tintura de aceite. Me coloqué medio gotero de uno de ellos bajo la lengua para ver qué pasaba y, para mi sorpresa, no sentí nada. Al día siguiente doblé la dosis. Nada. Al día siguiente, un par de goteros más. Seguía sin sentir nada. Esta vez, con la dosis sobredimensionada, noté la mente más tranquila y un tanto distraída, pero no menos ansiosa que antes. Tras probar otras marcas, me di cuenta de que el producto no me aportaba grandes beneficios. (En una escala de equivalencia de cafeína, el efecto me pareció igual al de una taza o dos de té verde; aunque, como ya sabrás, mi tolerancia a la cafeína es baja).

De todas las cosas con las que experimenté en mi viaje hacia la calma, sin duda la que más me defraudó fue el CBD, y en realidad no lo esperaba. Por desgracia, la investigación respalda mi propio relato anecdótico. Según un metanálisis, «faltan pruebas de que los cannabinoides [CBD] mejoren los trastornos y síntomas depresivos, los trastornos de ansiedad, la hiperactividad por déficit de atención, el síndrome de Tourette, el trastorno por estrés postraumático o la psicosis» —es decir, todas las patologías para las que algunos afirman que este compuesto ayuda—. Sí que hay ciertas pruebas de que el THC, el componente psicoactivo, «produce una pequeña mejora de los síntomas de ansiedad entre quienes padecen otras afecciones médicas». Aunque deberían plantearse más investigaciones (y se están llevando a cabo en la actualidad), el aceite de CBD podría no merecer el dinero que tanto te ha costado ganar. Pero, como siempre, tu opinión puede ser otra. Algunas personas lo adoran, e incluso si lo único que sientes es un efecto calmante a lo mejor merece la pena.

Esto es un fastidio, en especial si consideramos que todo el mundo busca una solución rápida para la ansiedad: una estrategia, una pastilla o unas gotas de algo que podamos tomar y que la haga desaparecer. A corto plazo, lo mejor que se puede hacer para aliviar la ansiedad es distraer nuestra mente para olvidar de que está ahí. Hay que esforzarse por profundizar, por desenterrar las causas fundamentales de nuestra intranquilidad; los factores que pueden inclinar nuestra mente hacia el lado ansioso del espectro de la calma. A menudo, tenemos que hacer cambios estructurales en nuestros hábitos y vidas.

Afortunadamente, realizar estos cambios más difíciles casi siempre vale la pena. Al abordar las causas primigenias de nuestra ansiedad vivimos una vida más fiel a lo que somos y valoramos, a la vez que nos sentimos mejor en nuestra piel. Los efectos beneficiosos de esto pueden ser simples, como no tener dificultades para dejar de usar Instagram o, mejor aún, que nos apetece menos pasar tiempo en actualizaciones crónicamente estresantes de las redes sociales. También pueden ser más intensos o complejos. Por ejemplo, es posible que ya no nos sintamos exhaustos, cínicos e improductivos después de cambiar a un trabajo que tiene un nivel de estrés crónico mucho más manejable.

Al margen de los cambios que hayas hecho hasta ahora, espero que descubras que la calma merece y ha merecido la pena. Esto es así incluso para las estrategias que requieren cierta inversión de tiempo, como cocinar platos deliciosos y saludables, encontrar una forma de hacer ejercicio que te guste de verdad o pasar tiempo con buenos amigos.

## Explorar y probar cosas nuevas

A lo largo de este libro, he presentado muchas estrategias para alcanzar la estabilidad en un mundo demasiado ansioso. Tanto si deseas superar la ansiedad como si pretendes encontrar más sentido a tu vida, o incluso si lo único que quieres es sumergirte con mayor comodidad en cada momento, las ideas aquí contenidas deberían ayudarte. Lo mismo ocurre si pretendes utilizarlas para cultivar el tiempo libre, la satisfacción o la presencia. También puedes utilizar estas ideas para aumentar tu productividad y creatividad. La calma se convierte en una base sólida tanto para el trabajo como para la vida en general, y la capacidad que nos brinda de estar plenamente presentes en lo que hacemos es fundamental para lograr una verdadera productividad.

A medida que concluimos, una de las últimas cosas que quiero animarte a hacer es que **pruebes tantas estrategias de este libro como sea posible**. No todas te funcionarán, claro está. Pero al poder elegir entre un montón de ellas (todas respaldadas por la evidencia) tendrás la oportunidad de ver cuáles se adaptan más a ti. Si algo he comprobado en mi camino hacia la calma es que se trata de un asunto muy *personal*. Cada persona está conectada de forma diferente, lleva una vida distinta y posee hábitos, trabajos, limitaciones y valores distintos. Por eso, te animo a que sigas los consejos que te funcionen y dejes a un lado el resto. (Se trata de una estrategia útil no solo para este libro, también para los demás libros prácticos de no ficción que leas).

Hay, como ves, innumerables ideas que puedes probar. Intenta moverte más, en la naturaleza si es posible. Practica la meditación, una forma de desarrollar una presencia más vibrante con todo lo que haces. Haz una lista de cosas que te gustan y disfruta de una de ellas cada día. Elabora un inventario del estrés en tu vida para identificar las fuentes más fáciles que puedes llegar a controlar. Define las horas de productividad para alcanzar un equilibrio diario entre esfuerzo y disfrute. Emprende un ayuno de estímulos de un mes para empezar a concentrarte sin esfuerzo y asentar la mente. Elige algunos «beneficios» en tu vida por los que quieras esforzarte más, como la felicidad, la presencia y el tiempo con otras personas, en lugar de los tradicionales, como el dinero y el estatus. Invierte en hábitos de calma en el mundo analógico; llevarán a tu cuerpo a liberar serotonina, oxitocina y endorfinas, junto con una cantidad saludable (y más razonable) de dopamina. Observa y cuestiona la culpa que surge cuando inviertes en la calma. Acude a un terapeuta si quieres profundizar en el funcionamiento de tu mente.

Elige una o dos cosas de la lista que te acabo de presentar. Y, ya que estás, traza un plan para probar más cosas tras el primer par. Reserva unas horas a la semana para dedicarte solo a lo analógico o prueba nuevas aficiones de ese tipo, como tomar clases de improvisación, cocinar, aprender a tocar un instrumento o tejer. Solo como experimento, suscríbete a un periódico en papel y renuncia a las noticias digitales durante un tiempo. Reconecta con el juego o regálate un masaje de una hora cada vez que finalices un proyecto profesional de importancia. Haz un plan para reducir el consumo de alcohol o prueba a reajustar tu tolerancia a la cafeína. Tal vez incluso puedas escribir una o dos cartas a un ser querido con una elegante estilográfica.

Sé que acabarás descubriendo que la calma es una búsqueda que tiene sentido en sí misma. Probar tantas tácticas como puedas —pequeñas o grandes, sencillas o complejas— es lo que te permitirá entender qué estrategias encajan de verdad con la persona que eres y la vida que llevas. Y esto también hará que la calma perdure.

## Encontrar lo suficiente

A veces se dice que todo lo que necesitamos para sentirnos felices está delante de nuestras narices, pero esto no parece tan cierto cuando la mentalidad del más se interpone en el camino. Porque ella nos cuenta lo contrario: que la felicidad está un poco más allá de lo que tenemos, de lo que hemos conseguido y de lo que somos. En cuanto ganemos un poco más, logremos algo más de productividad o estemos un poco más en forma, sentiremos una mayor comodidad, y entonces (y solo entonces) creeremos tener tiempo y atención suficientes para disfrutar de los frutos de lo conseguido.

En la práctica, simplemente movemos un poco más lejos las metas, y nunca dejamos de hacerlo.

La siguiente es una verdad simple: sin tomar en cuenta lo mucho que poseas, la comodidad, la calma y la felicidad surgirán de saborear las cosas que ya están en tu vida, no de intentar conseguir lo que no tienes. Adoptar esta mentalidad requiere práctica y paciencia, y se logra con el tiempo, a medida que se adquieren hábitos de calma. Pero, como yo mismo he descubierto, el esfuerzo vale la pena.

Hasta iniciar este particular proyecto, yo sentía que nunca tenía suficiente; incluso en áreas de mi vida que, vistas con objetividad, iban bien. Al ver cuántos libros vendían mis colegas autores sentía que me quedaba atrás una y otra vez, que nunca lo hacía lo bastante bien como para merecer la felicidad. (La verdad, dolorosamente obvia para todo el mundo menos para mí, es que tengo suerte por dedicarme a esto). Cuando ganaba más en el trabajo y ahorraba ese dinero, me recordaba a mí mismo lo lejos que todavía tenía que llegar para alcanzar un cierto nivel de independencia económica. La verdad, por supuesto, era que tenía la suerte incluso de poder ahorrar.

Por defecto, buscamos la satisfacción en el lugar equivocado: en lo que no tenemos. Pero, para nuestra fortuna, una mente tranquila convierte esos sentimientos de insuficiencia en gratitud. Una vez que aprendemos a estar presentes con quien tenemos enfrente y con lo que tenemos delante, entonces siempre sentiremos que tenemos suficiente.

Aunque invertir en calma modificó un poco mis prioridades, mi modo de sentirme por dentro cambió mucho más. Disfrutaba más de mis días, porque estaba más presente en ellos. Y conseguí la energía, la resistencia y la motivación suficientes para lo que se me presentara.

Como ya he dicho, la idea de tener *más* es un espejismo. No solo es posible acumular siempre más y más de las diversas «monedas» vitales, sino que muchas de las cosas de las que deseamos más suelen entrar en conflicto. La sociedad de hoy en día nos dirá que tener más nos traerá la felicidad. Pero esa sociedad es el último lugar del que deberíamos recibir consejos sobre la felicidad. Porque ella misma no es feliz. En lugar de eso, tenemos que mirar en nuestro interior.

Cuanto más invertía en la calma, más presente y feliz me sentía con mi vida. Probando tácticas como elegir elementos de mi lista de disfrute, pasar más tiempo en el mundo analógico y hacer un ayuno de estímulos cada vez que reaparecían las distracciones pude encontrar consuelo en la mayoría de los momentos del día. Mentiría si dijera que me sentía cien por cien tranquilo todo el tiempo; todavía había periodos en los que sufría ansiedad o me topaba con acontecimientos amenazantes.

Pero, con el tiempo, estos episodios se convirtieron más en la excepción que en la norma; en un sentimiento ocasional tan efímero como una ráfaga de viento en el parque. Los frutos de la calma, en cambio, fueron profundos.

Espero que descubras lo mismo que yo: que invertir en la calma te lleva a sentir aún más agradecimiento por todo lo que tienes en tu vida, a la vez que te permite reflexionar sobre los beneficios por los que merece la pena esforzarse más. En cualquier caso, ya sea que busques más tiempo, atención, energía, relaciones, profundidad, libertad, reconocimiento o incluso dinero, ten en cuenta que la verdadera abundancia consiste en saborear lo que ya posees.

## Conexiones más profundas

Otro beneficio emocionante que puedes obtener cuando cultivas la calma es una mayor conciencia de lo que ocurre en tu cuerpo y en tu mente. En casi todos los momentos del día, ambos intentan decirnos algo: que tenemos poca energía (y deberíamos recargar las pilas), que nos estamos fatigando o que ya hemos llegado al agotamiento. Otras veces nos recuerdan que ya hemos comido suficiente, que hemos tomado bastante cafeína o que tenemos que detenernos un instante para observar cómo nos sentimos en lugar de ver un episodio más de alguna serie. O nos recuerdan que debemos ser agradecidos, ir más despacio para disfrutar de las cosas o saborear cada momento que pasamos con alguien, porque solo dispondremos de un tiempo limitado con esa persona. Cuanta más conciencia tengamos, más intencionadamente podremos actuar. La calma implica que hay menos cosas sucediendo en nuestra mente en cada momento, lo que nos brinda el espacio necesario para reflexionar y ser conscientes.

Además de esta toma de conciencia, otro beneficio de alcanzar niveles más profundos de calma es que te vuelves más intencional.

La intención es cuando decides qué hacer antes de hacerlo, y es posible observar cómo la mente da forma a una intención con solo concederle un poco más de espacio. A modo de experimento, la próxima vez que te apetezca escuchar música, en lugar de elegir tu lista de reproducción favorita espera unos segundos hasta que a tu cerebro se le ocurra la canción perfecta que quieres escuchar. Eso es lo que se siente cuando se forma una intención.

Al permitirnos tener más en cuenta nuestras intenciones, la calma nos proporciona un mayor sentido de realización, lo que contribuye a combatir el burnout. Cuando elegimos qué hacer antes de hacerlo, nos sentimos más eficaces en nuestras acciones. Al ser más conscientes de en qué invertimos nuestro tiempo y tomar decisiones anticipadas sobre qué hacer, experimentamos un sentido de propósito en nuestras acciones, incluso aunque no dispongamos de un control total sobre el trabajo o la propia vida. Nuestros esfuerzos no cambian, pero sí nuestra mentalidad y nuestro relato acerca de la realidad: sentimos que *elegimos* enfrentar cosas difíciles y estresantes, ya no son *cosas que nos ocurren*. Al margen del nivel de control que tengamos, la calma da espacio a las intenciones y nos permite darnos cuenta de ellas y actuar en consecuencia.

Al ser más conscientes e intencionales gracias a la calma, también seremos capaces de consolidar aún más el lugar que esta ocupa en nuestra vida. Podremos disponer de esos espacios de atención que nos permiten observarnos y darnos cuenta que Instagram nos deprime, y poder tomar la determinación de dejar de usar esa aplicación durante unos meses, a ver si nos sentimos mejor. En una discusión, tendremos la capacidad de actuar con mayor serenidad y decir lo que realmente queremos expresar en lugar de responder impulsivamente. Y, cuando estemos a punto de comer más allá del límite de la saciedad (y del arrepentimiento), la mente se aquietará lo suficiente como para darse cuenta de que tenemos el estómago lleno y así evitar caer en una vía de escape emocional hacia la comida.

Al dar un paso atrás, no solo en general, sino en cada momento, ganamos perspectiva.

Porque la ansiedad nubla la conciencia y la intención. Por suerte, al invertir en la calma, podremos reflexionar y ser más conscientes. El polvo mental se asentará y veremos las cosas con más claridad.

## Después de la calma

Cuando por fin volvió a salir el sol en mi propia vida, el mundo se estaba volviendo más sombrío. En marzo de 2020, después de mi primer ayuno de dopamina, las cifras de casos de COVID-19 empezaron a subir en todo el planeta.

Echando la vista atrás, los acontecimientos que se produjeron al principio de la pandemia se me antojan confusos, como si se tratase de un lapsus en la línea del tiempo que se ha ido haciendo cada vez más indefinido. Mi experimento de ayuno de dopamina supuso un respiro refrescante ante tamaña situación: en lugar de actualizar con tanta frecuencia como antes las webs de noticias, el periódico me ofrecía mi resumen matutino antes de continuar con mi día.

Eso fue así hasta que ya no me fue posible continuar.

Casi al final de mi experimento, la pandemia ya había sido calificada de «emergencia sanitaria mundial» por la Organización Mundial de la Salud, y se restringieron los viajes a Estados Unidos desde China (lo que me pareció una locura en aquel momento). Volví a conectar con la realidad planetaria cuando los confinamientos, las cuarentenas y el distanciamiento social se estaban convirtiendo en parte de nuestro nuevo léxico pandémico, cuando todo el mundo intentaba saber cómo reaccionar ante aquel panorama incierto. Una vez que regresé a internet después de mi experimento, ya me resultó difícil apartar la mirada; y durante un tiempo no lo hice. En marzo y abril de 2020 parecía como si mi ayuno de estímulos no hubiera tenido lugar: andaba de una pantalla a otra, comprobando qué eventos se habían cancelado, cómo aumentaban las cifras de casos y qué nuevas y extravagantes restricciones se estaban aplicando.

Hasta ese momento había estado trabajando para introducir hábitos de calma en mi vida, al mismo tiempo que intentaba equilibrar mi mente para que la calma tuviera espacio para prosperar. Y lo cierto es que, si bien al comienzo de la pandemia dejé de seguir por un tiempo algunos de esos consejos, el trabajo hecho me permitió volver con rapidez a esos hábitos que había cultivado en los meses anteriores. Hizo falta que me diera cuenta de que volvía a sentir ansiedad para que retomara estas prácticas, pero dada la situación extraordinaria por la que atravesaba el mundo, considero eso como una victoria.

Es posible que no hubiera sido consciente del aumento de mi ansiedad si no hubiera tenido el espacio de calma que había creado previamente. En otras palabras: los cambios estructurales que apliqué durante mis experimentos se convirtieron en un escudo para proteger mi mente en un mundo repentinamente invadido por el miedo y la ansiedad.

Junto con los cambios estructurales que había realizado en mi trabajo y en mi vida, afortunadamente también contaba con una serie de hábitos de calma a los que podía recurrir. Cuanto más se agitaba el mundo, más me aferraba a ellos. En lugar de consultar las noticias digitales en distintos momentos a lo largo del día, me suscribí a un segundo periódico en papel para obtener una combinación más equilibrada de noticias locales e internacionales. En lugar de navegar ansioso por las redes sociales, dediqué ese tiempo al ejercicio y la meditación; reduje mi consumo de cafeína; me perdí entre libros en papel, encontré cosas con las que disfrutar cada día y organicé un montón de videollamadas con amigos y familiares, hasta que eso también se hizo agotador para todos. También me esforcé por encontrar aficiones más analógicas, como la fotografía, hacer ejercicio y salir de excursión con mi mujer.

Además de todo lo anterior, me aseguré de tomarme el tiempo necesario para echar el freno y gozar de algunos momentos tranquilos. Si la ansiedad es precipitada y apresurada, la calma es paciente y comprensiva. Aunque no siempre lo conseguí, intenté llevar este espíritu conmigo a lo largo del día.

Transcurridos dos años desde marzo de 2020, la calma está aún más presente en mi vida. Si algo he descubierto, es que encontrar la calma es una habilidad en la que podemos mejorar con el tiempo.

Mientras escribo estas palabras, la nieve del pasado invierno se derrite y se convierte en aguanieve, arrastrando la arena y la sal que se amontonan sobre las hojas marchitas del otoño. Pero al margen de esa plácida estampa, la situación no es tan apacible: los plazos se acumulan (debo entregar el manuscrito de este libro dentro de dos semanas), las noticias siguen siendo preocupantes y, en un nivel superficial, gran parte de mi trabajo es igual que al principio de este viaje hacia la calma. Los ritmos del trabajo y la vida continúan: la nieve cae y se derrite, los periodos de ocupación van y vienen, y cada nueva estación ofrece cantidades variables de estrés, novedad y oportunidad.

Sin embargo, por debajo de estos ritmos de la vida cotidiana, la diferencia no podría ser más profunda.

Si el Chris de hoy y el de antes de este viaje se situaran en lados opuestos de una montaña, describirían un punto de referencia muy distinto, aunque en esencia ambos estuviéramos mirando lo mismo. Esto es similar a la diferencia entre antes y después de la calma. La vida es ajetreada y a menudo nos lleva hasta nuestros límites mentales. Invertir en estrategias para conservar la calma puede cambiar la situación, pero lo que cambiará aún más será la forma en que nos relacionamos con ella. Es decir, viviremos más o menos la misma vida, pero la contemplaremos desde una perspectiva más tranquila.

Tras explorar e invertir en las estrategias que he compartido en este libro, todavía estoy bastante ocupado, pero la mayor parte del tiempo ya no estoy ansioso. Me he vuelto menos reactivo emocionalmente a medida que las circunstancias a mi alrededor han variado. Ahora, cuando siento ansiedad, esta es más leve y fugaz, y en general como respuesta a algo muy estresante. Porque he desarrollado hábitos que me llevan a la calma. Y cada día siento que dispongo de la fortaleza mental para hacer bien todo lo que me propongo.

En periodos particularmente estresantes, la calma me ha permitido dar un paso atrás, abrir un espacio entre la situación y yo, y permanecer firme en momentos que, de otro modo, serían angustiosos. Por supuesto, no siempre ha sido fácil; ni siquiera siempre es *posible* encontrar ese espacio. Por suerte, cultivar la calma es una habilidad en la que todos podemos mejorar. Todos podemos aprender a ver la misma montaña bajo una luz diferente.

Empecé este libro con la historia de mi ataque de ansiedad sobre el escenario. El escritor que llevo dentro desearía que el relato fuera *in crescendo* para llegar a un clímax que contrarreste ese dramático suceso. Pero tras vivir el viaje hacia la calma que me llevó a escribir este libro, la verdad es que no quiero ningún clímax.

La calma no es un crescendo; es un descenso, un retorno a nuestra verdadera naturaleza. Es el estado de nuestra mente que yace debajo de las capas de actividad en nuestra vida.

La calma, en fin, no es tan excitante, *y de eso se trata*. Al cultivarla, recuperamos nuestra capacidad mental para manejar y disfrutar las emociones que se cruzan en nuestro camino. En lugar de que nuestra mente esté sobreestimulada por defecto, está calmada y, sobre todo, *lista*. Con la calma como estado mental de base, cualquiera puede ser capaz de superar cualquier acontecimiento que suceda.

Los hábitos de calma nos proporcionan la resistencia necesaria para manejar nuevas situaciones estresantes. Con menos estrés crónico, nos comprometemos y somos capaces de hallar soluciones pragmáticas a los problemas, a la vez que estamos mentalmente presentes en los mejores momentos del día. Y gracias a una mayor concentración aumenta la productividad, lo que nos permite sacar más tiempo para dedicarlo a la vida y a los hábitos de calma.

A lo largo de estas páginas, me he esforzado al máximo para ofrecerte ideas, tácticas y estrategias que puedas aplicar en tu propio viaje hacia la calma; estoy seguro de que te ayudarán a gozar de más espacio, presencia y productividad. Pero antes de que te vayas te propongo otro experimento mental: si el camino hacia la calma fuera un camino *real*, ¿cómo sería?

Para empezar, el sendero transcurriría, sin duda, por la naturaleza, en lugar de por las calles de una ciudad. Caminarías a paso ligero con el fin de elevar tu ritmo cardíaco, y tal vez habrías tomado antes una deliciosa y nutritiva comida para dar con energía los siguientes pasos. A lo mejor también estarías tomando el sol, y el camino serpentearía por el mundo analógico, no sería como un paseo por un videojuego. También, por supuesto, podrías hacer ese trayecto en compañía de otras personas.

A lo largo de ese camino que vas a recorrer, una presencia pausada se apoderará de ti. Y espero que te sumerjas en ella, apreciando cada paso.

El paseo, desde luego, te llevará un tiempo. Pero dado que tendrás bastante energía, resistencia y concentración, esas horas invertidas no serán tiempo perdido; al revés, lo recuperarás con creces.

La calma es un manantial que brota desde el interior de aquello que nos hace la vida agradable. De ella brotan la productividad, la presencia, la perspicacia, la intención, la conciencia, el bienestar, el buen humor, la aceptación, la creatividad y la gratitud.

También es el estado natural del ser humano, oculto bajo las diversas capas de la actividad de la vida. La calma subyace en todo lo que hacemos, lo que pensamos y lo que creemos ser. Es la vida que queda cuando eliminamos toda actividad innecesaria: la ocupación mental, el hacer demasiadas cosas, trabajar muchas horas, dedicar tiempo a los superestímulos, acumular más de lo que necesitamos o intentar ser más productivos de lo necesario.

La ocupación con propósito es lo que hace que la vida valga la pena; una vida carente de propósito es una vida carente de sentido. Pero como la vida es mucho más agradable con la calma como compañera espero que estés de acuerdo en que tiene todo el sentido salir en su busca.

Permanecer cómodos, presentes y productivos en medio del caos, mientras el mundo se agita frenéticamente; cuando hay tantas preocupaciones, inquietudes y responsabilidades que nos reclaman nuestro tiempo limitado… eso es un regalo que podemos brindarnos a nosotros mismos.

En su esencia y en su mejor versión, la calma puede considerarse el fundamento de una buena vida.

Espero que este libro te ayude a encontrarla.

# Agradecimientos

Cada día me siento agradecido por trabajar con personas increíbles, generosas e inteligentes.

Gracias en primer lugar a mi mujer, Ardyn (que reúne esas tres características, y a raudales). Ardyn es mi persona favorita para intercambiar ideas, y mis libros no serían lo que son sin su aportación, su apoyo y sus comentarios. Ardyn, espero que siempre seas mi primera lectora. Te quiero.

En cuanto a la edición, muchas gracias a mis editores de Penguin Group (Estados Unidos), Random House Canada y Pan Macmillan UK. Rick, Craig y Mike, es un verdadero privilegio trabajar con vosotros. Gracias, de corazón, por todo vuestro apoyo y orientación, y por la oportunidad de compartir estas ideas con los demás.

También me siento agradecido de trabajar con el resto del personal de Penguin, Random House Canada y Macmillan. En Penguin, quiero dirigir un agradecimiento especial a Ben Petrone, Camille LeBlanc, Sabila Khan, Lynn Buckley, Lydia Hirt y Brian Tart. En Random House Canadá, gracias sobre todo a Sue Kuruvilla y Chalista Andadari. En Pan Macmillan, gracias a Lucy Hale, Natasha Tulett, Josie Turner y Stuart Wilson.

Gracias también a mi agente superestrella, Lucinda Halpern. No puedo creer que ya hayamos hecho tres libros juntos. Estoy impaciente por ver lo que nos depara el futuro.

Es un regalo poder emprender estos proyectos contigo, ¡estén previstos o no!

Este libro tampoco existiría sin la ayuda de otras personas que me han prestado su apoyo y asesoramiento a lo largo del proceso. Gracias a Amanda Perriccioli Leroux por su inestimable apoyo, en especial cuando viajo o me tomo uno de mis muchos periodos sabáticos. También a Victoria Klassen y Hilary Duff, que tuvieron la amabilidad de corregir y comentar el manuscrito. Gracias a Anna Nativ por su genial ayuda en el diseño, y a Ryan Wilfong por su colaboración para mi nuevo sitio web. También quiero agradecer a Anne Bogel, Katherine Chen, Camille Noe Pagán y Laura Vanderkam su inestimable asesoramiento y orientación. Y gracias a David, Ernie, Mike S., Mike V. y Nick por las conversaciones, la amistad y las ideas.

Gracias también a los innumerables investigadores citados en la sección de Notas de este libro. Espero haber hecho justicia a su trabajo y que este pueda ayudar a más personas gracias a la lectura del libro.

Hace falta aunar esfuerzos.

Gracias a mi familia, en especial a mis padres, Colleen y Glen; a mi hermana, Emily; a Jamie, Anabel y Elijah; y a Steve, Helene, Morgan, Deb, Alfonso y Sarah.

Por último, gracias a ti. Lo digo de verdad. Todos los días siento que soy la persona más afortunada del mundo porque puedo escribir sobre ideas que me fascinan. Y puedo seguir haciéndolo porque gente como tú compra mi obra, y por eso estoy tan agradecido. Espero que las ideas de este libro merezcan tu tiempo y atención, y que tu mente esté más tranquila gracias a ellas.

# Notas

## CAPÍTULO DOS: ESFORZARSE POR OBTENER LOGROS

20 **En su libro *The Writing Life***: Dillard, Annie. *The Writing Life*. Nueva York: Harper-Perennial, 1990.

21 **Gracias al progreso económico**: Noell, Edd. *Economic Growth: Unleashing the Potential of Human Flourishing*. Washington, DC: AEI Press, 2013.

21 **Hace veinte años, el 29 %**: Rosling, Hans; Rosling, Ola, y Rosling Rönnlund, Anna. *Factfulness: Ten Reasons We're Wrong about the World— and Why Things Are Better Than You Think*. Londres: Hodder & Stoughton, 2019.

21 **«El principal factor que afecta al modo en que vive la gente...»**: Rosling, Rosling y Rönnlund. *Factfulness*.

25 **La mayoría de la gente sabe qué es la calma**: Cambridge Dictionary, s. v. «Calm». Consultado el 1 de marzo de 2022. https://dictionary. cambridge.org/us/dictionary/english/calm; y Merriam-Webster, s. v. «Calm». Consultado el 1 de marzo de 2022. https://www.me-rriam-webster.com/dictionary/calm

26 **Tras muchas horas indagando**: de Lemos, Jane; Tweeddale, Martin, y Chittock, Dean. «Measuring Quality of Sedation in Adult Mechanically Ventilated Critically Ill Patients». *Journal of Clinical Epidemiology 53*, n.º 9 (septiembre de 2000): 908-919. https://www.doi.org/10.1016/s0895-4356(00)00208-0

27 **Es importante destacar que, mientras que la ansiedad es**: Posner, Jonathan; Russell, James A., y Peterson, Bradley S. «The Circumplex Model of Affect: An Integrative Approach to Affective Neuroscience, Cognitive Development, and Psychopathology». *Development and Psychopathology 17*, n.º 3 (septiembre de 2005): 715-34. https://www.doi.org/10.1017/S0954579405050340

27   **Un estudio reciente publicado en la prestigiosa**: Siddaway, Andy
     P.; Taylor, Peter J., y Wood, Alex M. «Reconceptualizing Anxiety as a
     Continuum That Ranges from High Calmness to High Anxiety: The
     Joint Importance of Reducing Distress and Increasing Well-Being».
     *Journal of Personality and Social Psychology* 114, n.º 2 (febrero de 2018):
     e1-11. https://www.doi.org/10.1037/pspp0000128

27   **En este estado también somos**: Nock, Matthew K.; Wedig, Michelle
     M.; Holmberg, Elizabeth B., y Hooley, Jill M. «The Emotion Reactivity
     Scale: Development, Evaluation, and Relation to Self-Injurious
     Thoughts and Behaviors». *Behavior Therapy* 39, n.º 2 (junio de 2008):
     107-116. https://www.doi.org/10.1016/j.beth.2007.05.005

36   **Los seres humanos no fuimos más que**: Dunn, Rob. «What Are
     You So Scared of? Saber-Toothed Cats, Snakes, and Carnivorous
     Kangaroos». *Slate*. 15 de octubre de 2012. https://slate.com/tech-
     nology/2012/10/evolutionofanxiety-humans-were-prey-for-preda-
     tors-suchashyenas-snakes-sharks-kangaroos.html

36   **Como bien dice la psicóloga Kelly McGonigal**: McGonigal, Kelly.
     *The Upside of Stress: Why Stress Is Good for You, and How to Get Good at It.*
     Nueva York: Avery, 2015.

38   **como dijo Frances Haugen —denunciante de Facebook—**: Paul,
     Kari. «Facebook Whistleblower Hearing: Frances Haugen Testifies in
     Washington— as It Happened». *The Guardian*. 5 de octubre de 2021.
     https://www.theguardian.com/technology/live/2021/oct/05/fa-
     cebook-hearing-whistleblower-frances-haugen-testifies-us-senate-la-
     test-noticias

38   **Un estudio reveló que los participantes que**: Holman, E. Alison;
     Garfin, Dana Rose, y Silver, Roxane Cohen. «Media's Role in
     Broadcasting Acute Stress following the Boston Marathon Bombings».
     *Actas de la Academia Nacional de Ciencias de los Estados Unidos de América*
     111, n.º 1 (7 de enero de 2014): 93-98. https://www.doi.org/10.1073/
     pnas.1316265110

39   **En otro estudio se descubrió que la cobertura exhaustiva de los
     atentados**: Thompson, Rebecca R., *et al.* «Media Exposure to Mass
     Violence Events Can Fuel a Cycle of Distress». *Science Advances* 5,
     n.º 4 (17 de abril de 2019). https://www.doi.org/10.1126/sciadv.
     aav3502

CAPÍTULO TRES: LA ECUACIÓN DEL BURNOUT

51   **La Organización Mundial de la Salud en su Clasificación Internacional**: «Clasificación Internacional de Enfermedades». Organización Mundial de la Salud. 28 de mayo de 2019. https://www. who.int/news/item/28-05-2019-burn-out-an-fenómeno-ocupacional-clasificación-internacional-de-enfermedades

51   **Dar una conferencia de tres horas**: Segerstrom, Suzanne C., y Miller, Gregory E. «Psychological Stress and the Human Immune System: A Meta-analytic Study of 30 Years of Inquiry». *Psychological Bulletin* 130, n.º 4 (julio de 2004): 601-30. https://www.doi. org/10.1037/0033-2909.130.4.601

52   **Los propios investigadores señalan que es como si**: Michel, Alexandra. «Burnout and the Brain». *Observer* 29, n.º 2 (febrero de 2016). https:// www.psychologicalscience.org/observer/burnout-and-the-brain

53   **Estos estudios sugieren que las personas a las que se ha diagnosticado burnout**: Oosterholt, Bart G., *et al.* «Burnout and Cortisol: Evidence for a Lower Cortisol Awakening Response in both Clinical and Non-clinical Burnout». *Journal of Psychosomatic Research* 78, n.º 5 (mayo de 2015): 445-451. https://www.doi.org/10.1016/j. jpsychores.2014.11.003

53   **un nivel mucho más bajo de cortisol por la mañana**: Bush, Bradley, y Hudson, Tori. «The Role of Cortisol in Sleep». *Natural Medicine Journal* 2, n.º 6 (2010). https://www.natural medicinejournal.com/ journal/2010-06/role-cortisol-sleep

55   **El cinismo es un sentimiento**: Leiter, Michael P., y Maslach, Christina. «Latent Burnout Profiles: A New Approach to Understanding the Burnout Experience». *Burnout Research* 3, n.º 4 (diciembre de 2016): 89-100. https://www.doi.org/10.1016/j.burn.2016.09.001

56   **En un estudio al respecto se descubrió que el 59 %**: Maske, Ulrike E., *et al.* «Prevalence and Comorbidity of Self-Reported Diagnosis of Burnout Syndrome in the General Population». *Psychiatrische Praxis* 43, n.º 1 (2016): 18-24. https://doi.org/10.1055/s-0034-1387201; y Koutsimani, Panagiota; Montgomery, Anthony, y Georganta, Katerina. «The Relationship between Burnout, Depression, and Anxiety: A Systematic Review and Meta-Analysis». *Frontiers in Psychology* 10 (13 de marzo de 2019): 284. https://www.doi.org/10.3389/fpsyg.2019.00284

56  **En otro estudio, el 58 %**: Maske *et al.* «Prevalence and Comorbidity of Self-Reported Diagnosis of Burnout Syndrome in the General Population».

56  **Aunque la relación exacta entre**: Bakusic, Jelena, *et al.* «Stress, Burnout and Depression: A Systematic Review on DNA Methylation Mechanisms». *Journal of Psychosomatic Research* 92 (enero de 2017): 34-44. https://www.doi.org/10.1016/j.jpsychores.2016.11.005

57  **determina si dispones de los recursos necesarios**: Leiter y Maslach. «Perfiles Latentes de Burnout».

59  **«En gran medida, la forma en que tratamos…»**: Maslach, Christina, entrevista de Chris Bailey, 14 de diciembre de 2020.

59  **Como ha señalado Maslach**: Maslach, Christina. «Finding Solutions to the Problem of Burnout». *Consulting Psychology Journal* 69, n.º 2 (junio de 2017): 143-152. https://www.doi.org/10.1037/cpb0000090

60  **«El burnout se considera…»**: Maslach, entrevista.

60  **Esto significa que, en una mina…**: Eschner, Kat. «The Story of the Real Canary in the Coal Mine». *Smithsonian Magazine*, 30 de diciembre de 2016. https://www.smithsonianmag.com/smart-news/story-real-canary-coal-mine-180961570

60  **En uno de esos entornos laborales**: Maslach, entrevista.

61  **Otro es el que conoció**: «Depression: What Is Burnout?». Institute for Quality and Efficiency in Health Care. 18 de junio de 2020. https://www.ncbi.nlm.nih.gov/books/NBK279286

61  **Aunque el experimento se había convertido en un auténtico desastre**: Zimbardo, Philip. *The Lucifer Effect: Understanding How Good People Turn Evil.* Nueva York: Random House, 2008.

62  **Como ella misma diría más tarde**: Zimbardo, Philip G.; Maslach, Christina, y Haney, Craig. «Reflections on the Stanford Prison Experiment: Genesis, Transformations, Consequences», en *Obedience to Authority: Current Perspectives on the Milgram Paradigm*, ed. Thomas Blass, 207-52. Nueva York: Psychology Press, 1999.

62  **como se desprende de un metanálisis**: Salvagioni, Denise Albieri Jodas, *et al.* «Physical, Psychological and Occupational Consequences of Job Burnout: A Systematic Review of Prospective Studies». *PLOS One* 12, n.º 10 (4 de octubre de 2017): e0185781. https://www.doi.org/10.1371/journal.pone.0185781

67 **seis áreas laborales actúan como placas de Petri**: Leiter, Michael P., y Maslach, Christina. «Six Areas of Worklife: A Model of the Organizational Context of Burnout». *Journal of Health and Human Services Administration* 21, n.º 4 (primavera de 1999): 472-89. https://www.jstor.org/stable/25780925

67 **El primero de los seis factores es**: Leiter y Maslach. «Six Areas of Worklife».

67 **Lo ideal es que dicha carga sea**: Csikszentmihalyi, Mihaly. *Flow: The Psychology of Optimal Experience*. Nueva York: Harper Perennial, 1991.

68 **El segundo factor es**: Leiter y Maslach. «Six Areas of Worklife».

68 **La investigación al respecto ha demostrado que cuanto más**: Maslach, Christina, y Banks, Cristina G. «Psychological Connections with Work», en *The Routledge Companion to Wellbeing at Work*, ed. Cary L. Cooper y Michael P. Leiter, 37-54. Nueva York: Routledge, 2017.

68 **Una fuente habitual**: Maslach. «Finding Solutions to the Problem of Burnout».

68 **En tercer lugar, una recompensa insuficiente**: Leiter y Maslach. «Six Areas of Worklife».

68 **Según un estudio sobre este tema, el personal directivo puede aumentar**: Achor, Shawn. *Big Potential: How Transforming the Pursuit of Success Raises Our Achievement, Happiness, and Well-Being*. Nueva York: Divisa, 2018.

69 **El cuarto factor del burnout**: Leiter y Maslach. «Six Areas of Worklife».

69 **Obtenemos una inmensa cantidad de compromiso**: Maslach. «Finding Solutions to the Problem of Burnout»; y Maslach y Banks. «Psychological Connections with Work».

69 **La equidad es el quinto factor**: Leiter y Maslach. «Six Areas of Worklife».

69 **Maslach la define como**: Maslach y Banks. «Psychological Connections with Work».

69 **El sexto y último factor es el conflicto…**: Leiter y Maslach. «Six Areas of Worklife».

70 **La investigación al respecto sugiere que los valores**: Maslach. «Finding Solutions to the Problem of Burnout».

70 **Presta especial atención a la carga de trabajo**: Leiter y Maslach. «Six Areas of Worklife».

CAPÍTULO CUATRO: LA MENTALIDAD DEL MÁS

80 **la felicidad empieza a estabilizarse**: Kahneman, Daniel, y Deaton, Angus. «High Income Improves Evaluation of Life but Not Emotional Well-Being». *Proceedings of the National Academy of Sciences of the United States of America* 107, n.º 38 (21 de septiembre de 2010): 16489-93. https://www.doi.org/10.1073/pnas.1011492107

81 **Lo ilustra bien un estudio en el que**: Robin, Vicki, y Domínguez, Joe. *Your Money or Your Life: 9 Steps to Transforming Your Relationship with Money and Achieving Financial Independence: Revised and Updated for the 21st Century.* 2.ª ed. Nueva York: Penguin, 2008.

81 **Disfrutar es la capacidad de la mente para**: Bryant, Fred B., y Veroff, Joseph. *Savoring: A New Model of Positive Experience*. Mahwah, NJ: Lawrence Erlbaum Associates, 2007.

81 **En un estudio al respecto se descubrió que el mero hecho de exponernos**: Quoidbach, Jordi, *et al*. «Money Giveth, Money Taketh Away: The Dual Effect of Wealth on Happiness». *Psychological Science* 21, n.º 6 (junio de 2010): 759-763. https://www.doi.org/10.1177/0956797610371963

83 **Como afirmó el psicólogo social Leon Festinger**: Festinger, Leon. «A Theory of Social Comparison Processes». *Human Relations; Studies towards the Integration of the Social Sciences* 7, n.º 2 (mayo de 1954): 117-140. https://www.doi.org/10.1177/001872675400700202

84 **Como ha afirmado Seth Godin**: Godin, Seth. *The Practice: Shipping Creative Work*. Nueva York: Portfolio, 2020.

84 **Parafraseando a Maya Angelou**: Tunstall, Elizabeth Dori. «How Maya Angelou Made Me Feel». *The Conversation*, 29 de mayo de 2014. http://theconversation.com/how-maya-angelou-made-me-feel-27328

84 **La dopamina es un neuroquímico**: Hamilton, Jon. «*Human Brains Have Evolved Unique 'Feel-Good' Circuits*». Universidad de Stanford, 30 de noviembre de 2017. https://neuroscience.stanford.edu/news/human-brains-have-evolved-unique-feel-good-circuitos

85 **Pero la investigación en este campo sugiere que**: Moccia, Lorenzo, *et al*. «The Experience of Pleasure: A Perspective between Neuroscience and Psychoanalysis». *Frontiers in Human Neuroscience* 12 (4 de septiembre de 2018): 359. https://www.doi.org/10.3389/fnhum.2018.00359

85   **Diversos estudios han demostrado que el cerebro**: Moccia *et al*. «The Experience of Pleasure».

85   **En palabras de Daniel Lieberman, coautor**: Lieberman, Daniel Z., y Long, Michael E. *The Molecule of More: How a Single Chemical in Your Brain Drives Love, Sex, and Creativity— and Will Determine the Fate of the Human Race*. Dallas: BenBella Books, 2019.

86   **La ambición es otro fenómeno fascinante**: Judge, Timothy A., y Kammeyer-Mueller, John D. «On the Value of Aiming High: The Causes and Consequences of Ambition». *Journal of Applied Psychology* 97, n.º 4 (julio de 2012): 758-775. https://www.doi.org/10.1037/a0028084

87   **Tal y como la define otro equipo de investigación**: Krekels, Goedele, y Pandelaere, Mario. «Dispositional Greed». *Personality and Individual Differences* 74 (febrero de 2015): 225-30. https://www.doi.org/10.1016/j.paid.2014.10.036

92   **Los neurocientíficos como Lieberman**: Lieberman y Long. *The Molecule of More*.

93   **Las principales sustancias de esta red de calma**: Breuning, Loretta Graziano. *Habits of a Happy Brain: Retrain Your Brain to Boost Your Serotonin, Dopamine, Oxytocin, & Endorphin Levels*. Avon, MA: Adams Media, 2016.

93   **Del mismo modo que una vida centrada en la dopamina**: Lieberman y Long. *The Molecule of More*.

94   **Otro descubrimiento fascinante**: Maslach, Christina, y Leiter, Michael P. «Understanding the Burnout Experience: Recent Research and Its Implications for Psychiatry». *World Psychiatry* 15, n.º 2 (junio de 2016): 103-11. https://www.doi.org/10.1002/wps.20311

100  **«mayor capacidad para disfrutar»**: Bryant, Fred B., y Veroff, Joseph. *Savoring: A New Model of Positive Experience*. Londres: Psychology Press, 2017.

100  **Como resumieron los investigadores responsables de este estudio**: Quoidbach *et al*. «Money Giveth, Money Taketh Away».

101  **Bajo el dominio de la dopamina, rara vez**: Joel, Billy. «Vienna». Consultado el 1 de julio de 2020. https://billyjoel.com/song/vienna-2

103  **Por término medio, experimentamos alrededor de**: Gable, Shelly L., y Haidt, Jonathan. «What (and Why) Is Positive Psychology?». *Review of General Psychology* 9, n.º 2 (junio de 2005): 103-10. https://www.doi.org/10.1037/1089-2680.9.2.103

104 **En su investigación, Bryant**: Bryant y Veroff. *Savoring*.

104 **un alto nivel de disfrute**: Hou, Wai Kai, *et. al.* «Psychological Detachment and Savoring in Adaptation to Cancer Caregiving». *Psycho-Oncology* 25, n.º 7 (julio de 2016): 839-47. https://www.doi.org/10.1002/pon.4019

104 **Un estudio reveló que el acto**: Hurley, Daniel B., y Kwon, Paul. «Results of a Study to Increase Savoring the Moment: Differential Impact on Positive and Negative Outcomes». *Journal of Happiness Studies* 13, n.º 4 (agosto de 2012): 579-88. https://www.doi.org/10.1007/s10902-011-9280-8; y Smith, Jennifer L., y Bryant, Fred B. «The Benefits of Savoring Life: Savoring as a Moderator of the Relationship between Health and Life Satisfaction in Older Adults». *International Journal of Aging and Human Development* 84, n.º 1 (diciembre de 2016): 3-23. https://www.doi.org/10.1177/0091415016669146

104 **Disfrutar es el arte de gozar de las cosas**: Fritz, Charlotte, y Taylor, Morgan R. «Taking in the Good: How to Facilitate Savoring in Work Organizations». *Business Horizons* 65, n.º 2 (marzo-abril de 2022): 139-48. https://www.doi.org/10.1016/j.bushor.2021.02.035

105 **fluir «implica mucha menos atención...»**: Bryant y Veroff. *Savoring*.

105 **Saborear algo también difiere del**: Fritz y Taylor. «Taking in the Good».

105 **«El hecho de que hayas obtenido algo...»**: Bryant y Veroff. *Savoring*.

105 **Las investigaciones de Bryant indican**: Bryant y Veroff. *Savoring*.

106 **Una teoría al respecto sugiere que la anticipación**: Chun, HaeEun Helen, Diehl, Kristin, y MacInnis, Deborah J. «Savoring an Upcoming Experience Affects Ongoing and Remembered Consumption Enjoyment». *Journal of Marketing* 81, n.º 3 (mayo de 2017): 96-110. https://www.doi.org/10.1509/jm.15.0267

## CAPÍTULO CINCO: NIVELES DE ESTIMULACIÓN

109 **Más de 500 horas**: «YouTube: Hours of Video Uploaded Every Minute 2019». *Statista*. Mayo de 2019. https://www.statista.com/statistics/259477/hours-of-video-cargado-a-youtube-cada-minuto

109 **YouTube es el segundo motor de búsqueda más grande del mundo**: «The Top 500 Sites on the Web». *Alexa*. Consultado el 29 de julio de 2021. https://www.alexa.com/topsites

109 **Hay versiones de YouTube**: «YouTube for Press». *YouTube*. Consultado el 29 de julio de 2021. https://www.youtube.com/intl/en-GB/about/press

110 **YouTube también puede considerarse la segunda**: «Most Popular Social Networks Worldwide as of April 2021, Ranked by Number of Active Users». *Statista*. Abril de 2021. https://www.statista.com/statistics/272014/global-social-networks-ranked-by-number-de-usuarios

114 **Y lo lleva haciendo más de una década**: «How Long Will Google's Magic Last?». *The Economist*, 2 de diciembre de 2010. https://www.economist.com/business/2010/12/02/how-long-will-googles-magic-last

115 **en el último año, obtuvo el 97 %**: «Facebook's Annual Revenue from 2009 to 2020, by Segment». *Statista*. Enero de 2021. Consultado el 4 de marzo de 2022. https://www.statista.com/statistics/267031/facebooks-annual-revenue-by-segment/

115 **Juntas, las dos empresas**: Perrin, Nicole. «Facebook-Google Duopoly Won't Crack This Year». *eMarketer. Inteligencia privilegiada.* 4 de noviembre de 2019. https://www.emarketer.com/content/facebook-google-duopoly-won-t-crack-this-año

115 **Para confeccionar tu lista de intereses**: Bryan, Chloe. «Instagram Lets You See What It Thinks You Like, and the Results Are Bizarre». *Mashable.* 5 de junio de 2019. https://mashable.com/article/instagram-ads-twitter-game

120 **Internet está repleto**: Brooks, Mike. «The Seductive Pull of Screens That You Might Not Know About». *Psychology Today.* 17 de octubre de 2018. https://www.psychologytoday.com/ca/blog/tech-happy-life/201810/the-seductive-pull-screens-you-might-not-know-about

121 **Las investigaciones al respecto han revelado qué tres factores influyen**: Lieberman, Dan, entrevista de Chris Bailey, 8 de enero de 2021.

122 **Existen numerosas enfermedades**: Caligiore, Daniele, *et al.* «Dysfunctions of the Basal Ganglia-Cerebellar-Thalamo-Cortical System Produce Motor Tics in Tourette Syndrome». *PLOS Computational Biology* 13, n.º 3 (30 de marzo de 2017). https://www.doi.org/10.1371/journal.pcbi.1005395; Davis, K. L., *et al.* «Dopamine in Schizophrenia: A Review and Reconceptualization». *American Journal of Psychiatry* 148, n.º 11 (noviembre de 1991): 1474-86. https://www.doi.org/10.1176/ajp.148.11.1474; Gold, Mark S., *et al.* «Low Dopamine Function in Attention Deficit/Hyperactivity Disorder:

Should Genotyping Signify Early Diagnosis in Children?». *Postgraduate Medicine* 126, n.º 1 (2014): 153-77. https://www.doi.org/10.3810/pgm.2014.01.2735; Ashok, A. H., *et al.* «The Dopamine Hypothesis of Bipolar Affective Disorder: The State of the Art and Implications for Treatment». *Molecular Psychiatry* 22, n.º 5 (mayo de 2017): 666-79. https://www.doi.org/10.1038/mp.2017.16; Walton, E., *et al.* «Exploration of Shared Genetic Architecture between Subcortical Brain Volumes and Anorexia Nervosa». *Molecular Neurobiology* 56, n.º 7 (julio de 2019): 5146-56. https://www.doi.org/10.1007/s12035-018-14394; Xu, Tian, *et al.* «Ultrasonic Stimulation of the Brain to Enhance the Release of Dopamine—A Potential Novel Treatment for Parkinson's Disease». *4th Meeting of the Asia-Oceania Sonochemical Society (AOSS 2019)*. Ed. Jun-Jie Zhu y Xiaoge Wu. Número especial, *Ultrasonics Sonochemistry* 63 (mayo de 2020): 104955. https://www.doi.org/10.1016/j.ultsonch.2019.104955; y Tost, Heike; Alam, Tajvar, y Meyer-Lindenberg, Andreas. «Dopamine and Psychosis: Theory, Pathomechanisms and Intermediate Phenotypes». *Neuroscience and Biobehavioral Reviews* 34, n.º 5 (abril de 2010) 689 700. https://www.doi.org/10.1016/j.neubiorev.2009.06.005

123 **El 70% de los hombres son consumidores habituales de pornografía**: Wilson, Gary. *Your Brain on Porn: Internet Pornography and the Emerging Science of Addiction*. Margate, Reino Unido: Commonwealth, 2015.

123 **«incorporan la búsqueda de la novedad…»**: Wilson. *Your Brain on Porn.*

124 **«tras consumir porno…»**: Zillmann, Dolf, y Bryant, Jennings. «Pornography's Impact on Sexual Satisfaction». *Journal of Applied Social Psychology* 18, n.º 5 (abril de 1988): 438–53. https://www.doi.org/10.1111/j.1559-1816.1988.tb00027.x

124 **En muchos casos, el consumo de pornografía**: Wilson. *Your Brain on Porn.*

125 **«las situaciones en las que se obtienen o retienen recompensas de forma inesperada…»**: Steinberg, Elizabeth E., *et al.* «A Causal Link between Prediction Errors, Dopamine Neurons and Learning». *Nature Neuroscience* 16, n.º 7 (julio de 2013): 966-73. https://www.doi.org/10.1038/nn.3413

126 **esto se llama «el efecto de la mera exposición»**: Robinson, Brent M., y Elias, Lorin J. «Novel Stimuli Are Negative Stimuli: Evidence That Negative Affect Is Reduced in the Mere Exposure Effect». *Perceptual and Motor Skills* 100, n.º 2 (abril de 2005): 365-72. https://www.doi.org/10.2466/pms.100.2.365-372

126 **al margen de que sea positivo, neutro o negativo**: Robinson y Elias. «Novel Stimuli Are Negative Stimuli».

127 **Tal vez no sea casualidad**: Fiorillo, Christopher D., Tobler, Philippe N., y Schultz, Wolfram. «Discrete Coding of Reward Probability and Uncertainty by Dopamine Neurons». *Science* 299, n.º 5614 (2003): 1898-1902. https://www.doi.org/10.1126/science.1077349

128 **James Clear, autor de *Hábitos atómicos***: Clear, James. *Atomic Habits: An Easy & Proven Way to Build Good Habits & Break Bad Ones.* Nueva York: Avery, 2018.

135 **La dopamina es adictiva**: Moccia, Lorenzo; Mazza, Marianna; Di Nicola, Marco, y Janiri, Luigi. «The Experience of Pleasure: A Perspective between Neuroscience and Psychoanalysis». *Frontiers in Human Neuroscience* 12 (septiembre de 2018): 359. https://doi.org/10.3389/fnhum.2018.00359

137 **Solo manteniendo tu nivel de actividad…**: García, Héctor, y Miralles, Francesc. *Ikigai: The Japanese Secret to a Long and Happy Life.* Nueva York: Penguin Books, 2017.

## CAPÍTULO SEIS: AYUNO DE ESTÍMULOS

150 **la serotonina nos hace sentir importantes**: Breuning, Loretta Graziano. *Habits of a Happy Brain: Retrain Your Brain to Boost Your Serotonin, Dopamine, Oxytocin, & Endorphin Levels.* Avon, MA: Adams Media, 2016.

152 **la serotonina protege de los efectos**: Emmons, Henry. *The Chemistry of Calm: A Powerful, Drug-Free Plan to Quiet Your Fears and Overcome Your Anxiety.* Nueva York: Touchstone, 2011.

152 **casi nada nos hace estar más presentes**: Killingsworth, Matthew A., y Gilbert, Daniel T. «A Wandering Mind Is an Unhappy Mind». *Science* 330, n.º 6006 (12 de noviembre de 2010): 932. https://www.doi.org/10.1126/science.1192439

154 **También medité más**: Lieberman, Daniel Z., y Long, Michael E. *The Molecule of More: How a Single Chemical in Your Brain Drives Love, Sex, and Creativity— and Will Determine the Fate of the Human Race*. Dallas: BenBella Books, 2019.

158 **En un estudio al respecto se descubrió que las noticias negativas**: Soroka, Stuart, y McAdams, Stephen. «News, Politics, and Negativity». *Political Communication* 32, n.º 1 (2015): 1-22. https://www.doi.org/10.1080/10584609.2014.881942

158 **Otro estudio que analizaba las ventas semanales**: Erisen, Elif. «Negativity in Democratic Politics. Por Stuart N. Soroka. (Cambridge University Press, 2014)» (reseña). *Journal of Politics* 77, n.º 2 (abril de 2015): e9-10. https://www.doi.org/10.1086/680144

159 **Las investigaciones al respecto sugieren que con la exposición repetida a los superestímulos**: Mrug, Sylvie; Madan, Anjana; Cook III, Edwin W., y Wright, Rex A. «Emotional and Physiological Desensitization to Real-Life and Movie Violence». *Journal of Youth and Adolescence* 44, n.º 5 (mayo de 2015): 1092-1108. https://doi.org/10.1007/s10964-014-0202-z

161 **En un estudio, los participantes que**: Smith, Jennifer L., y Bryant, Fred B. «Savoring and Well-Being: Mapping the Cognitive-Emotional Terrain of the Happy Mind», en *The Happy Mind: Cognitive Contributions to Well-Being*, 139-156. Cham, Suiza: Springer International, 2017.

161 **En otro estudio, los participantes que se abstuvieron**: Smith y Bryant. «Savoring and Well-Being».

161 **el sabio y legendario inversor Warren Buffett**: Kane, Colleen. «Homes of Billionaires: Warren Buffett». *CNBC*, 26 de julio de 2012. https://www.cnbc.com/2012/07/26/Homes-of-Billionaires:-Warren-Buffett.html; Gates, Bill, y Gates, M. «Warren Buffett's Best Investment». *GatesNotes* (blog), 14 de febrero de 2017. https://www.gatesnotes.com/2017-Annual-Letter

170 **Podemos aprender, por ejemplo**: Blakemore, Sarah-Jayne. «The Social Brain in Adolescence». *Nature Reviews Neuroscience* 9, n.º 4 (abril de 2008): 267-77. https://www.doi.org/10.1038/nrn2353

170 **Existen pruebas científicas de que alcanzó**: Robson, David. «A Brief History of the Brain». *New Scientist*, 21 de septiembre de 2011. https://www.newscientist.com/article/mg21128311-800-a-brief-history-of-the-brain

171 **El ejercicio solía ser**: Lieberman, Daniel E. *La historia del cuerpo humano: evolución, salud y enfermedad*. Nueva York: Vintage Books, 2014.

## CAPÍTULO SIETE: ELEGIR LO ANALÓGICO

173 **el estadounidense medio estaba más de diez horas al día**: «COVID-19: Screen Time Spikes to over 13 Hours per Day according to Eyesafe Nielsen Estimates». *Eyesafe*, 28 de marzo de 2020. https://eyesafe.com/covid-19-screen-time-spike-to-over-13-hours-per-day

174 **Datos más recientes**: «COVID-19: Screen Time Spikes to over 13 Hours per Day according to Eyesafe Nielsen Estimates». *Eyesafe*.

181 **Las investigaciones al respecto sugieren que cuanto menos**: Bailey, Chris. *Hyperfocus: How to Be More Productive in a World of Distraction*. Nueva York: Viking, 2018.

187 **Desde una perspectiva histórica, hemos evolucionado hasta caminar entre**: Lieberman, Daniel E. *The Story of the Human Body: Evolution, Health, and Disease*. Nueva York: Vintage Books, 2014.

187 **Ahora damos unos 5000**: Althoff, Tim, *et al.* «Large-Scale Physical Activity Data Reveal Worldwide Activity Inequality». *Nature* 547, n.º 7663 (20 de julio de 2017): 336-39. https://www.doi.org/10.1038/nature23018

187 **cuando profundizamos en los orígenes de esta cifra**: Tudor-Locke, Catrine, y Bassett, David R. Jr. «How Many Steps/Day Are Enough?: Preliminary Pedometer Indices for Public Health». *Sports Medicine* 34, n.º 1 (enero de 2004): 1-8. https://www.doi.org/10.2165/00007256-200434010-00001

187 **Te ofrezco aquí una regla por la que tiene sentido regirse**: Laskowski, Edward R. «How Much Should the Average Adult Exercise Every Day?». *Mayo Clinic*, 27 de abril de 2019. https://www.mayoclinic.org/healthy-lifestyle/fitness/expert-answers/exercise/faq-20057916

188 **Ella está convencida de que si sientes que no**: McGonigal, Kelly. *The Joy of Movement: How Exercise Helps Us Find Happiness, Hope, Connection, and Courage*. Nueva York: Avery, 2021.

189 **Como me dijo McGonigal**: Bailey, Chris. «Want to Become Happier? Get Moving!». *A Life of Productivity*, 16 de junio de 2020. https://alifeofproductivity.com/want-to-sé-más-feliz-ponte-en-movimiento

190 **«cuando te mueves en sincronía»**: Bailey. «Want to Become Happier?».

190 **Los resultados de numerosos estudios demuestran que experimentamos**: Bailey. «Want to Become Happier?».

190 **Las investigaciones de McGonigal sugieren que el ejercicio al aire libre también genera**: Bailey. «Want to Become Happier?».

191 **la soledad es tan perjudicial para la salud como**: Birak, Christine, y Cuttler, Marcy. «Why Loneliness Can Be as Unhealthy as Smoking 15 Cigarettes a Day». *CBC News*, 17 de agosto de 2017. https://www.cbc. ca/news/health/loneliness-public-health-psychologist-1.4249637

191 **la solidez de los círculos sociales**: Ducharme, Jamie. «Why Spending Time with Friends Is One of the Best Things You Can Do for Your Health». *Time*, 25 de junio de 2019. https://time.com/5609508/ social-support-health-benefits

191 **El resultado fue asombroso**: Holt-Lunstad, Julianne, *et al*. «Loneliness and Social Isolation as Risk Factors for Mortality: A Meta-analytic Review». *Perspectives on Psychological Science* 10, n.º 2 (marzo de 2015): 227-37. https://www.doi.org/10.1177/1745691614568352

195 **Como señaló el profesor de Stanford Jamil Zaki**: Zaki, Jamil. «"Self-Care" Isn't the Fix for Late-Pandemic Malaise». *The Atlantic*, 21 de octubre de 2021. https://www.theatlantic.com/ideas/archive/2021/10/ otro-cuidado-autocuidado/620441

198 **según un estudio, la meditación puede segregar**: Harte, Jane L.; Eifert, Georg H., y Smith, Roger. «The Effects of Running and Meditation on Beta-Endorphin, Corticotropin-Releasing Hormone and Cortisol in Plasma, and on Mood». *Biological Psychology* 40, n.º 3 (junio de 1995): 251-65. https://www.doi.org/10.1016/0301-0511(95)05118-t

200 **Esta actividad te permitirá experimentar**: Howland, Robert H. «Vagus Nerve Stimulation». *Current Behavioral Neuroscience Reports* 1, n.º 2 (junio de 2014): 64-73. https://www.doi.org/10.1007/s40473-014-00105; Baenninger, Ronald. «On Yawning and Its Functions». *Psychonomic Bulletin & Review* 4, n.º 2 (junio de 1997): 198-207. https://www.doi. org/10.3758/BF03209394; Wile, Alfred L.; Doan, Brandon K.; Brothers, Michael D., y Zupan, Michael F. «Effects of Sports Vision Training on Visual Skill Performance: 2189 Board #160 May 30 9:00 AM10:30 AM». *Medicine & Science in Sports & Exercise* 40, n.º 5 (mayo de 2008): S399. https://www.doi.org/10.1249/01.mss.0000322701.18207.3b

202 **La falta de sueño es un desencadenante**: Vgontzas, Alexandros N., *et al.* «Chronic Insomnia Is Associed with Nyctohemeral Activation of the Hypothalamic-Pituitary-Adrenal Axis: Clinical Implications». *Journal of Clinical Endocrinology & Metabolism* 86, n.º 8 (agosto de 2001): 3787-94. https://www.doi.org/10.1210/jcem.86.8.7778

203 **La cafeína estimula la liberación**: Garrett, Bridgette E., y Griffiths, Roland R. «The Role of Dopamine in the Behavioral Effects of Caffeine in Animals and Humans». *Pharmacology, Biochemistry, and Behavior* 57, n.º 3 (julio de 1997): 533-41. https://www.doi.org/10.1016/s0091-3057(96)00435-2

204 **Se ha demostrado que la cafeína**: Lovallo, William R., *et al.* «Caffeine Stimulation of Cortisol Secretion across the Waking Hours in Relation to Caffeine Intake Levels». *Psychosomatic Medicine* 67, n.º 5 (septiembre de 2005): 734-39. https://www.doi.org/10.1097/01.psy.0000181270.20036.06; Lane, J. D., *et al.* «Caffeine Effects on Cardiovascular and Neuroendocrine Responses to Acute Psychosocial Stress and Their Relationship to Level of Habitual Caffeine Consumption». *Psychosomatic Medicine* 52, n.º 3 (mayo de 1990): 320-36. https://www.doi.org/10.1097/00006842-199005000-00006

205 **El consumo de cafeína se lleva relacionando**: Hughes, R. N. «Drugs Which Induce Anxiety: Caffeine». *New Zealand Journal of Psychology* 25, n.º 1 (junio de 1996): 36-42.

206 **Hay cafeína escondida en la**: «Caffeine Chart». Center for Science in the Public Interest. Consultado el 28 de julio de 2021. https://cspinet.org/eating-healthy/ingredients-of-preocupación/cafeína-carta

206 **La L-teanina es un aminoácido que**: Mehta, Foram. «What You Should Know about LTheanine». *Healthline*, 20 de enero de 2021. https://www.healthline.com/health/l-theanine

207 **el 54,9 % de la población estadounidense mayor de dieciocho años afirmaba haber tomado alguna copa en el último mes**: «Alcohol Facts and Statistics». National Institute on Alcohol Abuse and Alcoholism. Consultado el 4 de marzo de 2022. https://www.niaaa.nih.gov/publications/brochures-and-fact-hojas/alcohol-facts-and-statistics

208 **El consumo excesivo de alcohol se define**: «Alcohol Facts and Statistics».

208 **El consumo de esta sustancia, aunque cueste creerlo, es**: «Alcohol Facts and Statistics».

208 **George F. Koob, director del NIAAA, lo resumió de manera concisa**: Stiehl, Christina. «Hangover Anxiety: Why You Get 'Hangxiety' after a Night of Drinking». *Self*, 1 de enero de 2021. https://www.self.com/story/ansiedad-de-resaca

208 **la mayor parte de las investigaciones han demostrado que incrementa la producción**: Banerjee, Niladri. «Neurotransmitters in Alcoholism: A Review of Neurobiological and Genetic Studies». *Indian Journal of Human Genetics* 20, n.º 1 (2014): 20-31. https://www.doi.org/10.4103/0971-6866.132750

209 **En primer lugar, el alcohol hace que el cerebro produzca más**: Banerjee. «Neurotransmitters in Alcoholism».

209 **Por desgracia, durante la etapa de retirada, la producción de serotonina se ve suprimida**: Banerjee. «Neurotransmitters in Alcoholism».

209 **Beber alcohol afecta a los niveles de GABA**: Banerjee. «Neurotransmitters in Alcoholism».

211 **Así, con niveles más altos de azúcar**: Franklin, Carl; Fung, Jason, y Ramos, Megan. «Stress and Weigh Gain», 13 de diciembre de 2017. Pódcast de *The Obesity Code*. 48:05. https://podcasts.apple.com/us/podcast/stress-and-weight-gain/id1578520037? i=1000530185283

212 **La ansiedad, la depresión y el insomnio**: Timonen, M., *et al.* «Depressive Symptoms and Insulin Resistance in Young Adult Males: Results from the Northern Finland 1966 Birth Cohort». *Molecular Psychiatry* 11, n.º 10 (octubre de 2006): 929-933. https://www.doi.org/10.1038/sj.mp.4001838

212 **Durante los periodos estresantes, el 40% de la gente**: Dallman, Mary F. «Stress-Induced Obesity and the Emotional Nervous System». *Trends in Endocrinology & Metabolism* 21, n.º 3 (marzo de 2010): 159-65. https://www.doi.org/10.1016/j.tem.2009.10.004

212 **Las personas con un poco de sobrepeso son**: Kershaw, Erin E., y Flier, Jeffrey S. «Adipose Tissue as an Endocrine Organ». *Journal of Clinical Endocrinology & Metabolism* 89, n.º 6 (junio de 2004): 2548-56. https://www.doi.org/10.1210/jc.2004-0395

212 **Durante los periodos de estrés elevado**: Dallman. «Stress-Induced Obesity».

212 **Cuando además estamos tristes**: Berridge, Kent C., y Robinson, Terry E. «What Is the Role of Dopamine in Reward: Hedonic Impact, Reward Learning, or Incentive Salience?». *Brain Research Reviews* 28, n.º 3 (diciembre de 1998): 309-69. https://www.doi.org/10.1016/s0165-0173(98)00019-8

213 **Según Henry Emmons**: Emmons, Henry. *The Chemistry of Calm: A Powerful, Drug-Free Plan to Quiet Your Fears and Overcome Your Anxiety.* Nueva York: Touchstone, 2011.

## CAPÍTULO OCHO: CALMA Y PRODUCTIVIDAD

222 **Es probable que te diera pavor**: Dwyer, Karen Kangas, y Davidson, Marlina M. «Is Public Speaking Really More Feared Than Death?». *Communication Research Reports* 29, n.º 2 (2012): 99-107. https://www.doi.org/10.1080/08824096.2012.667772

223 **una zona de atención más amplia nos brinda**: Cowan, Nelson. «Working Memory Underpins Cognitive Development, Learning, and Education». *Educational Psychology Review* 26, n.º 2 (junio de 2014): 197-223. https://www.doi.org/10.1007/s10648-013-9246-y

223 **Según un metanálisis realizado por**: Moran, Tim P. «Anxiety and Working Memory Capacity: A Meta-analysis and Narrative Review». *Psychological Bulletin* 142, n.º 8 (agosto de 2016): 831-64. https://www.doi.org/10.1037/bul0000051

224 **La investigación sugiere la existencia de un factor común**: Moran. «Anxiety and Working Memory Capacity».

224 **Moran ha encontrado que la ansiedad reduce**: esta es una medida que he adaptado del artículo de Moran, «Anxiety and Working Memory Capacity: A Meta-analysis and Narrative Review». En el análisis, Moran mide hasta qué punto la ansiedad reduce la capacidad de la memoria funcional, pero su resultado se mide en desviaciones típicas. Para convertir esta cifra en una correlación simple, convertí la desviación típica en una *d* de Cohen (basada en Hedges y Olkin, 1985) para estimar la correlación asociada con el tamaño del efecto original (recurriendo a Rosenthal, 1984). El resultado final fue -16,47%. Me puse en contacto con Moran para asegurarme de que había interpretado de forma correcta sus resultados, y él obtuvo lo mismo. Es difícil

comunicar la cantidad de investigaciones contradictorias que existen sobre cómo afecta la ansiedad a nuestra capacidad de memoria funcional, lo que hace que su artículo sea aún más relevante y vital. Es el mejor recurso que he encontrado para analizar hasta qué punto la ansiedad afecta a la capacidad de la memoria funcional.

225 **«la razón por la que la ansiedad parece estar relacionada con…»**: Moran, Tim, entrevista de Chris Bailey, 10 de junio de 2021.

226 **Y nuevas investigaciones respaldan sus conclusiones**: Eysenck, Michael W., *et al.* «Anxiety and Cognitive Performance: Attentional Control Theory». *Emotion* 7, n.º 2 (mayo de 2007): 336-53. https://www.doi.org/10.1037/1528-3542.7.2.336

227 **utilizamos nuestra zona de atención para**: Chai, Wen Jia; Abd Hamid, Aini Ismafairus, y Abdullah, Jafri Malin. «Working Memory from the Psychological and Neurosciences Perspectives: A Review». *Frontiers in Psychology* 9 (marzo de 2018): 401. https://www.doi.org/10.3389/fpsyg.2018.00401; y Lukasik, Karolina M., *et al.* «The Relationship of Anxiety and Stress with Working Memory Performance in a Large Non-depressed Sample». *Frontiers in Psychology* 10 (enero de 2019): 4. https://www.doi.org/10.3389/fpsyg.2019.00004

230 **un fenómeno que los investigadores denominan «sesgo de amenaza»**: Azarian, Bobby. «How Anxiety Warps Your Perception». *BBC*, 29 de septiembre de 2016. https://www.bbc.com/future/article/20160928-cómo-la-ansiedad-afecta-a-tu-percepción

237 **poseemos un sesgo mental**: Baddeley, A. D. «A Zeigarnik-like Effect in the Recall of Anagram Solutions». *Quarterly Journal of Experimental Psychology* 15, n.º 1 (marzo de 1963): 63-64. https://www.doi.org/10.1080/17470216308416553

## CAPÍTULO NUEVE: DONDE HABITA LA CALMA

245 **«Faltan pruebas de que los cannabinoides…»**: Black, Nicola, *et al.* «Cannabinoids for the Treatment of Mental Disorders and Symptoms of Mental Disorders: A Systematic Review and Meta-analysis». *The Lancet: Psychiatry* 6, n.º 12 (diciembre de 2019): 995-1010. https://www.doi.org/10.1016/S2215-0366(19)30401-8

245 **Sí que hay ciertas pruebas de que el THC**: Black *et al.* «Cannabinoids for the Treatment of Mental Disorders».

253 **Casi al final de mi experimento**: «Coronavirus Declared Global Health Emergency by WHO». *BBC News*, 31 de enero de 2020. https://www.bbc.com/news/world-51318246

# Índice

## Guías Harvard Business Review

En las **Guías HBR** encontrarás una gran cantidad de consejos prácticos y sencillos de expertos en la materia, además de ejemplos para que te sea muy fácil ponerlos en práctica. Estas guías realizadas por el sello editorial más fiable del mundo de los negocios, te ofrecen una solución inteligente para enfrentarte a los desafíos laborales más importantes.

## Monografías

**Michael D Watkins** es profesor de Liderazgo y Cambio Organizacional. En los últimos 20 años ha acompañado a líderes de organizaciones en su transición a nuevos cargos. Su libro, **Los primeros 90 días**, con más de 1.500.000 de ejemplares vendidos en todo el mundo y traducido a 27 idiomas, se ha convertido en la publicación de referencia para los profesionales en procesos de transición y cambio.

Todo el mundo tiene algo que quiere cambiar. Pero el cambio es difícil. A menudo, persuadimos, presionamos y empujamos, pero nada se mueve. ¿Podría haber una mejor manera de hacerlo? Las personas que consiguen cambios exitosos saben que no se trata de presionar más, o de proporcionar más información, sino de convertirse en un catalizador.

**Stretch** muestra por qué todo el mundo -desde los ejecutivos a los empresarios, desde los profesionales a los padres, desde los atletas a los artistas- se desenvuelve mejor con las limitaciones; por qué la búsqueda de demasiados recursos socava nuestro trabajo y bienestar; y por qué incluso aquellos que tienen mucho se benefician de sacar el máximo provecho de poco.

¿Por qué algunas personas son más exitosas que otras? El 95% de todo lo que piensas, sientes, haces y logras es resultado del hábito. Simplificando y organizando las ideas, **Brian Tracy** ha escrito magistralmente un libro de obligada lectura sobre hábitos que asegura completamente el éxito personal.

Referenciado como uno de los diez mejores libros sobre gestión empresarial, **Good to Great** nos ofrece todo un conjunto de directrices y paradigmas que debe adoptar cualquier empresa que pretenda diferenciarse de las demás.

**Jim Collins** es un reconocido estudioso especializado en qué hace que las empresas sobresalgan, y asesor socrático de líderes de los sectores empresariales y sociales.

Conoce los principios y las filosofías que guían a Bill Gates, Jeff Bezos, Ruth Bader Ginsburg, Warren Buffett, Oprah Winfrey y muchos otros personajes famosos a través de conversaciones reveladoras sobre sus vidas y sus trayectorias profesionales.

**David M. Rubenstein** ha hablado largo y tendido con los líderes más importantes del mundo sobre cómo han llegado a ser famosos. **Conversaciones** comparte estas entrevistas con estos personajes.

**Gallup** y **Reverté Management** publican una nueva edición de su bestseller número 1. Esta edición incluye un total de 50 ideas sobre acciones específicas y personales para el desarrollo de tus talentos dominantes. Cada libro incluye un código de acceso a la evaluación en línea de CliftonStrengths.

El libro de Ryan Holiday, **Diario para estoicos**, es una guía fascinante y accesible para transmitir la sabiduría estoica a una nueva generación de lectores y mejorar nuestra calidad de vida. En la **Agenda**, los lectores encontrarán explicaciones y citas semanales para inspirar una reflexión más profunda sobre las prácticas estoicas, así como indicaciones diarias y una introducción útil que explica las diversas herramientas estoicas de autogestión.

**Solicita más información en
revertemanagement@reverte.com
www.revertemanagement.com**

También disponibles
en formato e-book

En **REM***life* imprimimos todos nuestros libros con papeles
ecológicos certificados CPFC que contribuyen al uso
responsable y conservación de los bosques.

100% sostenible / 100% responsable / 100% comprometidos